D1732190

Die Inka – das Imperium, das aus der Kälte kam

# MENSCH UND GESELLSCHAFT

## SCHRIFTENREIHE FÜR SOZIALMEDIZIN, SOZIALPSYCHIATRIE, MEDIZINISCHE ANTHROPOLOGIE UND PHILOSOPHISCHE REFLEXIONEN

Herausgegeben von Erwin Riefler

Band 18

## PETER LANG

Frankfurt am Main · Berlin · Bern · Bruxelles · New York · Oxford · Wien

Uwe Christian Plachetka

# Die Inka – das Imperium, das aus der Kälte kam

## Eine kriminalistische Spurensuche nach der mittelalterlichen Warmperiode

PETER LANG
Internationaler Verlag der Wissenschaften

**Bibliografische Information der Deutschen Nationalbibliothek**
Die Deutsche Nationalbibliothek verzeichnet diese Publikation
in der Deutschen Nationalbibliografie; detaillierte bibliografische
Daten sind im Internet über http://dnb.d-nb.de abrufbar.

Abbildung auf dem Umschlag:
Morgengrauen der Inkastadt.
Abdruck mit freundlicher Genehmigung
der Zeichner Prof. Liliana Munoz und
Dr. Uwe C. Plachetka (Skizze im Rahmen
der Samaipataexpedition 2006).

Gedruckt mit Unterstützung des Bundesministeriums
für Wissenschaft und Forschung in Wien.

Gedruckt auf alterungsbeständigem,
säurefreiem Papier.

ISSN 0930-939X
ISBN 978-3-631-60306-2
© Peter Lang GmbH
Internationaler Verlag der Wissenschaften
Frankfurt am Main 2011
Alle Rechte vorbehalten.

www.peterlang.de

# Inhaltsverzeichnis

# Vorwort des Herausgebers

Seit der Veröffentlichung des ersten Bandes dieser Schriftenreihe „Mensch und Gesellschaft" sind in den seither vergangenen 12 Jahren bisher insgesamt 15 Bände erschienen. Als Herausgeber habe ich dabei Bedacht genommen, interessante Beiträge aus den Naturwissenschaften als auch aus den Sozial- und Geisteswissenschaften unserer Leserschaft in einer zwar den wissenschaftlichen Gütekriterien entsprechenden, aber dennoch in einer allgemein verständlichen Form darzubieten.

Schon K. Popper hat uns vor unnötigen Verkomplizierungen bei der Darstellung von wissenschaftlichen Forschungsergebnissen und Aufsätzen gewarnt und ist für einen allgemein verständlichen Sprachgebrauch eingetreten, unnötige Fremdwörter und Anglismen sollen dabei tunlichst vermieden werden. Dem folgend ersuche ich auch unsere Autoren immer wieder um einen allgemein verständlichen Schreibstil.

Es freut mich deshalb, unseren Lesern mit diesem neuen Band die Publikation eines interdisziplinär arbeiteten Kulturwissenschaftlers vorstellen zu können, welchem es gelungen ist, mit seinem Ansatz sowohl wissenschaftlichen Gütekriterien zu entsprechen als auch seine Ergebnisse in einer allgemein verständlichen Form zu präsentieren.

Wir leben in einer sich rasch verändernden Zeit, durch den beschleunigten technischen Fortschritt bedingt entstehen auch neue Probleme, wie Klimawandel, ökologische und ökonomische Krisen.

Uwe Christian Plachetka erhellt in seiner von ihm getätigten Feldstudie retrospektiv die Entwicklungsgeschichte des Inkareiches als Imperium.

Faszinierend ist dabei seine Kombination von sowohl naturwissenschaftlichen Fragestellungen, wie z.B. klimatische Verhältnisse zur Zeit der Reichsgründung, mit sowohl historischen und kulturwissenschaftlichen Überlegungen bei seinem interdisziplinären Forschungsansatz.

Dabei wird in seiner Studie auch evident, dass das Nahrungsmittelversorgungssystem des Inkastaates auf dem Zusammenhang von Klima und Landwirtschaft auf dem Prinzip der informations- und wissensbasierten Selbstversorgung der Siedlungen in den Anden auf der Basis eines ökologisch definierten Netzwerkes beruht. Der Autor rekonstruiert dies in seiner Untersuchung, er scheute es dabei nicht, auch schwer zugängliche Andenregionen aufzusuchen und einzubeziehen. Äußerst interessant ist die plausible Hypothese des Autors weshalb die Inkas sich intensiv der Astronomie befassten. Plachetka geht nämlich davon aus, dass die astronomischen Observationen der Inkas auch dazu dienten, „Wettervoraussagen" zu tätigen.

Dies betraf insbesondere den zu erwartenden Niederschlag, um demnach die betriebene Landwirtschaft, dem Anbau spezieller Kulturpflanzen und deren Bewässerung danach auszurichten. Als Beispiel dafür nennt er die Beobachtung der Helligkeit des Sternbildes der „Pleyaden". Deren Helligkeit wird von den Jetströmen beeinflusst, die von ihnen transportierten Wolken sind wiederum für die Niederschlagsmenge maßgeblich.

Dementsprechend wurden von den Inka die Kulturpflanzen an die ökologischen Höhenstufen an den Berghängen angepasst.

Das Buch erzählt die Geschichte der Auswirkungen der „Mittelalterlichen Warmperiode", zu deren Beginn die altamerikanischen Hochkulturen (Maya, Tiwanaku, Wari sowie einige andere weniger bekannte Zivilisationen) wie Dominosteine kollabierten und die Entwicklung genuiner Formen des Bioressourcen- und Umweltmanagements, sowie entsprechender Wirtschaftsformen durch die Inka, um sich aus dieser Katastrophe zu befreien.

Die Überlegungen der Studie von Plachetka werfen die Frage auf, ob wir aus den ökologischen Krisenmanagement- Konzepten der Inkas für unsere heutige klimatische Situation etwas lernen können, ob wir auf alte Strategien zurückgreifen sollten.

Ich möchte dem Autor zu seiner gelungenen Studie gratulieren, es bleibt zu hoffen, dass seine Ergebnisse in der Fachwelt die Resonanz findet, die sie verdienen.

Wien, den 5.12.2010

Der Herausgeber

# Vorwort und Danksagungen

Nicolaj Ivanovich Vavilov, der Begründer des modernen Programms der genetischen Nahrungsmittelsicherheit mittels Methoden, die sich heutzutage als „open source food" schlagwortartig charakterisieren lassen, hätte Eric Hobsbawms bekannte Frage, wie viel Geschichte die Zukunft denn brauche, mit einer Gegenfrage beantwortet: „*Welche* Geschichte braucht die Zukunft?"

Wäre der Zusammenhang zwischen adäquater Geschichtsforschung und der Zukunft unserer Nahrung früher bekannt gewesen, hätte sich ein jetziges Mitgliedsland der Europäischen Union, Irland, eine Katastrophe ersparen können, die bis heute tief nachwirkt: Die *Irish Potato Famine*. Dazu wäre es allerdings notwendig gewesen, mit den Nachkommen des Inkareiches im westlichen Südamerika in einer Weise zusammen zu arbeiten, die vermutlich die Mentalität der Europäer im imperialen Zeitalter des 19. Jahrhunderts nicht zugelassen hätte: Die Andenzivilisationen, deren höchster autonomer Entwicklungsstand das Inkareich war, förderten die Kulturpflanzendiversität beispielsweise der Kartoffel. Zusammenarbeit mit den traditionellen andinen Bauern hätte die Ernährungsgrundlage der irischen Bevölkerung im 19. Jahrhundert wahrscheinlich gerettet.

Nun, bald 200 Jahre später ist die Selbstreproduktionsfähigkeit der Biosphäre des Planeten Erde gefährdet: der Mensch sei daran schuld. Dies ist zu mindestens der Tenor der etablierten Sicherheits- und Risikoforschung, aber hier meldet sich der Kulturwissenschaftler im Autor zu Wort, der die Frage stellt, wieso es dann Zivilisationen gibt, die mit der Biodiversität völlig anders umgegangen sind, als die führenden Mitgliederinnen und Mitglieder der industriellen Zivilisation?

Damit kommen wir zu jener Art Geschichte, welche die Zukunft im Sinne Vavilovs benötigen würde. Die Entstehung des Inkareiches aus den Katastropen der sogenannten mittelalterlichen Warmperiode ist erst vor kurzem durch naturwissenschaftliche Papers nachvollziehbar gemacht worden. Hier wird das Wagnis unternommen, auf diese Zeitachsen eine Geschichtsdarstellung zu recherchieren um darzulegen, wie diese Maßnahmen der Restaurationsökologie mitsamt allen politischen Verwicklungen abgelaufen sind. Die Forderung im Geiste Vavilovs nach einer Geschichte bzw. Altamerikanistik, welche den Anforderungen des 21. Jahrhunderts genügt, ist in Peru bereits seit der Regierung Velasco Alvarados an der Tagesordnung: Velasco Alvarado führte die Revolution von 1968 von oben durch und initiierte damit eine Strömung, die Forschungen zum Wiederaufbau der andinen Agrar- und Nahrungs-mittelsysteme, vor allem diejenigen der Inka förderte. Das Studium der eigenen Agrartechnikgeschichte ist für ein armes Land jedenfalls billiger, als die Einfuhr von Tonnen teuren Kunstdüngers. Aber diese agrartechnischen Systeme konnten noch weit mehr. Aus diesem Grunde obwalten bei der Auswertung der Quellen-lage in diesem historisch angelegten Werk die Beiträge der Naturwissenschaften als regulative Ideen der reflexiven Urteilskraft.

Nach dieser eher philosophischen Formulierung folgen nun Anmerkungen zum Schreibstil: Das diesem Werk zugrunde liegende Forschungsprojekt mit dem Titel Oil Reduced Agriculture (Akronym: ORA) wurde in englischer Sprache abgewickelt, die bisherigen Publikationen erfolgten auf Spanisch. Daher war das Werk möglichst nach der in Amerika von Alaska bis Feuerland für wissenschaftliche Texte verbindlichen Vancouver-Konvention aufzubauen, ein wesentlicher Schritt, wissenschaftliche Ergebnisse sprachunabhängig zu kommunizieren. Damit konnte der kostenintensive alte Stil der Geistes-wissenschaft, an Formulierungen intensiv und zeitraubend zu schleifen und der vom Wohlklange der Sprache abhängigen Belletristik Konkurrenz machen zu wollen, eingespart werden.

So möchte ich folgenden Personen und Institutionen danken: Zunächst der Österreichischen Akademie der Wissenschaften, die das Projekt im Jahre 2005 im Forschungsverbund GECAFS finanziert hatte, sowie den Profesores Helga Kromp-Kolb und Wolfgang Kromp. Besonderen Dank gilt Prof. John Earls (Pontificia Universidad Católica del Peru, Lima) und seiner Frau Gemahlin Hilda Arauco Camacho und Prof. Liliana Muñoz Villar. Danach Dr. Wilfried Hartl (Bioforschung Austria, vormals Ludwig Boltzmann Institut für organischen Landbau und angewandte Ökologie), Univ. Ass. Stephan A. Pietsch, sowie dem Dekan Prof. Juan Carlos Condor Ames (Perú), daneben der peruanischen Konsulin zur Internationalen Atomenergiebehörde Denisse Luyo. Ausserdem Min. Rat Li Sung (Volksrepublik China), Prof. Richard Trappl, Prof. David Pereira (Bolivien), der peruanischen NGO Idéas Peru, der brasilianischen Agraringenieurin Débora Fistarol Lyson, dem Archäologen Albert Meyers sowie der Leiterin der prähistorischen Kommission an der Österreichischen Akademie der Wissenschaften, Irmtraud Hellerschmidt, sowie den Professores Helmut Lukas und Werner Stenzel.

Für den letzten Teil der Recherchen gebührt Dank der brasilianischen Kulturbotschafterin in Wien Queila Rosa Panstingl, Franz Josef Rieger aus dem Globalen Dorf Kirchbach in der Steiermark, Prof. Eugen Brenner (TU-Graz) und Prof. Christian Cwik, sowie Emmerich Seidlberger, Walter Stadler, Christian Gepp, sowie von der Forschungsgesellschaft GIVE Franz Nahrada und Helmut Leitner.

Wien, den 1.1. 2011

Der Autor

1

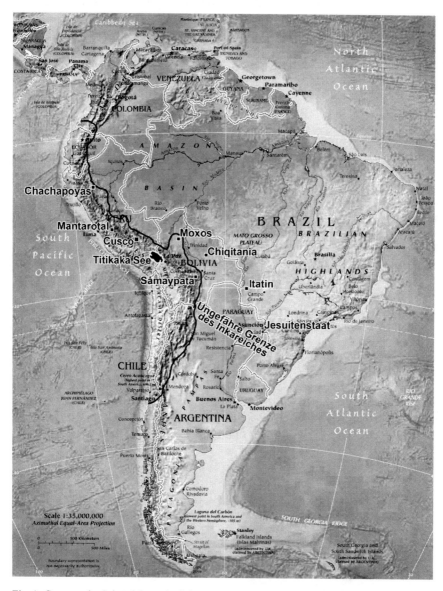

Fig. 1: Grenzen des Inkareiches mit einigen wesentlichen, im Buch genannten Orten

# Einleitung: Neue Fragen an das alte Inkareich

Als im Jahre 1492 Christoph Columbus mit seiner Flotte in der Neuen Welt landete[1], war das Inkareich im westlichen Südamerika das größte Reich der Américas. Es erstreckte sich von einem Streifen im Süden der heutigen Republik Kolumbien entlang des Andenhauptkammes und des angrenzenden Amazonasgebietes bis zur heutigen Hauptstadt Chiles, Santiago de Chile. Es hatte etwa 15 Millionen Einwohner[2], die alle als *lingua franca* Quechua sprachen. Seine Hauptstadt war Cusco. Sein Staatsgebiet umfasste eine außerordentliche Vielzahl von ökologisch unterschiedlichen Regionen mit einer sehr hohen Biodiversität und auch Kulturpflanzendiversität. Bis heute gehören die zentralen Anden zu den Regionen mit den wichtigsten Genreserven für die Zukunft unserer Nahrung. Das wichtigste Volksnahrungsmittel, dessen Reserven in den Anden als Ergebnis indigener Kulturpflanzenentwicklung liegen, ist die Kartoffel (*solanum tuberosum* spp.), sowie eine Reihe weniger bekannter Grundnahrungsmittel, wie Quinoa (*chenopodium quinoa*), Obwohl das Inkareich bereits vor etwa 438 Jahren erobert worden war, ist dieses Reich in keiner Weise identisch mit der Zivilisation, aus der es entstanden war, der Andenzivilisation. Diese ist viel älter, als das Reich. Im Andenhochland der Republiken Peru, Bolivien und Ecuador ist sie noch spürbar im Alltagsleben und in der einheimischen Küche, sowie unter den traditionellen Bauern vorhanden, die weiterhin ihre einheimischen Kulturpflanzen entwickeln. Derart lebt die Andenzivilisation weiter, auch mit Internet.

Dieses Buch handelt zum Großteil von den Ergebnissen des Forschungsprojektes Oil Reduced Agriculture (ORA), zur Frage, wie sich Klimaveränderungen auf die Nahrungsmittelproduktion auswirken. Dies hätte umfangreiche Modellrechnungen erfordert. Die Frage wurde daher in einer anderen Weise angegangen: Das Inkareich entstand als regionaler Staat in den Anden ab etwa 1300 n. Chr[3] und ist daher nicht dasselbe wie die Andenzivilisation.

---

1   Ein Teil der Ironie des Begriffes „Neue Welt" liegt darin, dass diese Neue Welt in Wahrheit sehr alt ist, als Columbus und seine Europäer da ankamen, und zwar nicht, um dort völkerkundliche Studien zu betreiben. Aber Columbus und die Spanier, die ihm folgen sollten, verstanden sich als Teil einer bekannten und schriftlich überlieferten „Weltgeschichte", die aus der Bibel hergeleitet, für sie Welt (mundus) gewesen war – und daher Geschichte. Die „Neue Welt" war buchstäblich neu, unbekannt und vielen auch unheimlich, selbst für manche europäische Wissenschaften herrscht für die Zeit vor 1492 in Amerika „prähistorisches Dunkel" (Momaday 1992:22)

2   Pärssinen (2003:131-139) hatte die bisherigen Rekonstruktionen aufgrund von frühen Quellen nachgerechnet.

3   Nach Cowey (2003), zum akzeptierten chronologischen Maßstab siehe: Bauer (1996:61).

Dessen spezifisches Bioressourcen- und Umweltmanagements ist aus jenem ökologischen Desaster entwickelt worden, welches die in Europa als „mittelalterliche Warmperiode" bekannte mittelalterliche klimatische Anomalie, etwa 900-1400 n. Chr[4], angerichtet hatte. Europäische Daten aus dieser Periode sollen mitunter belegen, dass die globale Erwärmung nicht schlimm sei (kritisch dazu Jones et.al. 2007). In Amerika begann diese Periode mit einer Serie von Zusammenbrüchen entwickelter Gesellschaften oder Zivilisationen.

Das bekannteste Beispiel hierfür sind die klassischen Maya im südlichen Mexiko. In Peru gingen parallel dazu die Reiche des „Mittelhorizontes" unter (Tiwanaku und Wari), sicher nicht nur durch die Effekte der mittelalterlichen klimatischen Anomalie. Zuträglich war diese Periode dem Gedeihen dieser Reiche in keiner Weise.

Für diese Perioden der Klimageschichte, die für den Zusammenbruch der Andenzivilisation und ihren Wiederaufbau durch die Inka relevant sind, gibt es einen regelrechten Merksatz: Während der mittelalterlichen Warmperiode besiedelten die Wikinger Grönland und betrieben dort Milchwirtschaft. Während der nachfolgenden kleinen Eiszeit erfroren und verhungerten sie dort. Deswegen war die Frage, wie sich Klimaänderungen auf Nahrungsmittelsysteme auswirken, auf eine bodenständige Weise zu beantworten: Mittels welcher Reformen, Technologien und Strategien war es den Inka gelungen, aus diesem Desaster ihr Riesenreich zu entwickeln: Nachdem sie ab 1300 ihren Staat eingerichtet hatten, begann ab 1400 ihr raketengleicher Aufstieg zur späteren Position als die Welt der Anden vereinigendes Großreich (Empire), zeitgleich wurden die Wikinger in Grönland bereits durch Kälte, Schnee, Eis und Inuit[5] bedrängt und starben schließlich aus. Als Francisco Pizarro und seine Gruppe spanischer Conquistadores Peru ab 1532-33 eroberten, hatten Gletschersand und Gletschereis die Spuren der Wikinger in Grönland bereits begraben.

Die Entdeckung und Eroberung des Inkareiches war ein offizieller Akt für Berichte an die spanische Bürokratie. Diese schönfärberischen Berichte führten später zu Legenden wie der Rückkehr der weißen Götter, wie in Mexiko und sonstiger Spekulationen über den Geisteszustand der indigenen Völker.

Tatsächlich lief die sogenannte Eroberung als versuchter Staatsstreich ab: Das Inkareich war nach dem Tode des letzten Universalkaisers Huayna Capac in Thronfolgewirren verwickelt: Francisco Pizarro traf auf den Thronprätendenten Atahuallpa in Cajamarca, nahm ihn fest, erpresste eine phantastische Lösegeldsumme in Gold und Silber und verübte an Atahuallpa einen Justizmord. Damit brauchte Pizarro einen Thronprätendenten, der allgemein anerkannt werden konnte. Diesen fand er in Manco Inca.

---

4  In Zukunft mit AD abgekürzt (Anno Domini)
5  Inuit ist die korrekte Bezeichnung für Eskimos, zum Untergang der Wikinger: Diamond (2008:345).

Pizarro und seine Spanier fassten den Plan, im Stile italienischer Condottieri[6] sich in die Dienste Manco Incas zu stellen, um ihn letztendlich als Marionette ihres Regimes zu missbrauchen.

Manco hatte Bedarf an derartigen Condottieri, um das Inkareich von den Anhängern der Fraktion Atahuallpas zu säubern[7]. Nachdem die Spanier dieses erledigt hatten, sah ihr Plan vor, ihren Dienstherren Manco Inca hinters Licht führen und per Militärputsch beseitigen. Somit war im Jahre 1533 gemäß der offiziellen Geschichtsschreibung das ganze Inkareich erobert.

Das Ganze? Nein: Manco Inca führte seinerseits die Spanier hinters Licht und gründete den Neo-Inkastaat von Vilcabamba, der nicht aufhörte, dem Eindringling Widerstand zu leisten[8]. Als dieser Widerstandsstaat im Jahre 1572 auf Befehl des spanischen Vizekönig Francisco de Toledo erobert wurde, tauchte das Gerücht von einem weiteren Inkareich auf, genannt „Paititi" als Ort der verlorenen Inkaschätze. Diese Legende von Paititi beflügelte Expeditionen der zu spät gekommenen Conquistadores in das Amazonasgebiet. Mittlerweile ist das Rätsel der Amazonashochkulturen seiner Lösung sehr nahe gekommen[9].

Die Conquistadores trampelten jedoch über die wirklichen Schätze des Inkareiches hinweg: Deren Systeme des Bioressourcen- und Umweltmanagements, zur Sicherung der angesammelten genetischen Grundlagen der Zukunft unserer Nahrung. Dies hatte der russische Genetiker und Pflanzenbauer Nicolaj Ivanovich Vavilov erstmals durch planmäßige Suche festgestellt, da er die Agrikulturareale originärer Kulturpflanzevoluton und Kulturpflanzendiversität als erster beschrieb. Sie werden ihm zu Ehren als Vavilovzentren bezeichnet.

Allerdings ist dieser Ansatz, der auf Vavilovs Eingangsfragen (Vavilov 1931) basiert, nämlich wo die Landwirtschaft entstanden ist, wie sie entstanden ist und welchen Nährwert im Sinne der Sortenverbesserung diese historische Forschung hat, mittlerweile vergessen worden.

---

6   Condottieri sind etwas mehr als Söldner, sie tauchten im 14. Jahrhundert während des Hundertjährigen Krieges auf, besonders in Italien und stellten sich gegen Bezahlung etwa Städten usw. zur Verfügung. Dies war Kriegsgeschäft, der größte Kriegsunternehmer der frühen Neuzeit wurde aber erst im Dreißigjährigen Krieg berühmt: Wallenstein.

7   Hemming ([1970] 1993) stellt die Eroberung Perus in ihrer gesamten Komplexität dar.

8   Dergleichen gelang den Azteken in Mexiko in keiner Weise, sodass die Kolonial zeit in Mexiko als „siesta naciónal" bezeichnet wird.

9   Diese amazonischen Hochkulturen waren interethnische Netzwerke (Hornborg 2005), bzw. vor-europäische Weltsysteme (Hornborg 1998) wobei die altweltliche Konzeption von Ethnie, die auf biblische Zustände sich bezieht (Assmann 2005:144-160) hier keine Rolle spielt.

# Diamantene Raketen oder Ökologie der Zivilisation?

Die behauptete Leichtigkeit der Eroberung des Inkareiches gilt bis heute als vorgeblicher Beweis für die Unterlegenheit der amerikanischen Zivilisationen. Leider hat dies besonders in den Naturwissenschaften, darunter einigen Ökologen den Status eines Dogmas erreicht, beispielsweise in Jared Diamonds Werk *Guns, Germs and Steel*[10], in dem er die Eroberung der Inka als „Beweis" für seine Thesen bezüglich der Gründe anführt, weshalb die Spanier die Inka eroberten und nicht umgekehrt[11]: Die spanische Bewaffnung und strategische Denkweise der Conquistadores wären das Produkt der überlegenen europäischen Traditionen gewesen. Vor allem hätten die Eisenwaffen einen entscheidenden Vorteil der Spanier gegenüber den Inkakriegern dargestellt. Der Diamond'sche Ansatz basiert auf zwei Thesen: (a) die neolithische Revolution, vor allem ihr Zeitpunkt in BP[12] entschied darüber, wer der „Sieger" und wer der „Verlierer" der Weltgeschichte (Stichjahr 1900) sei. Je früher die neolithische Revolution stattgefunden hatte, desto mehr Zeit war vorhanden, um beispielsweise Eisenwaffen und Feuerwaffen zu entwickeln[13]. Dies sei (b) durch das ökologische Starter-Paket der „Neolithischen Revolution" bedingt gewesen, welches darüber entscheidet, wie viel Energie eine Zivilisation aufgrund domestizierbarer Pflanzen und Tiere in Form essbarer Kalorien in technische Arbeit umsetzen kann (Diamond 2002). „Natürliche Experimente der Geschichte" wären das Beweisverfahren für diese Thesen, die Eroberung der Inka sei ein derartiges Experiment gewesen.

Dieser Ansatz lässt sich auf die Physik des Raketenfluges reduzieren: Der Prozess der neolithischen Revolution setzt nutzbare Energie in essbaren Kalorien frei, sodass das Starter-Package hier mit der Treibstoff- und Oxydationsmittelladung der Rakete vergleichbar ist. Der Brennvorgang in der Brennkammer der Rakete setzt diese Energie (Enthalpie) frei, um die Rakete voranzutreiben.

---

10 Der deutsche Titel ist „Arm und Reich" (Diamond 1985) und etwas gegenüber der spanischen Ausgabe gekürzt (Diamond 1998). Jedoch hatte das deutsche Forum für Verantwortung ein kritisches Assessment seiner Theorien im Rahmen eines Symposiums durchgeführt (Robinson, Wiegand ed 2008)

11 Diamond (1998:73-90). Dieses Erklärungsmodell ist prompt von David Landes (2009:127-129) übernommen worden.

12 Naturwissenschaftliche Zeitangaben werden in BP (before present) gemacht, Stichjahr 1950.

13 Das Stichjahr 1900 ist von Kennedy (1989) eingeführt worden. Das ist der gravierende Unterschied zwischen dem „naturwissenschaftlichen" Ansatz Diamonds und dem davon abgeleiteten wirtschaftswissenschaftlichen Ansatz von David Landes: Schießpulver, Raketen und Kanonen sind an sich eine chinesische Erfindung, aber die Europäer, die ständig untereinander in Konkurrenz standen, benutzten sofort diese Erfindung, um effiziente Kriegswaffen daraus zu machen: Nach Landes hätte Europa eine wichtige Erfindung gemacht: Die Erfindung des Erfindens (Landes 2009:61-71).

Die freigesetzte Energie kommt zu einem Teil dem Schub der Rakete zugute (Wirkungsgrad), teilweise geht sie als Abwärme verloren (Entropieproduktion durch Wärmekraftmaschinen). Wenn eine Rakete ihre Treibstoffe aufgebraucht hat, fliegt sie, aufgrund der Massenträgheit, leer weiter. Dieser Flug unter Antrieb ergibt die Gesamtzahl der Impulse, also den Schub, wobei dieser von Rückstoßmasse und Ausströmgeschwindigkeit dieser Rückstoßmasse während der gesamten Brenndauer der Rakete abhängig ist. Abstrakt gesprochen[14], ist dies die in technische Arbeit umgewandelte Wärmeenergie, also die Exergie. Analog dazu argumentiert Diamond, dass der Initialschub an Exergie[15] durch die neolithische Revolution (also der „Flug unter Antrieb" in der Sprache der Raketenflugpioniere) dafür entscheidend sei, wie weit sich eine Zivilisation nach dem Ende der neolithischen Revolution, also nach „Brennschluß" entwickeln kann, also welche „Kulturhöhe" die jeweilige Hochkultur erreicht. Dieses Diamond'sche Raketenflugmodell der Weltgeschichte könnte sogar berechnet werden.wenn die Rentabilität der Nahrungsmittelproduktion (Glg.1)[16] exakt berechenbar wäre. Dieses Modell erklärt (trotz der Zurückweisung eines Pangenetizismus) jedoch in keiner Weise den Hiatus in der alten Welt, den Untergang des Römischen Weltreiches.

---

14   Obwohl die Grundlagenwerke der Raketentechnik kompliziert sind (z.B. Sänger 1933), ist die recht neue Wasserrakete ein Modell, das die Sache ganz einfach macht: Eine Wasserrakete ist eine Pet-Flasche, die zu 1/3 mit Wasser und 2/3 komprimierter Luft gefüllt ist, etwa auf 4 bar verdichtet. Dieser Druck ist die Energieladung und das Wasser ist die Rückstoßmasse. Beides entscheidet, wie hoch die Rakete fliegt, analog dazu entscheidet die „Denkenergie" der neolithischen Revolutionäre und ihre Pflanzen- und Tierzuchtforschungen multipliziert mit der Menge domestikabler Pflanzen und Tiere, nach Diamond, über die Kulturhöhe der jeweiligen Hochkultur.

15   Enthalpie ist die Gesamtenergie eines Systems, Exergie die in Arbeit umwandelbare Energie. Im Fall des Wasserdampfes definiert sich Enthalpie als innere Energie von sagen wir 1 Liter Dampf, in Temperatur, plus der Expansionsarbeit, da 1 Liter Dampf weit mehr Volumen einnimmt, als ein Liter Wasser. Kondensiert der Dampf, setzt die Energie, die in der Ausdehnungsarbeit steckt, frei. Daher ist Enthalpie reversibel, wohingegen Entropie den Prozess irreversibel macht (also das verdampfte Wasser beschlägt in der Küche das Fenster, wohingegen bei auf Enthalpie beruhenden Entnahme-Dampfturbinen der Wasserdampf eingefangen wird und nach geleisteter Antriebsarbeit in der Entnahmeturbine als Wasser in den Dampfkessel zurückgeleitet wird).

16   Annäherungsweise ist die Formel (in Kilokalorien (kcal), da es sich um Nahrungsmittel handelt), Glg 1: R= (E[kcal]*V[kg])/(w[kcal/min]*t*A): Dies bedeutet R=Rentabilität, E= Energie in essbaren Kilokalorien, V= Volumen der Ernte, w= Arbeit, t= Zeit, A= bewirtschaftete Fläche. Diese Formel wurde in einem Grundlagenbericht für das Energie-skalierungsprojekt am Institut für Risiko-und Sicherheitswissenschaften an der Universität für Bodenkultur in Wien erarbeitet. Der Ausdruck w*t mag irreführend sein, da verfügbare Daten die Leistung in kcal pro Minute angeben, ansonsten wären Watt, definiert als 1 Joule pro Sekunde zu verwenden. Die hochgestellten Ausdrücke in eckiger Klammer sind die entsprechenden Dimensionen.

Nun kann die empirische Grundlage in jedes Modell in derart grober Auflösung eingelesen werden, dass das Modell im großen Maßstab seinen Erklärungswert behält, obwohl es im Detaillierten (also bei einer feineren Auflösung der empirischen Basis) nichts erklärt. Die Überprüfung der Theorien Diamonds erfolgte durch die Identifikation folgender show-cases[17] als Testfälle der „historischen Experimente" (Tab.1).

Tab. 1 Fallstudien für die Theorien Diamonds

| Aspekte | Fallstudien | | |
|---|---|---|---|
| Außereuropäische Welt (0-Hypothese) | Naher Osten | China | Afrika |
| Europäischer Sonderweg | Aufklärung und industrielle Revolution | Mittelalterliche strukturelle Voraussetzungen | |
| Aufstieg und Fall früher Gesellschaften | Maya als „Musterbeispiel" für den Kollaps[18] | Angkor in Südostasien: Kollaps oder Downscaling? | Kolonialisierung und komplexe Gesellschaften (indigenes Nordamerika) |
| Globale Prozesse: | Klima | Landwirtschaft | Kriegsführung und soziale Systeme |

Quelle: Robinson, Wiegand (ed) 2008

Die Anordnung dieser Testfälle an signifikanten *show-cases* entspricht dennoch dem üblichen Schema der Globalgeschichte in ihrer zeitlichen Dimension, nämlich die Frühen Gesellschaften, die in der Alten Welt mit dem Untergang Roms enden. Ab dem Ende der Antike begann das europäische Mittelalter. Dieses war geprägt vom Gegensatz zwischen dem „christlichen Abendland" und dem „muslimischen Morgenland". China ging seinen eigenen Weg (Bin Wong 2008). Genau dieses ist aber die Lücke in der *Showcase*-Sammlung, die nach Robinson, Wiegand (ed) (2008) aufzustellen war: In seinem Beitrag über die globalen Prozesse, die als Triebfedern der historischen Entwicklung fungieren, berichtet Mark A. Cane (2008) über die historischen Klimaveränderungen, von der kurzfristigen Rückkehr der Eiszeit (jüngere Dyas), die in Vorderasien zur neolithischen Revolution geführt habe, bis hin zu seinem Spezialgebiet, das meteorologische Phänomen des El Niño. Dies ist mit der Südlichen Oszillation im Raum des indischen und pazifischen Ozeans verknüpft.

---

17 Show-cases sind aussagekräftige Fallstudien.
18 Der Fall der Maya ist mittlerweile in die westliche Ikonographie als Symbol für den Kollaps entwickelter Gesellschaften eingegangen und ziert das Cover von Diamond, der darüber aus ausführlich berichtet (Diamond 2008:199-224).

Genau dieses meteorologische Phänomen erfordert eine bei weitem radikalere konzeptuelle Trennung zwischen europäischer und nicht-europäischer Geschichte, als es bisher üblich ist. Nun stellten Prof. Liliana Muñoz und der Autor beim Gipfel *Globaler ökologischer Wandel und die Zukunft des Wassers* 2009 die Gegenthese zu Diamonds „Raketenflugmodell" in der alten Inkahauptstadt Cusco vor: Europa ist von den Auswirkungen des meteorologischen Phänomens El Niño Southern Oscilation (ENSO) verschont geblieben. Damit war die europäische Transformation zur marktorientierten Gesellschaft und dem Modell der konkurrierenden politischen Einheiten möglich: Erstens wegen berechenbaren „Return on investments",es zahlte sich aus, ins Privateigentum, etwa Boden zu investieren und zweitens wegen der Entwicklung des Kreditwesens. Die Rückzahlung von Krediten ist von zukünftigen Ernte-Erträgen abhängig.

Die Muster der internationalen Beziehungen in Europa nach dem Westfälischen Frieden sind sowohl von politischer als auch ökonomischer Konkurrenz charakterisiert: Die Ansätze zur durchkapitalisierten Marktwirtschaft entwickelten sich während des europäischen Mittelalters in einer agrarischen Gesellschaft. Die dazu passenden politischen Systeme wurden aufgrund des Westfälischen Friedens nach dem Dreißigjährigen Krieg festgeschrieben, um eine Imperialordnung in Europa zu verhindern.

Wie soll nun ein derartiger Agrarkapitalismus, in England durch die enclosures von Gemeindeland entstanden, auf Krediten und planbarer Rückzahlung der Kredite basierend[19], unter dem Regime des El Niño funktionieren, wenn die Regenzeit unvorhersehbar ausfällt und die Ernten auf ausgetrocknetem Boden verdorren oder sehr bescheiden ausfallen? Bis heute ist das El Niño Phänomen kaum vorhersagbar, wie ein Erdbeben. Die Menschen mussten daher generell Vorsorge und Vorkehrung zu treffen.

Ein rein kapitalistischen System unter dem Regime des ENSO bedeutet für die entsprechende Gesellschaft kollektiven Selbstmord durch Verhungern. Das diesbezügliche historische Experiment ist die zwangsweise Einführung des Liberalismus in Britisch-Indien mit den daraus resultierenden ENSO-Hungersnöten (Davis 2001). Resilienz als Systemeigenschaft, um die Einschläge des El Niño auszuhalten, erfordern „soziales" und „kulturelles" Kapital, um die Wirtschaft in die Gesellschaft einzubetten (Polanyi 1944).

---

19 David Landes (2009) pflegt ein Geschichtsbild, dem zufolge das „europäische Modell" den Erfolg garantiere, wegen der modernen marktintegrierten Gesellschaft, die sich gegen feudalistische Strukturen richtete und grundsätzlich wegen des Rechtes auf Privateigentum. Diese Marktdurchsetzung nannte Karl Polanyi (1944) The Great Transformation. Die große Transformation bezieht sich auf die Abkoppelung des Wirtschaftssystems vom Sozialsystem (genauer in Anm.20). Die konkurrierenden politischen Einheiten wurden im Westfäler Frieden nach dem Dreißigjährigen Krieg festgelegt. Dieses System produzierte immer wieder Kriege, bis hin zum 1. Weltkrieg (Kennedy 1989, Hardt/Negri 2000).

Unter dem Damoklesschwert des El Niño bedeutete die Autonomie der Wirtschaft von sozialen Bindungen[20] den Verzicht auf Sicherheitspolster, die in Indien Opfer des Kolonialismus wurden. Soziales und kulturelles Kapital führte jedoch im Inkareich zu einer spezifisch „polanyischen" Sozialorganisation. Das entsprechende Paper mit der ersten Variante dieser Theorie ging in der Fachzeitschrift für Agrikulturanthropologie *Tikpa Pachapaq* durch das Review-Verfahren am schnellsten durch: Die Resilienz der heutigen Andenzivilisation wurde gegen die ständigen Vorwürfe, selber schuld daran zu sein, zum armen Teil der Welt zu gehören, ins Treffen geführt[21]:

Die außerordentlich schweren El Niño-Ausbrüche des spätviktorianischen Zeitalters, als die kleine Eiszeit zu Ende ging, zwangen die Menschen paradoxer Weise in die koloniale Marktwirtschaft hinein. Dies geschah in Britisch-Indien im Verein mit der vorher eingeschleppten und durch britische Bewässerungs-wirtschaft verbreiteten Malaria. Vor der Wiederentdeckung der Inka durch Clements Markham[22] war die Malariaprophylaxe ein einträgliches Geschäft; Garantie auf die Wirksamkeit der Rindensorten gab es keine. Das pharmakologische Erbe der Inka in der englischsprachigen Welt könnte ihre Pro -Inka - Einstellung in Fachdiskussionen mitbestimmen.

Wenn jedoch die „embedded economy" ökologisch vernünftig war, stellt sich die Frage: Wieso konnte das riesige Inkareich den paar Spaniern keinen effektiven Widerstand leisten?

Ein sehr genauer spanischer Beobachter, Pedro Cieza de León, der von der Karibik kommend, quer durch das heutige Kolumbien in das eroberte Inkareich eingereist war, verfasste seine ausführliche *Crónica del Perú* in mehreren Bänden. Dabei versuchte er streckenweise, dieser Frage nachzugehen. Seine Beobachtungen und Schlussfolgerungen trug Espinoza Sorriano (1973:18-23) in seiner Untersuchung über jene Gründe zusammen, ehe er auf die Rolle einiger indigenen Gruppen bei der Eroberung aufgrund seiner Quellenfunde darstellte: Die indigenen Verbündeten der Spanier waren beispielsweise auf der falschen Seite während des Thronfolgekrieges gestanden, oder wollten die Inkaherrschaft los werden. Dies erklärt allerdings nicht, warum es Manco Inca nicht gelungen war, mit vereinigten endogenen Kräfte die spanischen Besatzer aus dem Inkareich zu vertreiben.

---

20  Die Wirtschaft vor der großen Transformation ist die „embedded economy", zu den Diskussionen um das Ende der Pauperismusgesetze Elisabeth I. (Mindestlöhne, Arbeitslosenfürsorge) im Interesse des Marktes: Polanyi ([1944] 1978:164-5)

21  Plachetka, Muñoz (2009). Das Paper baute auf Plachetka, Pietsch (2009) auf und auf einem Foresight-Projekt für die EU – EURATOM, das wir 2008-09 als neue Crew abgeschlossen hatten.

22  Zur Malariaprophylaxe diente die Einnahme von Chinin, das aus dem Chinarindenbaum gewonnen wird, der in Peru wächst. Natürlich war dieses Medikament käuflich zu erwerben; zu historischen forschungen zum Transfer der Chinarindenbäume von Peru nach Indien durch Clements Markham (1862) siehe: Williams (1962).

Feuerwaffen hatte Manco Inca von übergelaufenen Spaniern[23], die im Kampf unter den Conquistadores zwischen den Anhängern Pizarros und Almagros auf der Seite der unterlegenen Partei der Almagristas gestanden waren, ebenso zur Verfügung.

Cieza de León hingegen argumentierte, die spanischen Kämpfe gegen die Indigenen von Cartagena und Popayan mit der leichten Eroberung des Inkareiches vergleichend, dass die Indigenen in sehr fruchtbaren Gegenden sich zurückziehen konnten, ohne ihre Subsistenzmittel zu verlieren. Das Inkareich hatte in seinen Zentren folglich ein Problem mit der Bodenfruchtbarkeit und der Biomasse (Espinoza Sorriano 1973:9-10). Gemäß der „Raketenflugtheorie" Diamonds hätten die weniger bekannten indigenen Reiche Kolumbiens, sowie die Araucaner in Chile jenseits der Reichsgrenze der Inka eher unterliegen sollen, als die Inka. Sie leisteten erbitterten Widerstand und verwickelten die Spanier in sogenannte asymmetrische Kriege: Das widerspricht dem Raketenmodell. Die Hochanden haben bis heute ein Problem mit Biomasse, das mit Eukalyptuswäldern[24] zu beheben versucht wird.

Die Geschichte der Biomasse in den Anden erlaubt die Hypothese, dass die Nachwirkungen der Zerstörungen der mittelalterlichen klimatischen Anomalie noch während der Conquista spürbar waren. Die spanischen Vorstöße von Paraguay über den Matto Grosso nach dem heutigen Brasilien sowie in das Amazonastiefland erreichten nicht viel. Damit erhebt sich eine Frage, die erst langsam und zaghaft formuliert wird: Hatten die Inka als Rückgrat ihres Erfolges als Imperium eine effiziente Strategie der angewandten Restaurationsökologie (Diamond 2008:382)?

Wir begaben uns auf die Suche nach unbekannten Agrartechniken und Umwelttechniken, unterstützt durch umfangreiche Bestände an lokalem Wissen und regionaler Forschungsergebnisse, die den internationalen Diskurs der Wissenschaften nicht erreichen. Damit soll die Eroberung des Inkareiches entmystifiziert werden und das andere Wunder, die rasche Ausdehnung dieses Reiches, den gängigen Darstellungen zufolge, in der kurzen Zeit von 1438 bis 1528 von einem sehr kleinen Gebiet in der Umgebung seiner Hauptstadt Cusco zu einer Größe, welche in etwa dem Durchmesser des Römischen Reiches

---

23  Bei der Schlacht von Ollantaytampu setzten die Truppen des Inkastaates von Vilcabamba gegen die spanischen Truppen als einzige Armee des alten Amerikas Artillerie ein.

24  Es gibt noch eine Reihe weiterer Gründe, die angeführt werden, etwa die Verwundbarkeit von hierarchischen und komplexen Gesellschaften. Schlagend wird dies bei einem von Cieza benannten Grund: Die Inka hatten überall sogenannte „Klöster" mit „Sonnenjungfrauen" eingerichtet, sogenannte Acclawasis für die jungfräulichen Priesterinnen des staatlichen Sonnenkultes. Cieza beschreibt nun, daß sich diese Frauen in die Spanier verliebt hatten und damit der Etablierung der spanischen Herrschaft sehr behilflich waren (Espinoza Sorriano 1973:21).

entsprach. Das Reichsgebiet, soweit bekannt, umfasste die Küstenstriche und das Andenhochland der heutigen Staaten Ecuador, Peru, Bolivien und Chile, sowie die angrenzenden Amazonasgebiete, damit eine Menge unterschiedlicher Klima- und Lebenszonen für Flora und Fauna, Formen einheimischer Landwirtschaft, Kulturen und entsprechende Entwicklungen umfassend[25].

## Die alten Inka und der moderne Resilienzansatz

Damit kommen wir zum Hauptthema dieser Untersuchung: Die postulierte Resilienz der Andenzivilisation als „natürliches Experiment der Geschichte". Der Störfaktor der Mittelalterliche Klimatischen Anomalie für die Anden-zivilisation fällt archäologisch mit der als „Intermedio Tardio" (späte Zwi-schenzeit) bekannten Periode zusammen, analog zu Mesoamerika:

Die Zivilisation der Maya ging spektakulär unter und entstand als Zivilisation nie wieder, obwohl die Maya als Volk heute noch existieren[26].

In Peru wurde die Andenzivilisation von den Inka unter Zuhilfenahme aller verfügbaren intellektuellen, technischen und sonstigen Ressourcen wieder auf-gebaut, als ob eine ökologische Aufklärung stattgefunden hätte. Die Wende-punkte dieses Geschichsverlaufes sind daher den Kriterien des Anpassungs-zyklus (adaptive cycle) der Resilience Alliance gegenüber abzugleichen. Diese Wendepunkte sind folgendermassen typologisiert: Zusammenbruch bzw. krea-tive Zerstörung (Punkt Omega), Innovation und Redefinition des Ent-wicklungspfades (Vektor Alpha) und Neustart (Walker 2004, Gotts 2007). Diese Meta-Typologisierung[27] als Kriterien zur Überprüfung erlaubt zu viele im empirischen Material identifizierbare Indikatoren, damit begegnen wir erneut dem Problem, dass manche Modelle eine zu grobe Auflösung haben.

---

25 Espinoza Sorriano (1997:15-20), D' Altroy (2003:24-29). Das Werk Espinoza Sorrianos geht intensiv auf die landwirtschaftliche Technologie ein, obwohl es ein historisches und kein agrartechnisches Werk ist, wohingegen D'Altory (2003) tendentiell auf der Reichsperspektive bleibt.

26 Eine Reihe autochthoner amerikanischer Hochkulturen ist damals zusammen gebrochen (Haberle, Chepstow Lusty 2000), wie die klassischen Maya (Haug et.al. 2003). Sie waren nicht alle in der Lage den Anpassungszyklus resilienter Systeme zu durchlaufen. Daher fanden die Spanier, als sie ab 1492 Amerika eroberten, Zivi-lisationen vor, die nach dieser Katastrophe entstanden waren: Während allerdings die Azteken in Mexiko, wie Stenzel (2000) meint, von Córtez und seinen Conquistadores erobert werden konnten, weil ihre Untertanen von den Menschenopfern und sonstigen Herrschaftstechniken der Azteken genug hatten, stellt sich diese Angelegenheit in Peru bei weitem schwieriger dar, da das Inkareich sehr wahrscheinlich, dieser Sache wird in diesem Buch nachgegangen, Mythen durch angewandte Restaurationsökologe als Grundlage seiner Herrschaft ersetzte: Eine Frage ökologischer Aufklärung.

27 Die Resilienz ist auch, anthropomorph ausgedrückt, von der Qualität der Zusam-menarbeit der einzelnen Subsysteme abhängig, für die Archäologie siehe: Redmann (2005:73).

Daher soll die Andenzivilisation als „Vavilovkultur" definiert werden um ihre basalen Funktionen erkennen zu können: Eine Vavilovkultur ist ein sozioökologisches System, bei dem die Interaktion zwischen Umwelt bzw. Kulturlandschaft als Subsystem (A) und die Sozioökonomie als Subsystem (B) im Rahmen ihrer Interaktionsmuster die Diversität von Kulturpflanzen nicht degradieren, sondern erhöhen. Grundsätzlich ist die basale Funktion jeder Kultur das Versorgungssystem für die Menschen, vor allem das Nahrungsmittelsystem. Auf diesem Kriterium baut nun der unabhängige peruanischen Ansatz aus folgenden Gründen auf: (i) Das heutige Erkenntnisinteresse in Peru selbst, (ii) das wissenschaftliche Interesse am lokalen und indigenen Wissen, (iii) die adäquate Theorie zur Auswertung der Geschichtsquellen[28]. Dazu kommen (iv) die Umweltbedingungen, welche aufgrund des Nahrungsmittelsystems den einen oder anderen Entwicklungspfad viabel (also praktisch durchführbar) machen.

Zunächst betrifft (i) das Interesse der peruanischen Forschung an den Inka zum großen Teil handfeste Wiederaufbauprojekte des Nahrungsmittelsystems des Inkareiches (Torre, Burga eds 1986), weshalb eine detaillierte Beschreibung und Analyse der Originalsysteme nötig ist. Dafür ist die Zeit der Mittelalterliche Klimatische Anomalie[29] ein Show case für den Stress, dem die Andenzivilisation als sozioökologisches System ausgesetzt war. Die heutigen Wiederaufbauprogramme der indigenen Systeme werden streckenweise von der FAO, Untergruppe Consulting Group of International Agricultural Research (CGIAR) unterstützt, welche das Centro Internaciónal de las Papas (CIP) in Lima, mit einer Menge Außenstellen betreibt: Schließlich gehört Peru (ii) zu den acht Zentren originärer Kulturpflanzenevolution[30] und Kulturpflanzendiversität nach Vavilov (1931). Diese beinhalten die Genreserven für die Zukunft unserer Nahrung, die erwähnten „Vavilovzentren", obwohl dieses Paradigma als erschöpft gilt.

Das Paradigma des „agrikulturellen Welterbes" hingegen (iii) erfordert jedoch eine adäquaten Theorie: Vavilovzentren sind aus zeitlicher Tiefe gesehen, grundsätzlich „Vavilovkulturen"[31] und als solche Sozio-ökologische Systeme (Socio-Ecological Systems, SES). Diese müssten eine gewisse Resilienz aufgrund multipler Anpassungsfunktionen haben, sonst hätten sie die

---

28  Vgl. Conrad, Demarest ([1984] 1988: 21-23) über die Notwendigkeit der anthropologischen Theorie zur Auswertung der Quellen.

29  Fachabkürzung: MCA, „Medieval Climatic Anomaly"

30  In diesem Sinne argumentiert Harris (2008), werden aber Vavilovzentren als agroökologischer Fußabdruck sozioökonomischer Prozesse gesehen, so ist von einer Art „Dialektik" zwischen der Entwicklung von sogenannten Hochkulturen und der Anzahl der domestizierten Pflanzen auszugehen und auf diesen Prozess dürfte sich Vavilov (1931) mit seiner Metapher der „Ziegelsteine und Mörtel" des Pflanzenbaues bezogen haben.

31  Plachetka, Muñoz (2009) noch ohne Rückgriff auf den Forschungsschwerpunkt Weltagrikulturerbe der FAO. Dies wird hier ab S. 131ff genauer behandelt.

Jahrtausende von der neolithischen Revolution bis zu den Reisen Vavilovs nicht überlebt. Aufgrund der Frage des Bioressourcen- und Umweltmanagements innerhalb einer solchen Vavilovkultur ist dieses Paradigma daher in keiner Weise erschöpft, da es nicht darum geht, Vavilovzentren zu identifizieren, sondern Vavilovkulturen sachgerecht zu managen. Dies betrifft (iv) variable Umweltbedingungen, die nicht nur während der MCA variabel sind. Damals wurde jedoch das normale Störniveau durch die üblichen Störungen bei weitem überschritten. Das normale Störniveau ergibt sich durch die später im Detail behandelte Tatsache, dass mit zunehmender Seehöhe in den Anden sich das Wetter nicht immer an den Kalender hält. Dies hat Konsequenzen wegen der Vegetationsperioden der Pflanzen. Dementsprechend gibt es traditionelle Risikominimierungsstrategien der Bauern innerhalb einer bestimmten Bandbreite (*threshold*), sodass eine basale Resilienz vorhanden gewesen war.

Die MCA überschritt jedoch diese Bandbreite bei weitem und löste damit nachzuvollziehende Entwicklungen im Rahmen des Anpassungszyklus (i.e. *adaptive cycle*) beständiger sozioökologischer Systeme (Redman 2005:72), aus.

In den Anden betrifft dies das Agrarsystem mit seiner simultanen Nutzung der unterschiedlichen ökologischen Höhenstufen[32], die durch entsprechend gut wachsende Kulturpflanzen und entsprechender agrarische Objekte (agrartechnische Einrichtungen), wie terrassenförmig angelegte Berghänge (Andenes), Hochfelder („camellones"), Wasserzisternen bzw. Regenfallen (qochas) und weniger bekannte Einrichtungen optimal bewirtschaftet werden konnten. Vor allem die Inka konnten damit eine Bergbauern-Krisenregion in ein Überschussgebiet verwandeln. Der große Sammelband von Morlon (ed 1996) über diese Techniken hat den Tenor des Scheiterns der Versuche, sie aufzubauen. Allerdings ist damit nicht gesagt, dass die Fachleute, welche mit diesen Wiederaufbauprogrammen befasst waren, „perfect knowledge" über die Originaltechniken hatten. Vielmehr ist von den fehlenden Themen in Morlon (ed 1996) auszugehen. Diese betreffen die lokale Sortenanpassung verschiedener Feld-früchte, die Optimierung von Saatkalendern mittels der Inti Huatanas, der Horizontalsonnenuhren (Bauer, Stanish 2003: 100) usw. Diese Reformen erlaubten die lokale Kalibrierung des Saatkalenders (Anonimo 1906). Die daher notwendige systemanalytische Methode begründete John Earls (1989) aufgrund seiner Untersuchungen eines konkreten „Laboratoriums" zur Kulturpflanzenentwicklung, die terrassierten Dolinen von Moray und deren Zusammenhang mit den Inkastädten.

Die Relevanz dieses „historischen Experiments" für die „survival sciences" ergibt sich durch die heutige Politik hin zu einer wissensintensiven Bewirtschaftung der grundlegenden Funktionen menschlicher Siedlungen wie Dörfer aufgrund ihrer Umgebungen und deren Ökosystemdienstleistungen.

---

32  Die simultane Nutzung der Höhenstufen durch die alten Peruanerinnen und –peruaner war die wesentliche Entdeckung von John Victor Murra [1972] 2008a

Diesen regionalentwicklungspolitischen Paradigmenwechsel, vor allem im österreichischen Bundesland Steiermark, nannte Michael Narodoslawski von der Technischen Universität Graz als Mitglied des Entwicklungsboard der oststeiermärkischen Region Vulkanland die „biogene Wende". Der Leiter dieses Programms ist der Landtagsabgeordnete Josef Ober, der das Vulkanland als Markennamen erfunden hatte. Dies bedarf allerdings einer ökologischen Aufklärung.

Dazu fand die Bioversität im dortigen Globalen Dorf Kirchbach in der Steiermark (46° 55' 53''N, 15° 39'43''O, 334 m Seehöhe) statt, da die Institution KB-5 das Konzept des österreichischen Cybersoziologen Franz Nahrada (n.d.) der „Global Integrierte Dorf-Umwelten" oder „Globally Integrated Village Environment" (GIVE) schrittweise umsetzt: Lokale Entwicklungen benötigen Zugang zu globalen Informationsströmen, hier zum Thema ökologische Aufklärung, sowie fachliche Betreuung für Biobauern vor Ort.

Informationsströme insgesamt bilden den anthropologischen Raum des Wissens (ARW) eines Weltsystems, heutzutage über Videobrücken und dem Internet. Dies wird von der Europäischen Kommission im Rahmen der Breitband-Initiative maßgeblich unterstützt, offen ist die Frage nach der Materialisierung der Information:. Es wird zu zeigen sein, dass der anthropologischen Raum des Wissens kein Produkt der Neuen Informations- und Kommunikationstechnologie (NIKT) ist. Letztere betrifft die Methode des Informations-*Transportes*, jedoch *nicht* die Qualität und regionale Relevanz der Informationen.

Globale Dörfer hängen folglich, wie am 20. Jänner 2010 bei einer politischen Stakeholdersitzung in KB-5 festgestellt, von konkreten Informationen zwecks regionaler, intellektueller Wertschöpfung ab, sowie deren Materialisation (Plachetka 2009), vor allem in Südamerika.

Um daher von der Medientheorie zur Entwicklung zu kommen, wurde als Antithese zum Globalen Dorf Marshall McLuhans der Begriff *Aldeas Globales Populares* (AGP) eingeführt (Muñoz Villar 2009). Der konkrete Anwendungsfall ist die leistbare Energieautarkie, also Energieautarkie einer Region ohne öffentliche Subventionen: Das Vorzeigeprojekt für diese AGPs ist der in Peru vom Autor entwickelte Prototyp einer solarbetriebenen Wasserpumpe ohne bewegliche Teile als Gemeinschaftsunternehmen zwischen Kirchbach (Franz Rieger) und Lampao in Thailand (Prof. Soodosoon, Universität Kalasin) als technische Umsetzung der wissensbasierten Mobilisierung erneuerbarer Ressourcen durch Luftbrücken im ARW (Plachetka 2009):

Folgende Minimaleinrichtungen machen eine Siedlung heute zu einer *Aldea global popular*: (i) ein Gemeindezentrum als Lernort mit Informations- und Kommunikationstechnologien als soziokulturelle Schnittstelle zwischen ARW und Lokalkultur; (ii) einer damit entwickelten Kulturlandschaftsumgebung, sowie (iii) einer Transformations- und Anwendungs- Institution von gelernter Information in Entwicklung. Das fanden wir bei den Inka.

# Der inkaische Städtebau und Moray: Der Schlüssel zur „biogenen Wende" der Inka?

Es gibt nun in Peru allen Ernstes die Meinung, es habe im Inkareich keine Städte gegeben. Auf den ersten Blick entsprechen die bekannten Inkastädte hinsichtlich der urbanen Agrikultur den oben genannten Kriterien der Aldeas Globales Populares. Die Terrassenfelder sind in den Städten noch deutlich erhalten, diesbezüglich wird in der Literatur die Inkastadt Ollantaytampu (Protzen 1993) genannt. Diese Städte unterscheiden sich aus archäologischer Sicht fundamental von den Prinzipien allgemein bekannter Zivilisationsentwicklung, wie von V. Gordon Childe festgelegt: Es ist kein Muster des Überganges von Dörfern über Städte zu Staaten nachvollziehbar. Diese „master sequence" kommt aus dem Fruchtbaren Halbmond. Sie gelte weltweit, aber, den ausführlichen Darlegungen des Archäologen Makowski Hanula (1996) zufolge eben nicht für den inkaischen Städtebau wie Machu Picchu (Fig.2):

Fig. 2: Die erhaltene Inkastadt Machu Picchu, Foto des Autors

Diese Städte wären in Wahrheit Paläste wie jene der altgriechischen Kultur von Kreta zu minoischer Zeit gewesen. Da dies allzu sehr aus theoretischen Proto-kollsätzen hergeleitet erscheint, zogen wir es vor, die Theorie der Globalen Dörfer probeweise als Erklärungsmodell anzuwenden. Der dazu nötige gesell-schaftliche Bildungswille war vorhanden (Hurtado Fuertes 2000:115-119). Die Muster der inkaischen Urban Agriculture und die daraus folgenden Beson-derheiten der Urbanität sind in Pisaq (Fig.3) augenfällig und erinnern an die *globally important agricultural heritage systems* (GIAHS).

Fig. 3: Die Terrassenfelder der Inka aus Pisaq, älter als Machu Picchu: Quelle: Fotos des Autors

Terrassenfelder an sich sind nichts Besonderes, sie existieren auch auf den Philippinen, in China und anderen gebirgigen Gegenden, als GIAHS - Technologie. Offizielles Fallbeispiel aus den Anden sind die Waru Warus (camellones oder Hochfelder) um den Titicacasee (Altieri, Koohafkan n.d.). GIAHS- Systeme haben einigermaßen geschlossene Stoff- und Energiekreisläufe durch systemimmanente Biodiversität. Diese optimiert die Ausnützung der mikroklimatischen Heterogenität; sowie die Rentabilität der Stoff- und Energiekreisläufe durch ihre biologischen Recyclingfunktionen usw.

Explizite Kriterien für GIAHS, sowie die Klärung ihrer Zusammenhänge mit den Vavilovkulturen wären ein Desideratum: GIAHS in Vavilovzentren sollen den Genfluss zwischen den kultivierten Pflanzen und ihren wilden oder weniger domestizierten Verwandten kontrolliert unterstützen.

Diese Systeme, von an Gewinnmaximierung desinteressierten Subsistenzbauern entwickelt, sind noch keine AGPs. Damit erhebt sich die Frage, wie mit solchen verbesserten Subsistenzsystemen, so nachhaltig sie auch seien, ein Staat zu machen ist. Nun sollen die AGPs systematisch Wissen zur Verbesserung der GIAHS einspeisen. Um daher ein GIAHS als AGP zu identifizieren, müssen die vorhin erwähnten Transformationseinrichtungen von interlokalen Informationen (des ARW, also spezifisches Wissen usw.) in die Prozesse der Mobilisierung lokaler, erneuerbarer Ressourcen ausgewiesen werden. Es gibt nun in Peru eine rätselhafte archäologische Anlage namens Moray.

Diese diente, dem Lebenswerk des australisch-peruanischen Gelehrten John Earls (1975,1989) zufolge zur Optimierung der Urban Agriculture in mehreren Inkastädten, lieferte also verarbeitete Umweltinformationen über eine Region. (Fig 4). Moray konnte auch ein gradientenreicher Pflanzgarten sein.

Fig. 4: Der Hauptkessel Quechuq (oben), von Moray nach der Regenzeit (April 2006)[33]

Diese Anlage befindet sich oberhalb des Urubambatales, des sogenannten Heiligen Tal der Inkas, beiläufig 32 km nordwestlich von Cusco entfernt. Die Koordinaten dieser Anlage sind 13° 20'05" S und 72 ° 11' W auf 3574 m. Seehöhe[34]. Das Areal, in dem sich Moray befindet, liegt am nördlichen Fuße eines von der Höhe Morays aus niedrig wirkenden, 4100 Meter hohen Berges namens Wayñunmarka. Die Anlage besteht aus vier geometrisch regelmäßigen schalenförmigen Strukturen („sinkholes",*muyu*). Auf dieser Höhe hat das Jahr zwei scharf getrennte Jahreszeiten: Trockenzeit und Regenzeit. Diese terrassierten Dolinen sind bisher nirgendwo anders in dieser Form entdeckt worden. Davon ist der wichtigste Muyu der *Quechuq Muyu*, der bis heute experimentell bebaut wird. Die seichteren Muyus waren wahrscheinlich noch in Arbeit, als das Inkareich erobert wurde, oder wurden aus anderen Gründen aufgegeben. Die Oberkante von Moray ist in der ökologischen Altiplanozone, die bis 3800 Meter

---

33 Quelle: Konferenzunterlagen für die CONCYTEC- Colloquium des Autors online: URL:http://www.dorfwiki.org/wiki.cgi? Portada/ImperiosCiberneticos/FotoGalerie/MorayImSommer

34 John Treacy hatte John Earls über ein zweites Moray im Collcatal informiert, verstarb aber, ehe er Details bekannt geben konnte. Earls hatte die Anlage aus dem Gedächtnis aufgezeichnet und es war uns gelungen, sie im Jahre 2006 bei Yanque im Collcatal zu identifizieren. Interessanter Weise präsentierte die Shippee-Johnson-Expedition das Collcatal als "verlorenes Tal" (Shippee 1932b).

Seehöhe reicht. Diese Anlage ist erstmals von der Shippee-Johnson -Flug-
zeugexpedition entdeckt worden: Das Foto wurde im Flug geschossen und im
diesbezüglichen Bericht wird die Anlage als Amphitheater bezeichnet (Shippee
1932a:18), nicht einmal der Name Moray wird erwähnt.

Dennoch ist das Luftbild Morays aus dem Jahre 1931 eine wichtige
Quelle[35], um den Zustand der Anlage vor den späteren Restaurierungen ab-
schätzen zu können[36], da sie John Earls noch im Urzustand untersuchen
konnte[37]. Moray galt unter den Anwohnern, quechuasprechenden Bauern, als
Agrarkolleg der Inka und ein von strengen Tabus umgebener Platz. John Earls
hatte nun in einer Reihe von Forschungen und Projekten zum Wiederaufbau der
andinen Agrartechnologie das indigene Wissen (a) modellhaft derart systema-
tisiert, dass (b) diese wiederaufgebauten Systeme auch wirklich funktionieren
(Earls 1999, 2006b).

Damit kommen wir zu den Dimensionen Morays: Die unteren Flanken der
größten Doline, Qechuyoq, sind terrassiert und die verbleibenden Teile
umfassend bebaut. Qechuyoq ist über 70 m tief, aber nur die unteren 28 m sind
terrassiert. Sieben nahezu kreisförmige Terrassenstufen umfassen die unteren 15
Höhenmeter[38]. Dieser zu Inkazeiten fertig gestellte *Quechuq muyu*, den Earls
(1989) vermessen hatte, hat einen Durchmesser von 222,99 Meter in Nord-Süd-
Richtung über alles und eine Tiefe von beiläufig 80 Metern. Der Bereich der
terrassierten Felder, die in ungleichem Durchmesser jedes Sektors kontrolliert
bewässert wurden, haben einen Radius von 62,31 Metern. Diese Wasserläufe
sind mittlerweile abgeleitet worden, ihre Reste sind noch gut sichtbar.

Diese Anlage wurde im August 2005 von Wilfried Hartl und dem Autor in
Augenschein genommen, die Interpretation des gradientenreichen Pflanzgartens
zur Saatgutentwicklung hatte Wilfried Hartl bei der IRICS – Konferenz in Wien
aufgrund seiner Fotos vorgestellt.

Dabei besprach sich Wilfried Hartl zuerst mit John Earls, ehe es dann auf
Empfehlung von Carlos Arbizu (Centro Internaciónal de las Papas, Lima) nach
Cusco und weiter nach Moray ging.

---

35  Shippee (1932a:18, Fig.17). Leider wurde das Datum der Aufname nicht bekannt
    gegeben, da die Piloten die Luftaufnahme von Moray, wie aus ihrer Darstellung
    erkennbar wird, aus Kuriositätsgründen machten und nicht einmal den Namen Moray
    nannten.

36  Das Biom, in dem Moray liegt, gilt als untere tropische Gebirgsdornensteppe, die
    gemessene mittlere Biotemperatur-Bandbreite beträgt 12.8°C Minimum 17.7°C
    Maximum. Die mittlere Niederschlagsbandbreite beträgt 425 mm Minimum bis 607mm
    Maximum (Quirita 2005)

37  Earls (1989:27-33) stellt den Stand der Forschung vor seinen Arbeiten vor und bezieht
    sich auf eine Publikation aus demm Jahre 1968, dem zufolge die Shippee-Johnson
    Expediton Moray entdeckt habe, davon steht in der verfügbaren Originalpublikation
    nichts.

38  Earls (1998, 2006:141)

Earls setzte nun seine Messinstrumente entlang des Ostwest- und Nord-Süd-transektes an spezifische mikroklimatisch definierte Punkte an[39], um die Gradienten zu messen. Diese definieren den Lebensraum der Kulturpflanzen. Dabei konzentrierte er sich auf die Bodentemperaturverteilung in den jeweiligen Terrassen im Kessel "Quechuq" in Moray, die er ca. 10 cm unter der Oberfläche maß[40]. Eine Temperaturinversion, ähnlich der Doline auf der österreichischen Gstettneralm[41] zeigte sich, sowie unterschiedlichste Temperaturamplituden im Jahresgang entlang zweier Transekte nach Norden und nach Osten. Diese wurden mit Maximum-Minimum-Thermometern gemessen.

Diese Messungen stellten Moray als gradientenreicher Pflanzgarten dar, der das Paradoxon einer mehrortigen Versuchsanlage an einem Ort realisiert. Nach Earls (2006) ist dies als Messwertgeber für das Bioressourcen- und Ökosystemmanagement in außerordentlich komplexen ökologischen Systemen anzusprechen. Dies basiert auf der Parallelverarbeitung von Daten, sodass Moray gleichsam die Sollwerte für die Erträge und wissensbasiert zu mobilisierenden Ökosystemdienstleistungen auf den Kulturlandschaften (Terrassenfeldern) um die Inkastädte geben sollte, letztere sind die Istwerte (Earls 1976).

Durch dieses Feedback ist eine Optimierung ermöglicht. Soweit die Erklärungen auf der Ebene der Umweltsystemsteuerung (*ecosystem control*), die Moray und ähnliche Anlagen als die gesuchte Einrichtung zur Umsetzung von Informationen in Prozesse der Mobilisierung lokaler Bioressourcen für eine Aldea Global Popular (AGP) identifizieren. Hat dies auch mit der Funktion der GIAHS zum genetischen Nahrungsmittelschutz, den die Agrikulturareale ursprünglicher Kulturpflanzenevolution und -diversität, die Vavilovzentren, gewährleisten, zu tun? Vavilovzentren sind, dazu später, nur in gebirgigen Gegenden zwischen den Wendekreisen in der Neuen Welt, sowie dem südlichen Wendekreis (dem Wendekreis des Steinbocks) und dem 45 nördlichen Breitengrad in der alten Welt anzutreffen.

Das bedeutet, Vavilovzentren dürften ähnlichen Bedingungen unterworfen sein, wie Biosphärenregionen, also hohe intraspezifische oder Alpha-Diversität, hohe interspezifische Diversität, also hohe Beta-Diversität und hohe Diversität der natürlichen Lebensräume, zwischen denen Genfluss möglich ist, das bedeutet im Klartext sexuelle Fortpflanzung.

---

39   Diese Meßinstrumente waren in erster Linie entsprechend den technischen Möglichkeiten der 1970er Jahre Laboratoriums-Quecksilberthermometer zur Messung der Bodentemperatur, sowie Haarhygrometer.

40   John Earls stellte uns dankenswerter Weise die Originaldatei für den dritten Teil seines Buches (2006) zur Verfügung, sodas die Exeltabellen mit den Originalmeßdaten aus den 1970er Jahren geöffnet werden konnten.

41   Earls (1989:213), die Temperaturumkehr wurde entlang des Transektes von Nord-Nord-Ost bis West-Süd-West gemessen.

Die ökologische Heterogenität, das bedeutet, die unterschiedlichen Vegetationszonen in den Anden[42], wird etwa aufgrund "Life-Zone taxonomy" Holdridges, die von Joseph Tossi für Peru angepasst wurde, klassifiziert (Tab.2):

Tab. 2 : Höhe der "Lebenszonen" gemäß Joseph A. Tossi.

| Ökologisches Stockwerk | Fläche in km² | In Prozent des Staatsgebietes Perus[43] | Seehöhe in Metern |
|---|---|---|---|
| Tropical | 608.986 | 47.4 | 0-500 |
| Subtropical | 238.986 | 18.6 | 500-2000 |
| Lower montane | 126.425 | 9.8 | 2000-3000 |
| Montane | 136.298 | 10.6 | 3000-4000 |
| Subalpine | 149.663 | 11.6 | 4000-4500 |
| Alpine (Tundra) | k.A. | k.A. | 4500-5000 |
| Nival | 24843 | 2.0 | >5000 |

Quelle: Pulgar Vidal (1996:235)

Diese hohe Komplexität brachte nun Earls dazu, das Inkareich als Imperium darzustellen, das aus Energiemangel auf seiner Fähigkeit zur Steuerung ökologischer Systeme beruhte (Earls 2005, 2006). Die Grundidee hatte Earls selbst in einem englischsprachigen Vortrag auf den Punkt gebracht:

Jeder guter Regulator eines Systems muss selbst ein gutes Modell des zu steuernden Systems darstellen[44]. Dennoch räumt er die Gefahr ein, dass bei hinreichend vielen unterschiedlichen Maissorten auf engen Raum unerwünschte Einkreuzungen (Hybridisierungen) erfolgen[45].

Diese spontanen Hybridisierungen dürften in keiner Weise derart unerwünscht sein, wie bei europäischen Saatgutzuchtfirmen, wie dies Voyce Weaver im August 2006 bei einer Veranstaltung im Permakulturgarten der Wiener Permakulturpionierin Eva Vessovnik erläuterte.

Dies würde eher für den gradientenreichen Pflanzgarten sprechen, sodass die „Breeding-Mill" Hypothese im Raum stand.

---

42 Im Detail dazu siehe das Ökologiekapitel, ab S. 29ff
43 Damit ist die heutige Republik Peru gemeint, nicht das Inkareich
44 Earls (1998:15-16) ebenso Earls (1989). Dies ist sein grundlegendes Analysetool. Bezüglich der praktischen Überprüfung seiner Modelle ist mittlerweile der naturwissenschaftliche Nachweis der indigenen Kategorien des Umweltmanagements aufgrund eines Wiederaufbauprogrammes in der Sierra de las Muñecas östlich des Titicacasees in der Näher der Weiler Mocomoco und Puerto Acosta (Carranza, et.al. 1999, Earls 1999) mit Meßdaten erbracht (Earls 2006b).
45 „Efraín Morote Best klärte mich darüber auf, dass in control centers wie Moray die größte Gefahr für die Sortenanpassung (aclimatización) und kontrollierten Pflanzenbau (hibridación) verschiedener Maisvaritäten darin besteht, dass diese so eng nebeneinander wachsen" (Earls 1989:407) Übersetzung U.C.P.

Moray erlaubte demzufolge rasche Sortenanpassung[46] und -züchtung (*crop evolution*). Eine derartige Anlage könnte, wenn sie sachgemäß betrieben wird, erstens die Theorie der „molekularevolutionären Uhr" beweisen und zweitens als großtechnische Vorzeige-Anlage für die praktische Umsetzung dieser Theorie dienen. Diese molekularevolutionäre Uhr hat anzunehmender Weise eine variable „tick-rate", das sind die Mutationsraten von Species innerhalb eines Habitates, wobei die Mutationen umso häufiger auftreten, je kleiner das Habitat ist. Diese Theorie von Pauling und Zuckerkandl[47] ist Thema der Molekulargenetik. Wegen der Notwendigkeit, festzustellen, unter welchen Bedingungen die Anlage überhaupt gebaut wurde, ist es zu früh, darauf einzugehen.

Folglich lautet die Frage: Warum ist derartiges nur und ausschließlich in Peru zu finden und warum hätten die Inka dieses komplizierte System, welches nach Earls sogar die zu seiner Zeit moderne (damals allerdings ziemlich basale) Computerforschung vorweggenommen hatte (Earls 1989:25-70), entwickeln sollen? Dazu mussten wir Faktoren in der Umweltgeschichte der Anden identifizieren, die einen sehr guten Grund dafür darstellen (Plachetka, Muñoz 2007): Dies ist die Fragestellung eines „natürlichen Experimentes der Geschichte":

Vor der Expansion des Inka-Reiches war Moray im Gebiet der Ayamarcas gelegen. Dies erlaubt uns, (a) Moray paläoökologisch einzuordnen und (b) die Analysen von Earls (1989) zu historisieren. Es ist möglich, dass wegen einer lang andauernden "La Niña" (ENSO-Kaltphase) die Temperaturen in Peru zurückgegangen sind[48]. Folglich wären Temperaturen in Peru unterhalb der sonstigen Mittelwerte gewesen, sodass es sehr wahrscheinlich kalt war[49], nachdem ein gigantischer El Niño die nordperuanische Kultur der Mochica fast ins Meer gespült hatte während im Amazonasurwald apokalyptische Waldbrände tobten. Dies fand um 1100 AD statt. Die schweren Ausbrüche von *El Niño Southern Oscillation* (ENSO) sind nach der Definition des Historikers Davis (2001) als Mega- ENSOs anzusprechen und kamen gehäuft nachweislich am Ende der kleinen Eiszeit, also im 19. Jahrhundert vor. Diese wurden genauer unter die Lupe genommen[50], da die Entwicklung von Resilienzstrategien in derartigen Gebieten anscheinend Aufgabe indigener Staatenbildung war: Die heutigen indigenen Bauern in der Gegend um Moco Moco und Puerto Acosta nützen die Topoklimatologie an den Berghängen aus, verfügen auch über das

---

46  Fjeldså (2007) stellte eine positive Korrelation zwischen der menschlichen Besiedelung und der Biodiversität fest, mit der Ausnahme der Maiszonen. Dieses Phänomen ist nach Fjeldså (2007) durch das Pionierpaper von Earls (1975) zu erklären.

47  Die sogenannte evolutonäre Uhr geht auf die Forschungen des Österreichers Zuckerkandl und seines Kollegen Pauling zurück und betrifft die Geschwindigkeit von Mutationsraten in einer Pflanzenpopulation, zusammenfassend: Bronham, Penny (2003)

48  Siehe auch Bryant (2005) und die Wetterkarten in Trouet et.al. (2009).

49  Mohadi et.al. 2007. Diese Kälte wäre unter der Annahme erklärbar, dass die tropische Hitze abgeleitet wurde und nun kalte Luft zurückströmte.

50  Plachetka, Pietsch (2009), Davis (2001) hatte die sozioökologischen Schäden bewertet.

entsprechende indigene Klassifizierungssystem. Dies hatte Earls (2006b) mit agrarmeteorologischer Ausrüstung überprüft, es fehlen dort moray-ähnliche Anlagen. Daher ist Moray als (a) Staatseinrichtung zu sehen.

Zur (b) Historisierung: Earls (1976) zufolge diente Moray im Zuge der Kalenderreformen des ersten Kaisers des Inkareiches Inka Yupanqui Pachacutek[51] dazu, die Kalender an die Vegetationsperioden von Mais zu kalibrieren und für jede Höhenzone, die in dem Kessel simuliert wurde, den spezifischen Saatkalender zu entwickeln. Dies erlaubt die Zugangsweise, das topoklimatologische Profil einer Gegend als Selektor für gleichsam selbsttätiger Anpassung von Maisvarietäten zu sehen. Die genetische Homogenisierung von Windbestäubern wie Mais ist bei topoklimatologischen Profilen wie dem von Moray, aufgrund der steilen Gradienten der topoklimatologischen Heterogenität pro Quadratmeter auszuschließen.

Earls' (1989) Konzeption der Anlage von Moray als andine Technologie des Risikomanagements wird von namhaften Experten wie Tapia (1996) geteilt, angesichts des im Folgenden durch die Forschungen Bruce Winterhalders quantifizierbaren Risikogradienten. Dieses Risiko ist dadurch definiert, dass das Wetter sich nicht an den Kalender hält und daher beispielsweise die Saat erfriert. Winterhalder (1994) berechnete die Verlässlichkeit der Wettervorhersagen in Wahrscheinlichkeiten, dass sie zutreffen. Dies bildet den inhärente Risikogradienten in den Anden (*predictability*, Vorhersagbarkeit pro Seehöhe). Sie werden nach den Graphiken in Earls (2006:116) in Tab.3 und Tab.4 gerundet wieder gegeben.

Tab. 3 : Vorhersagbarkeit des Regens (Niederschläge)

| Seehöhe | Andenwesthang | Andenosthang |
|---|---|---|
| 0 | 0,75 | 0,6 |
| 1000 | 0,65 | 0,55 |
| 2000 | 0,6 | 0,5 |
| 3000 | 0,5 | 0,45 |
| 4000 | 0,4 | 0,4 |

(Earls 2006:116)

Diese Zahlen rangieren zwischen 0 (keine Trefferwahrscheinlichkeit) und 1 (absolute Verlässlichkeit der Vorhersage der Minimumtemperaturen).

---

51  Anlässlich der Kalibrierung des Inka-Saatkalenders, der von Felipe Guaman Poma de Ayala überliefert wird, auf die astronomische Ausrichtung der Terrassenfelder von Tipón mittels der Astronomiesoftware GUIDE 8, welche die Konstellationen und Sonnengänge bis zur Zeit der ägyptischen Pharaonen für jeden Tag genau angibt, war festzustellen, dass es keinerlei astronomische Gründe für Kalenderreformen gab, die Vegetationsperiode von Mais wurde allerdings als Eichmaß genommen (S.169ff)

Damit kommen wir zu einem wichtigen Begriff, der uns später begegnen wird, nämlich die Steilheit des Gradienten. Der Risikogradient ist die Gegenwahrscheinlichkeit der Vorhersagbarkeit (1-p; p ist die Vorhersagbarkeit). Die Graphik (103 mm x-Achse, 45mm y-Achse) ist in den oben angegebenen Schritten bezüglich der Seehöhe in 4 Schritte á 24 mm Länge geteilt. Die Wahrscheinlichkeiten an der Y-Achse sind in Schritte á 0,5 geteilt, die bei Earls (2006: 116) eine Länge von 5 mm haben. Daraus ergibt sich eine lineare Darstellung des Gradienten der Verlässlichkeit der höhenspezifischen Saatkalender für den Andenwesthang auf 0 m Seehöhe von 21° fallend. Folglich zeigt der Risikogradient die Wahrscheinlichkeit, dass das Wetter sich eben nicht an den Kalender hält, als Tangens des Steigungswinkels. Er wird aus der Seehöhe als Gegenkathete und der Entfernung vom Meer als Ankathete gebildet. Dieser Risikogradient lässt sich für die Niederschläge im jeweiligen Jahreskreis der Jahreszeiten ebenso erschließen (Tab.4):

Tab. 4 : Vorhersagbarkeit der Minimumtemperatur

| Seehöhe | Andenwesthang | Andenosthang |
|---------|---------------|--------------|
| 0 | 0,7 | 0,8 |
| 1000 | 0,65 | 0,75 |
| 2000 | 0,6 | 0,7 |
| 3000 | 0,56 | 0,56 |
| 4000 | 0,52 | 0,47 |

Quelle: ebdenda

Diese Risikogradienten erklären auch die Beobachtung, dass komplexere Landwirtschaftssysteme in den Anden mit der Seehöhe zunehmen (Golte 2005), da sich deren Komplexität durch nötige Risikopuffer in den Anlagen ergibt.

Messungen sind allerdings nur bei bewirtschafteten Anlagen möglich. Es ist zu diskutieren, inwieweit Anlagen wie Moray dazu verwendet worden waren, neue Gebiete agrartechnisch zu erschließen, beispielsweise das Collcatal, wo Umsiedler aus dem Altiplano, die Collaguas durch die Siedlungspolitik der Inka als mitmaqs (mitimaes) angesiedelt wurden[52].

---

52  Earls erinnerte sich im persönlichen Gespräch daran noch sehr gut an John Treacy, der bedauerlicher Weise verstorben war, als er seine Forschungen im Collcatal durchgeführt hatte und eine ähnliche, einfacher ausgeführte Anlage wie Moray dort fand. Earls zeichnete die Anlage aus dem Gedächtnis nach den Schilderungen Treacys auf, weshalb es dem Autor im Jahre 2006 gelungen war, diese Anlage in der Nähe von Yanque, im Collcatal zu finden (S.157ff); deren einheimische Bevölkerung, die Collaguas vermutlich Aussiedler aus der Gegend um den Titicacasee waren. Derartige Umsiedler wurden von den Inka gerne als frontier-men und frontier-women eingesetzt, die meist im großen Stil Mais kultivierten (Julien 2003:77-78).

# Die Armut des Historismus – die Armut des Theoretisierens

Die Diskussionen innerhalb der theoretischen Kulturanthropologie über das Gesellschaftssystem der Inka werden als grundlegend erachtet, um dieses System verstehen zu können. Nur, aus den schriftlichen Geschichtsquellen kann nahezu jede beliebige ökonomische Gesellschaftsformation heraus gelesen werden (Espinoza Sorriano 1981). Dies führte zu dem Schluss, dass die schriftlichen Quellen nicht ausreichen, um das Inkareich zu verstehen.

Conrad und Demarest analysieren daher eine Menge von ethnologischen Theorien[53], die jedoch, wie solche der Anthropologie des Wirtschaftslebens[54] eine zu grobe „Auflösung" bei der Analyse des empirischen Materials[55] haben.

Die Ergebnislosigkeit der Debatten auf der Basis qualitativer Daten über die Geschichte des Inkareiches erlauben den Schluss, dass der Mangel an in technische Arbeit (Exergie) umwandelbare Energie des Gesamtsystems entscheidend für die indigene Entwicklung war. Diese war, wie D'Altroy (1992) in einer der ersten Studien über die Provinzverwaltung des Inkareiches (Tab 5) berechnete, von einem Energiemangel geprägt, der überhaupt keine Parallelen zu irgendwelchen euro-asiatischen ökonomischen Konfigurationen zulässt.

Tab. 5 : Transportaufwand in Kilokalorien per Kilogramm

| Nahrungsmittel | Form | Kcal/kg | Frachtvolumen(kg/m$^3$) | |
|---|---|---|---|---|
| Maize | Various | 3,400-3,600 | 770 | |
| Andean grains | Seed | 3420 | | |
| Potatoes | Fresh | 790 to 990 | 770 | |
| -"- | Chuño | 3270 to 3960 | 385 | |
| Quinoa | Whole grain | 3510 | | |
| Bean | Fresh | 360 | | |
| | Dried | 520 | | |
| Mashwa | Dried | 520 | | Fortsetzung |

---

53  Conrad, Demarest ([1984] 1988) kritisieren unter anderem Marvin Harris, und vertreten aufgrund ihrer Befundungen die Ansichten von Maurice Godelier (1984). Diesem Theoriebenchmark zufolge entstand das Inkareich wegen der Einführung einer neuen Ideologie oder Religion, dem Sonnenkult, darin dem Aztekenreich gleich. Dabei ist „ideology" hier nicht nur als Religion, sondern auch als Wissenssystem zu sehen (Conrad, Demarest 1988: 246-274).

54  Englischer Fachterminus: economic anthropology. Dies betrifft vor allem das Konzept der zentralisierten Tauschzentrale (Murra [1956] 1980), der Schule Karl Polanyis (1944), zusammen gefasst von  Wachtel (1974), zum Mißfallen Godeliers (1974). Godelier ([1971] 1989) hatte allerdings die Arbeit Murras ([1956] 1980), die zu seiner Zeit nur als Mikrofilm erhältlich war, herangezogen, um empirisch zu definieren, was eine sozioökonomische Konfiguration sei und wie sie empirisch zu bestimmen ist.

55  Zur Diskussion der Auflösung von Modellen in eine für Globalhistoriker relevanten Weise siehe Korotayev (2005)

| Nahrungsmittel | Form | Kcal/kg | Frachtvolumen (kg/m³) | |
|---|---|---|---|---|
| Tarwi (Talwi) | Fresh | 1260 | n/a | |
| Energiebedarf menschlicher Träger | | | | |
| Individual (kg/day) | Mittlerer Kalorienaufwand (kcal per kg) | | Wasserbedarf (kg) | |
| Adult male (55 kg) | 2764 | | | |
| Adult Femalie (50 kg) | 2149 | | | |
| Male porter (55kg) | 2859 | | 1.0 | |
| Female Porter (50kg) | 2040 | | 0,7 | |

Quelle: D'Altroy (1992:86)

Daraus ergibt sich zwingend, die Entwicklung des Inkareiches historisch unter Berücksichtigung aller Quellen, auch die paläo-ökologischen Quellen zu rekonstruieren.

## Vorarbeiten

Das Projekt „Oil Reduced Agriculture" startete mit dem Konzept der „Globalen Dörfer" als Interpretationsschema für das Inkareich. Diese Hypothese geht, wie bereits dargestellt, von wissensbasierten Selbstversorgerdörfern in Kommunikationsnetzwerken aus, die aufgrund ländlicher Bildung die ökologische Tragfähigkeit ihrer Umgebung erhöhen. Dazu tauschen sie Informationen, keine Massengüter aus (siehe S.14).

In einer weiteren Annäherung zwecks Skalierung bedeutet folglich das Prinzip der *Aldeas Globales Populares* (AGPs) hinsichtlich der Versorgung z.B. nicht die Anlieferung von Orangen, per Massentransport, sondern die Verbreitung des Wissens um den Bau von Orangerien, analog zu den urbanen Terrassenfeldern und dem wissenschaftlichen Aufwand der Inka.

Daher sind globale Dörfer keine Dörfer, sondern Ergebnisse eines Entwicklungsweges, der von Exergiemangel dimensioniert ist. Dies läßt sich modellieren und wird aufgrund des Problems der unzureichenden Verfügbarkeit der Transportenergie (Tab.5) zur Zeit der Inka geradezu sichtbar.

Dies rechtfertigt den Ersatz anthropologischer Modelle (Espinoza Sorriano 1981, Eich 1983) zur Analyse der Wirtschaft des Inkareiches, wegen der mangelnden Viabilität eines zentral gelenkten Austauschsystems durch die schlanke und an die südamerikanische Realität angepasste Version der Aldeas Globales Populares als wissensbasierte Siedlungen: Peru kam in den 1990ern mittels betreuten Internetcafés des soge-nannten *Red Científica Peruana*, welche als Multiplikatoren regionaler Ent-wicklungen funktionierten, sehr rasch online (Herzog 1999,2000). Es gelang mit Hilfe von Earls (2006:14-15) das Konzept der Globalen Dörfer auf den Boden der Realität zu bringen (Muñoz Villar 2009): Die Vorarbeiten, welche zur Genese des Paradigmas der AGPs führten, werden daher besser tabellarisch (Tab.6) dargestellt:

Tab. 6 Chronologie der Erkundungen und Projekte

| Jahr | Ziele | Referenzen |
|------|-------|-----------|
| 2003 | Lima Cusco, Puno, Arequipa, Nasca | Plachetka (2003a-b) |
| 2004 | Lima-Chachapoyas - Leymebamba | Plachetka (2003)[56] |
| 2005 | Lima-Cusco-Puno mit Amantani - Huancayo | Gemeinsam mit Wilfried Hartl, Ludwig Boltzmann-Institut für organischen Landbau und angewandte Ökologie, IRICS-Konferenz (Nahrada, Plachetka 2005). |
| 2006 | Lima-Cusco-Puno-Arequipa-Collcatal, La Paz, Cochabamba, Samaipata | Plachetka, Muñoz (2007). CONCYTEC-Colloquium[57], Plachetka, Pietsch (2009) |
| 2007 | Delegation der Volksrepublik China in Peru | ORA (online) Projektwebsite |
| 2008 | Gegenbesuch der peruanischen Entwicklungssoziologin Muñoz Villar in Österreich | Muñoz (2009) zur Analyse des Globalen Dorfes Kirchbach in der Steiermark und Plachteka (2009). |
| 2008 | EFDA-EURATOM FORESIGHT | Plachetka, Muñoz (2009) |
| 2009 | Teilnahme am Gipfel in Cusco: Globaler ökologischer Wandel und Zukunft des Wassers, Besuch im aktiven Vavilovzentrum im Genzgebiet Junín-Huancavelica | Plachetka (2009) |
| 2010 | Projekt Rinée- des Klima-und Energiefonds Österreichs: Energieskalierung | Endbericht Rinée, Anhang 1. |

Das Paradigma der Globalen Dörfer („aldeas globales populares", AGP) erfordert es daher, den Cyberspace als anthropologischer Raum des Wissens (Lévy 1997, Kremser 1999) [58], unabhängig von der praktisch angewendeten Technik zu sehen: Bei den Inka reichte es, die Informationsströme vom Postdienst (Chasqui) zwischen den vernetzten Laboratorien aufrecht zu erhalten: In Vavilovzentren ist die relevante *shareware* nämlich die entsprechende DNA der Kulturpflanzen. Damit kommen wir zum Faktor Klimageschichte zum Test der Resilienz des Systemes in der angedeuteten Weise:

---

56  Die Drucklegung war verspätet, sodass der Artikel noch untergebracht werden konnte.
57  CONCYTEC: Comision de Ciencia y Tecnologia, Regierungsstelle der Republik Peru
58  Dieser Rückgriff auf die sogenannte „Cyberanthropology" erfolgt unter den Auspizien einer nüchternen Sichtweise. Es ist ärgerlich, dass die österreichische Forschungs-gesellschaft GIVE (Global Integrated Village Environment) auf der praktischen Ebene eine Wiederholung der Arbeiten des Red Científica Peruana (Herzog 2000) darstellt, ohne Klärung der Frage, wie „Zugangs- und Lernorte", Entwicklungsimpulse gener-ieren sollen.

Die Kulturgeschichte des Klimas[59] hingegen basiert auf Geschichtsquellen, die zum einen aus Archiven der Natur und zum anderen auf Archiven der Gesellschaft stammen. Aufgrund der Angaben des IPCC (2007) zur Klimageschichte lassen sich historisch drei Schwellenwerte identifizieren, welche durch die Mega-ENSOs angezeigt werden: MCA, das Ende der LIA und die Konsequenzen der globalen Industrieabgase, die Treibhausgase sind. Daher wurde der historische Ansatz gewählt.

## Aufbau des Buches

Zunächst werden die ökologischen Rahmenbedingungen für die Entstehung des Inkareiches dargestellt, einiges aufgrund vorangegangener Fahrten des Autors[60]. Abgesehen von den Forschungsreisen im Rahmen des Projektes ORA (online) in den Jahren 2005, 2006, 2007 und 2009, stellt sich die Frage, woher das etablierte Bild vom Inkareich gemäß herrschender Lehrmeinungen eigentlich kommt. Dies ist Thema der „Geschichte der Geschichtsschreibung" beginnend mit den Werken der Pioniere Johann Jakob v.Tschudi und Clements Markham, da sie den Quellenbestand erstmals identifizierten. Der Darstellung der politischen Entwicklung des Reiches folgt die Darstellung des heute wesentlichen kulturellen Erbes der Andenzivilisation. Dies dient dazu, „Vavilovzentren", als Ergebnis eines ko-evolutionären Prozesses zu begreifen (Merrick 1990). Dies ermöglicht, die von Gordon Childe ([1936] 2002: 75) identifizierten neolithischen Wissenschaften für den Fall Inkareich darzustellen: Moray und ähnliche Anlagen als Schlüssel zum Prozess des ökologischen Wiederaufbaus nach der sogenannten „mittelalterlichen Warmperiode".

## Anmerkung zur Zitierweise

Es wird grundsätzlich nach der amerikanischen Zitierweise im Textfluss zitiert, außer in Fällen, wo der Textfluss gestört würde. Historische Quellen werden nach dem System Lib. (Buch) und cap. (Kapitel) zitiert, um die Belege editionsunabhängig zu machen, mit Ausnahme des indigenen Chronisten Guaman Poma (W.P. Originalpaginierung [korrigierte Paginierung]).
Die Bibliographie muss allerdings auf die naturwissenschaftlichen Papers Rücksicht nehmen, die oft eine Menge Autoren mit einem definierten Erstautor haben. Daher ist die Bibliographie aus Platzgründen etwas uneinheitlich. Die Feldtagebücher werden nicht eigens bibliographisch angeführt, Siglen für Literatur werden, wie in Südamerika üblich, als eigener Eintrag in der Literaturliste geführt.

---

59  Behringer (2007), der sich bedauerlicher Weise nur auf Europa beschränkt
60  Die Ergebnisse wurden im Rahmen des Forschungs- und Kulturvereines für Kontinentalamerika und die Karibik in Wien publiziert. Diese Institution gab das Journal Américas bis etwa 2005 heraus.

Abkürzungen werden aus Platzgründen bei ihrer erstmaligen Verwendung definiert, abgesehen von geläufigen Abkürzungen wie S. (Seite), p. (pagina), Tab. (Tabelle) usw.

Dasselbe gilt auch für geographische Angaben, wie N (Norden, im Zusammenhang mit Breitenangaben „nördliche Breite"), S (Süden, analog zu vorhin), W (Westen, westliche Länge) und O (Osten, östliche Länge). Als Bezugspunkt für Koordinatenangaben gilt grundsätzlich der Nullmeridian von Greenwich, dies ist bei älteren Kartenwerken zu beachten, da ältere Karten auch vom Nullmeridian von Ferro (westlichste der kanarischen Inseln) oder sogar von der Linie von Tordesillas (Guillermo Bleu) ausgehen können. Allerdings sind Längenangaben bei Landkarten vor dem 18. Jahrhundert sowieso nur arbiträr und unzuverlässig.

# Die geographischen und ökologischen Grundlagen des Inkareiches

Das Inkareich lag im westlichen Südamerika in den Anden, daher ist zwischen (i) dem Inkareich, (ii) der Andenzivilisation und (iii) der pflanzengeographischen Region neotropischer Flora und Fauna zu unterscheiden. Ad (i): Das Inkareich dehnte sich vom Süden des heutigen Kolumbiens (2° N) bis in die Gegend des heutigen Santiago de Chiles (35°S) (Landes 2009:127). Damit überschritt es bei weitem die Bereiche der (ii) bekannten Andenzivilisationen vor 1400 AD. Darauf wird gesondert eingegangen.

Die (iii) äquatorialen Tropen werden klimatisch durch die äquatoriale Tiefdruckrinne geprägt, dies sind die immerfeuchten Tropen, die zu Konvektionsniederschlägen führen. Der Großteil dieses Wassers wird über den kleinen Wasserkreislauf rückverdunstet und führt zu den beiden Regenzeiten der subäquatorialen Tropen, der Fachausdruck dafür ist das äquinoktiale Niederschlagsrégime[61]. Außerhalb dieser inneren Tropen beginnt das Solstizialregime, unter dem es nur eine Regenzeit gibt. Es scheint für die Beobachterinnen auf dem Boden so, als ob die Sonne die Regenwolken wie eine Bugwelle entlang ihrer Bahn auf der Eklyptik vor sich her schiebt. Diese scheinbare Bugwelle ist das Ergebnis der Innertropischen Konvektionszone (ITCZ). Der Regen nimmt in den Anden bis hin zum Titicacasee mit zunehmender Höhe zu. Diese Niederschläge speisen sich allerdings von verdunstetem Wasser aus dem Atlantik. Die Jetströme sind allerdings zu hoch, um von den wasserdampfreichen Winden des tropischen Tieflandregenwaldes zu profitieren. Diese Konvektionszone als Tiefdruckgebiet zieht diese Monsunwinde an, sodass die Regenwolken, wenn sie in den Anden ankommen, bereits eine ziemlich lange Reise hinter sich haben. Dabei dürften sie über der Wolkenschicht des kleinen Wasserkreislaufes gleiten. Dies führt zu den charakteristischen „zweistöckigen" Wolkenschichten über dem tropischen Südamerika. Dieses System ist aufgrund der Tatsache, dass das Wetter in den Tropen thermodynamisch geprägt ist, da die Corioliskraft der Erddrehung dort sehr schwach ist, nicht wirklich stabil. Daher nimmt in den Anden zwar die Regenfallmenge mit zunehmender Höhe zu, aber auch das bereits diskutierte Risiko, dass das Wetter sich nicht an den Kalender hält.

Dies hat zur indigenen Technik der Beobachtung des Sternbildes der Pleyaden geführt, da die ansonsten unsichtbaren sehr hoch fliegenden Wolken in den Jet-strömen die Helligkeit der Pleyaden beeinflussen. Die Pleyadenbeobachtung ist regional bis heute gängige Praxis.

---

61   Endlicher (2006:76), das bedeutet zwei Regenzeiten.

Mit diesem Trick und dem dahinter stehenden indigenem Wissen kann das sonst kaum vorhersagbare Wetter in den Anden einigermaßen prognostiziert werden[62].

Das Klima und die Vegetation an der Leeseite der Anden, der Westseite, wird durch zunehmende Trockenheit geprägt, bis auf Meeresniveau Wüsten herrschen. Dies ist dem Peru- oder Humboldtstrom aus der Antarktis geschuldet, einer kalten Meeresströmung, die vom Südostpassat begleitet wird. Im Winterhalbjahr dreht sich das Druckegime über Südamerika um, das monsunale Tiefdruckregime wird durch eine antizyklone Hochdruckbrücke ersetzt, sodass der Winter die Trockenzeit darstellt. Im australen Winter steht die Sonne über der Nordhalbkugel. Es ist daher im Winter kalt und trocken im Andenhochland. Das Strahlungsregime in Südamerika ist dadurch geprägt, dass die kurzwellige Sonnenstrahlung den Boden erreicht, im Gegensatz zu außertropischen Gegenden, da die hohe Sonnendeklination einen längeren Weg der Sonnenstrahlen durch die Atmosphäre und folglich einem stärkeren Dimmer-Effekt bedingt. Die Deklination misst sich vom Zenith.

Aus agrar-ökologischer Sicht werden die Anden in (i) die Grünen Anden, (ii) in die gelben Anden, (iii) die trockenen Anden und (iv) die Südanden eingeteilt (Tapia 1996). Die (i) grünen Anden sind in Kolumbien und Ecuador, erlauben Regenfeldbau und befanden sich in ihrem überwiegenden Teil nicht im Inkareich. Von der heutigen Grenze zwischen Ecuador und Peru ziehen sich bis auf die Höhe von Cusco die (ii) Gelben Anden, die wechselfeucht sind. Diese Region ist von innerandinen Quertälern geprägt. Der Regen hängt von der innertropischen Konvektionszone ab (ITCZ). Es folgen südlich von Cusco (iii) die trockenen Anden, die extremen meteorologischen Risiken ausgesetzt sind. Dies betrifft das Altiplano Boliviens bis zum Wendekreis. Die (iv) Südanden sind landwirtschaftlich von geringem Interesse. Auf der Höhe von Santiago de Chile herrschen bereits mediterrane Bedingungen.

# Die ökologische Höhenschichtung in den Anden

Der peruanische Geograph Javier Pulgar Vidal kombinierte nun die indigene Geographie mit der modernen Geographie und bestimmte damit die indigenen Kategorien der vertikalen ökologischen Zonen mit ihren Quechua-Begriffen von Westen nach Osten, deren indigene Bezeichnungen sind: Chala, Yunga, Quechua, Suni, Puna, Jalca bis zu den Berggipfeln, von diesen entlang des Andenostabhanges talwärts, bis etwa auf ca 1000m. Seehöhe (Breitenkreis von Leymebamba, 6° 42'S, 77°48'W, Seehöhe 2210 m). Dort beginnt die Rupa-Rupa (der Hochlandregenwald) und die Omagua, der tropische Tiefland-regenwald. Dieses Höhenprofil darf nicht nur an einem einzigen Breitengrad festgemacht werden, wie dies mitunter in europäischen Publikationen passiert.

---

62  Dies ist das Forschungsgebiet der peruanischen Agrikulturanthropologen wie Juan Carlos Condor in Zentralperu, da dies aussereuropäischer Wissenschaftstraditionen sind.

Dies war wohl die Reaktion auf eine Diskussion um die Brauchbarkeit der Konzepte Pulgar Vidals (etwa in Mazuda, Shimada, Morris (eds) 1985). Nun reflektiert die Einteilung Pulgar Vidals das indigene Wissen. Daher werden die ökologischen Höhenschichten einzeln hinsichtlich ihrer Indikatoren in Tab.7 dargestellt. Ihre Verteilung hängt von den orographischen Bedingungen ab[63]:

Tab. 7: ökologischen Zonen ("suyus") nach Pulgar Vidal, definiert durch die Anbauobergrenzen

| Name | Höhe über dem Meer | Anbauobergrenzen der Feldfrüchte |
|------|--------------------|----------------------------------|
| Chala | Costa: 0-500 m | Cocos nucifera (coco, Kokosnuß) im Norden |
| Yunga | 300-2300 | Palto (Persea gratissima), Lucumo (Lucuma obavata), Chirimoyo (Annona Cherimolia), guayabon (Psidium pyryferum) und Zuckerrohr (Saccharum officinarum) |
| Quechua | 2300 (3100) -3500 m | Yuraq zara (weißer Mais) – Kernzone, nicht limitiert, Fruchtbäume Arboles (Prunis domestica, Prunus armenica), melocotonero. |
| Suni | 3500 - 4000 | Mashua or añu (Tropaeolum tuberosum), quinua (Chenopodium quinoae bitter und Süssquinoa,Canihua o cañagua (Chenopodium pallidicaule,), achis (Amaranthus edulis, Amaranthus caudatus), Tarwi (lupinus mutabilis) , Oca (Oxalis tuberosa), Ullucu (Ullucus tuberosus). Importado: Bohnen (Vicia fava) |
| Puna | 4000 - 4800 | Domestizierte Kartoffel (Solanum tuberosum spp. Andigenum). Atoc-papa (Wildkartoffel),Gerste (Hordeum vulgare), Maca (Lepidum meyenii) |
| Janca | 4800 – Berggipfel | Schneeuntergrenze und Füllbecken für Gletscherbewässerung |
| Rupa Rupa | 400 - 1000 (Montaña) Amazonasanden | Cube (Lonchocarpus utilis) – Brotfruchtbaum (Artocarpus incisa) Caucho débil (Castilla elástica), Ölpalme (Elaeis guineensis) |
| Omagua | < 400 Regenwald im Tiefland (vareza) | Castaña (Vertholletia excelsa)– Gummibaum (Hevea brasiliensis) |

Quelle: Pulgar Vidal (1996)

Pulgar Vidal trägt in Peru den Titel eines Amauta (Weisen), sodass sein Buch mit jeder Neuauflage neu bearbeitet und auf den neueren Stand der Forschung der geographischen Wissenschaften gebracht wird. Die europäischen Beiträge, beispielsweise von Carl Troll (Golte 2005) gehen nämlich zu wenig auf indigenes Wissen ein und die Reaktion der ökologischen Stockwerke auf den Klimawandel kann nur mit Indikatorenpflanzengesellschaften festgestellt werden.

---

63  Espinoza Sorriano (1997:18) erarbeitet vier orographische Höhenschnitte in Nord, Zentral- und Südperu.

# Exemplifikation der ökologischen Höhenzonen am Westabfall der Anden

Im Folgenden werden die Höhenstufen einzeln dargestellt, wobei hier auch die Beobachtungen während folgender Fahrten einfließen:

Die Route Cuzco, Machu- Picchu, Puno am Titicacasee, Arequipa-Collcatal und die Küste entlang nach Lima im Jahre 2003, die Fahrt Lima- Chachapoyas – Leymebamba des Jahres 2004 und die Fahrt Lima-Puno-La Paz-Cochabamba-Santa Cruz de la Sierra -Samaypata des Jahres 2006.

## Die Chala (0-500 m)

Die Chala ist die peruanische Küstenwüste, sie verläuft 2250 km enlang der Pazifikküste des heutigen Perus und erreicht eine Seehöhe von 500 m. Sie wird von einigen Flussläufen aus dem Hochland gespeist, die während der Regenzeit und Schneeschmelze Normalwasserstand führen, sonst Niedrigwasser.

Der Begriff Chala hat im Quechua mit Mais zu tun, in Aymara mit dem Nebel an der Küste. Der Humboldtstrom im Pazifik hält den Regen davon ab, an die Küste zu kommen. Die feuchte Luft des Pazifiks kondensiert und sorgt für den Dauernebel, mit der Ausnahme des Hochsommers im Februar. Die Chala ist in fünf Sektoren aufzuteilen, von (1) der Grenze Perus mit Chile bis Insel Sangallán, (2) von Insel Sangallán bis Salaverry, (3) von Salaverry bei Trujillo bis Punta Pariñas, von (4) Punta Pariñas bis Tumbez; (5) Von Tumbez bis Zarumilla, wobei nicht alle diese Zonen kulturwissenschaftlich relevant sind.

Diese Zonen sind durch die Küstenbergkette und dem Wüstenanteil charakterisiert, die Zone (1) hat an weithin bekannten Frühkulturen nur die Nascakultur mit ihren gigantischen Geoglyphen als Scharrbilder in der Wüste vorzuweisen. Heute werden in kleinen Pipers und Cessnas, Propellerflugzeugen („avionetas") Flüge über diese Scharrbilder angeboten. Ein italienisches Museum in Nasca selbst dokumentiert diese Kultur, die gewundene Bewässerungskanäle entwickelt hatte, die unterirdische Flussläufe anzapfen und auf diese Weise sehr wahrscheinlich mit den gigantischen Geoglyphen zu tun haben, die als Orientierungsmarken gelten. Die bis heute funktionierenden Bewässerungskanäle sind gewunden, um die Fließgeschwindigkeit des Wassers zu bremsen. Teilweise sind diese Kanäle bis heute im Gebrauch, da sie eine stetigere Wasserversorgung ermöglichen, als die jahreszeitlich schwankenden Flussläufe. Die Zone (4) ist das Gebiet der Mochicha und des Chimureiches. Die Landwirtschaft in der Chala ist bis heute von künstlicher Bewässerung abhängig und produziert Wein, der allerdings besser in Gestalt von Pisco Sour, dem peruanischen Nationalgetränk genossen wird. Die Kulturpflanze, die ihre Obergrenze in der Chala hat, ist die Kokosnuss (*Coco nucifera*). In der Nähe Limas befindet sich das alte Orakelzentrum Pacha-camac, von überregionalen Einfluss. An landwirtschaftlichen Techniken gibt es die *mahamaes*, dies sind Flächen, auf denen der trockene Oberflächensand entfernt wurde, bis feuchter Sand auftaucht. Auf diesem Sand wird dann gesät. Diese Technik wurde seit der Conquista aufgegeben.

Die Gegend um Trujillo und der alten Stadt Chan-Chan, die Hauptstadt des Chimureiches ist ein anderes Kulturareal als Zentral- und Südperu (Stanish 2002:30-32). Die Traditionen der wenig bekannten Hochkulturentwicklung im Norden, (Cordy Collins, Moseley (eds) 1990), die mit der Eroberung des Chimúreiches durch die Inka nicht unbedingt abgebrochen wurde, sind durch den Entwicklungsfokus an der Küste und nicht im Hochland, wie im Süden, geprägt. Hier herrschte die wenig bekannte bis unerforschte Seefahrt auf der Basis von Balsaflößen. Diese Seefahrt resultierte aus der Fischerei, sodass teilweise sogar von den maritimen Fundamenten der peruanischen Hochkulturentwicklung gesprochen wurde, aber dies trifft für das Hochland und den Andenostabfall mit Sicherheit nicht zu.

Sonstige Indikatorenpflanzen sind Bäume an den Ufern der Flüsse, wie Pferdeyucca (*Proboscidea altheaefolia*), Bergyuca (*apothantera biflora*), deren Knollen essbar sind, Wildes Rohr (caña brava, *gynerium sagittatum*). Die Küstengebiete Perus sind modernisiert.

## Die Yunga (500 – 2300m) meerseitig, bzw. 1000-2300m (Amazonasseite)

Die Region Yunga heißt auf Quechua „warmes Tal", sie liegt auf beiden Seiten der Anden, daher wird zwischen *yunga maritima* und *yunga fluvial* unterschieden. Die jährliche Sonnenscheindauer in dieser Gegend beträgt meist 3000 Stunden, mit der Ausnahme der Monate Jänner, Februar und März, der Regenzeit. Orographisch wird zwischen den Tälern und den „Quebradas" (Endtälern, Seitentälern) unterschieden. In dieser Gegend ist die Cocapflanze heimisch, die Westyunga hat eine geringere Luftfeuchtigkeit als die Ostyunga (*yunga fluvial*), deren unterliegenden ökologischen Zonen am Andenostabhang die Rupa-Rupa und die Omagua sind, der tropische Hochland- bzw. Tieflandregenwald des Amazonasbeckens.

Die typische Pflanze dieser Region ist die molle (*schinus molle*), eine Art Baum, dessen Früchte fermentiert „chicha de molle" genannt werden. Dieses „upi" genannte Getränk ist sehr alkoholisch und deshalb entwickelte sich ein interzonaler Tauschhandel, sodass aus den oberliegenden Zonen beispielsweise gefriergetrocknete Kartoffeln eingetauscht wurden. Diese gefrier-getrockneten Kartoffeln nennt Pulgar Vidal *amoray*[64].

Eine weitere Pflanze, die typisch für die Yungas ist, sind Cabuya blanca (*Fourcroya spp.*) und Cabuya azul (*Agave sp.*), sowie Kakteen wie Pitajaya

---

64 Pulgar Vidal (1996:65). Diese Bemerkung ist ernst zu nehmen, da diese Information aus der Zeit vor John Earls stammt: Diese Schicht des Werkes Pulgar Vidals datiert auf das Jahr 1940, also dem Originalwerk.

(*Haageocereus backeb*), curis (*Cereus macrostibas*), chuna (*Novoespostoa lanta*) und pumapa-rurun (*Melo cactus, Echino cactus*). Die folgenden Kulturpflanzen haben in der Yunga ihre Anbauobergrenze: Palto (*Persea gratissima*), lucumo (*Lucuma obovata*), dies sind beide Fruchtbäume, wobei gewisse kultivierte Varietäten von Lucumo zum extrazonalen Anbau auf Höhen über 3000 Meter gezüchtet wurden; weiters chirimoyo (*Annoa cheremolia*). Dieser Baum wurde domestiziert, um Früchte zu erzielen, die 12 kg schwer waren, deren Domestikation wurde jedoch später aufgegeben, sodass die heutigen Arten halb verwildert sind.

Daneben wurden die Bäume guayayabo (*Psidium pyryferum*) und ciruelo de frayle (*Bunchosia armeniaca*) domestiziert. Im Falle der Yungas haben wir indigene Traditionen der Silvikultur, sodass die Frage zu stellen ist, wie diese traditionelle Silvikultur identifizierbar ist und ob es Vavilovzentren auch für domestizierte Bäume gibt. Die Domestikation von Bäumen hatte den Zweck, Obst für eine ausgewogene Ernährung zu erhalten, aber auch gutes, energiedichtes Brennholz zu haben, da bei domestizierten Brennholzlieferanten bei einer gegebenen Nachfrage nach Energiemengen z.B. zum Kochen oder für die Metallverarbeitung der Holzeinschlag reduziert werden kann. Einige dieser Domestikationen wurden aus phytosanitären Gründen aufgegeben und daher ausgewildert, als Ergebnis der Aufgabe indigener landwirtschaftlicher Systeme. In der Yunga beginnt der typisch andine Terrassenfeldbau.

## Die Zone Quechua (2300-3500 m)

Die Bezeichnung Quechua bezieht sich hier auf die Ökozone, später wurde daraus die Bezeichnung für die einheimische lingua franca oder lengua general Perus. Die Ökozone Quechua hat eine Durchschnittstemperatur von ca 11°-16°C, mit Maximalwerten zwischen 22 °und 29°C, Winterminima sind zwischen 7° und -4°C. Die Tag-Nacht-Amplitude in dieser Zone ist beträchtlich, ebenso die Unterschiede zwischen Sonnenseiten und Schattenseiten.

Das typische Gebiet der Quechuazone ist das obere Mantarotal mit der Inka-Stadt Jauja (xauxa im Altspanischen) und der modernen Stadt Huancayo; auf Quechua: huancayuq, den Wankas gehörig, welche die indigene Gruppe dort sind.

Cusco hingegen liegt an der Obergrenze der Quechuazone. Die typische Pflanze dieser Zone ist Aliso (*Alnus jorullensis*). Es gibt zwei Varietäten, Aliso mit weißen und Aliso mit rotem Stamm. Diese Bäume sind feuchtigkeitsliebend und liefern Bauholz für Türen und Möbel. Das landwirtschaftliche Hauptprodukt ist Mais (*zea mays*), vor allem die Weißmaisvariante im Tal von Cusco.

Mais wurde zwar in Mexiko erstmals domestiziert und kam vermutlich über die amazonischen Flußschifffahrtssnetzwerke nach Peru. Für diese Systeme gibt es einige Quellenhinweise. In Peru wurde er angepasst und weiterentwickelt. Als indigene Frucht dieser Zone gilt die spanische Tomate, (*Cyphomandra betacea*) die in Peru domestiziert wurde (Pulgar Vidal 1996:84-91) und yacón *(llacon, Polymnia sonchifola)*, sowie numia (*Phaseolus sp*), eine Leguminose, die für Fruchtwechselwirtschaft wegen der Stickstoffbindung im Boden gebraucht wird. Die Kultivierung dieser Leguminose ist rückläufig. Die europäischen Feldfrüchte in dieser Zone sind Weizen (trigo), sowie Pflaumenbäume. Seit den 1970er Jahren ist in Peru ein Wiederaufforstungsprogramm auf der Basis des Eucalyptus im Gange (Eucalyptus globulus). Der Eucalyptus ist allerdings eine invasive und gefährliche Pflanze, er hat Blätter, die nur schwer verrotten und einen enormen Wasserbedarf. Allerdings wächst der Eukalyptus sehr schnell, sodass sein Holz billiges Brennmaterial und Holzspiritus für Explosionsmotoren liefert, ebenso für die Papierherstellung gebraucht wird.

Pulgar Vidal (1996:94) singt das Loblied des Eukalyptus, da wenigstens der Bodenerosion Einhalt geboten wird und sogar Quellschutzmaßnahmen mit dem Eucalyptus durchgeführt werden, obwohl er zu viel Wasser benötigt.

## Die Suni-Zone (3500m-4000m)

Die Suni-Zone wird auch Jalca genannt und beginnt an der Obergrenze der Quechuazone. In der Quechuasprache (*runa simi* in Quechua: Menschensprache, im Quechua, das Pulgar Vidal schreibt: *Runa Shimi)* bedeutet „suni" soviel wie „hoch" oder „ausgedehnt". Die Suni ist die Heimat bzw. Anbauobergrenze jener wichtigsten peruanischen Kulturpflanzen, die dringend für den Kartoffelanbau in Fruchtwechsel benötigt werden: Mashua oder isano (Tropaeolum tuberosum), Oca (oxalis tubersa), und Ollucu (*Ullucus tuberosus*), sowie mashua, worauf gesondert eingegangen wird. Der Fruchtwechsel von (1) Kartoffel (solanum tuberosum), (2) einer Leguminose oder Quinua bzw. Cañihua, (3) Oca, (4) Ullucu, (5) Mashua oder Tarwi, (6) Brache ist aus phytosanitären Gründen einzuhalten. Ist dies aus irgendwelchen Gründen nicht möglich, dann ist das Feld zu wechseln.

Es gibt von diesen Knollenfrüchten immer Bittervarianten und süße Varianten. Die Bittervarianten enthalten Blausäure und müssen entgiftet werden, etwa durch den Prozess des Gefriertrocknens. Dieser ist dort aus klimatischen Gründen möglich: Die Durchschnittstemperaturen schwanken zwischen 7°C und 10°C; mit maximal 20°C und Tiefstwerten von -1°C und -16°C zwischen Mai und August, dem australen Winter. Dies führte zur Entwicklung der Cañihuapflanze (*Chenopodium pallidaucale*), die nach der Saat Frost für ihre Keimfähigkeit benötigt und daher von der globalen Erwärmung bedroht ist.

Diese Pflanze ist leider am Aussterben, obwohl sie über Jahrtausende ein staple-food für die Gegend war. Die Höhe der Pflanze ist ca 20-60 cm und gilt als halbdomestiziert, weil die Samenkörner ausfallen können. Tarwi (*Lupinus mutabilis*) hingegen ist ölhaltig. Er rangiert mitunter als letzte Pflanze der Fruchtfolgenserie der Kartoffel vor der Brache. Tarwi hat 41% an Proteinen und Tarwiöl könnte für Dieselmotoren verwendet werden, als Alternative. Weil nur die Kartoffeln „cash-crops" sind, wird die Fruchtfolge verkürzt. Dies erhöht den Schädlingsdruck. Sollte sich das Öl sich als Biosprit eignen, kann Tarwi aufgewertet werden. Oca (*oxalis tuberosa*) und Ullucu (*Ullucus tuberosus*) sind Nahrungsmittelpflanzen, die gekocht genießbar sind.

Als Haustier wird das Cuy, das sogenannte Meerschweinchen gehalten, als Fleischlieferant. Das Cuy (*cavia porcellus*) wird meist zu Hause, in der Küche oder in Kästen gehalten und dient zunächst als Fleischlieferant, um daraus beispielsweise *puka pikante* (ein Kartoffelgulasch) zuzubereiten, oder das Cuy wird gegrillt verzehrt. Die zweite Funktion des Cuys ist nur sogenannten *Curanderos*, traditionellen andinen Heilern bekannt: Es betrifft das sogenannte *jubeo de cuy*, den Gebrauch des Meerschweinchens zur Diagnose von Krankheiten ähnlich eines Röntgengerätes. Die *curanderos* („Schamanen") bestreichen damit den Kranken nach Opferzeremonien und nehmen dann das Meerschweinchen aus, um durch Eingeweideschau die Krankheit zu diagnostizieren. Danach wird das Meerschweinchen, das diese Prozedur nicht überlebt, vergraben. Wie dies genau funktioniert ist traditionelles Wissen der Curanderos und eine ihrer Geschäftsgrundlagen, sodass es nicht unbedingt detailliert weiter erzählt wird. In Bolivien gibt es eine sogenannte ethnische Gruppe, die Calawayas, als ambulante Heiler. Sie kommen in den Anden weit herum, meistens zu Fuß und gelten als UNESCO Weltkulturerbe.

Die Sunizone ist traditioneller Weise die Gegend von landwirtschaftlichen Techniken, welche auf künstliche Bewässerung zwecks mikroklimatischen Management setzen. Dazu gehören die sogeannten „Camellones", dies sind im Wasserbad stehende Hochfelder. Das Wasser heizt sich durch die Sonneneinstrahlung auf und gibt in der Nacht die Wärme ab. Die Hochbeete sind nach dem Untergang des Tiwanakus aufgegeben worden bis sie durch das Projekt in Huatta von Clark Erikson (1984) wieder reaktiviert wurden.

Allerdings sind links und rechts der Strasse von Puno nach Arequipa Dutzende aufgegebene „Camellones" gelegen. Diese Hochbeete sind grundsätzlich in westöstlicher Orientierung, entsprechen daher dem Sonnengang und nicht immer bewässert[65].

Eine andere Einrichtung sind die Qochas, künstliche Lagunen mit Zulaufgräben, die als Regenfallen dienen. Pulgar Vidal (1996:110) erwähnt die Canchas, als Corrales, Mauern von 1-2 Metern Höhe. Diese Umwallungen dienen einerseits als Windbremse, andererseits wird in ihnen traditioneller Weise extrazonaler Mais angebaut, da Stein nämlich ebenfalls durch die Sonne

---

65  Nachgemessen im August 2005 zusammen mit Wilfried Hartl in Huatta, Halbinsel
    Capachica,

erwärmt wird und langwellig abstrahlt, dies bedeutet entsprechende Wärme. Der Titicacasee, der in dieser Zone liegt, erzeugt, wegen seiner Wassermenge und damit Wärmespeicherfähigkeit seinen eigenen Temperaturgradienten, sodass auf den Inseln im Titicacasee traditionell Mais angebaut werden konnte, der als besonders heilig galt. Dabei sind die Auswirkungen der kleinen Eiszeit zu berücksichtigen, die 1490 begonnen hatte und deren stärkste Auswirkungen im 16. Jahrhundert auftraten (Bauer, Stanish 2003:43), wohingegen moderner Maisanbau als Ergebnis der globalen Erwärmung derzeit möglich ist. Terrassierung diente in der Suni zur Erweiterung der Anbauzonen. Dazu wurden Andenes (gemauerte Terrassen) gebaut und mit herangeschleppter Erde befüllt, auf der Basis einer Grobaufschüttung mit Geröllsteinen zur Feuchtigkeitsspeicherung. Terrassen in Inkabauweise haben breite Zu- und Abwasserkanäle, die offen sind, damit bei Starkregen der Wasserdruck zu keinem Bruch der Stützmauern führt. Bäuerliche Terrassen werden meist mit dem Wurzelwerk von Bäumen befestigt, letztere werfen Beschattungsprobleme auf. Dies wird im Einzelfall aufgrund der Sonneneinstrahlung, die in Peru in Kilokalorien pro Quadratzentimeter pro Minute gemessen wird, zu entscheiden sein. Derzeit ist die Suni wieder von Hainen des Eucalyptus globulus geprägt, da die ursprüngliche Baumvegetation rücksichtslos vermutlich für die Schmieden der spanischen Kolonialherren abgeholzt wurde, mit erheblichen Erosionsproblemen als Folge.

## Die Puna (3700- 4800 m)

Die Höhenangabe für die Puna, 3700 bis 4800 m Seehöhe ist ein Richtwert, da nach Pulgar Vidal (1996:97) die Suni mitunter bis 4000 m Seehöhe reicht. Diese Störung der ökologischen Stratifizierung durch den Temperaturgradienten des Titicacasees erfordert die Bestimmung dieser Zonen durch Indikatorenpflanzengesellschaften, nicht mit dem Höhenmesser. Dies entspricht der einheimischen Methode der ökologischen Zonierung, die Inka hatten keine Höhenmesser. Die Jahresdurchschnittstemperatur oszilliert in der Puna zwischen 0°C und 7°C mit einer Schwankung von 15°C im Sommer und Mimima zwischen -9°C und -25°C im australen Winter, zwischen Mai und August. 25°C unter Null sind peruanischer Rekord, gemessen in Sumbay, Juli 1961, (Pulgar Vidal 1996:115). Es herrscht eine extreme Tag-Nacht-Temperaturamplitude und Sonnenseite-Schattenseite-Amplitude. Der jährliche Niederschlag oszilliert zwischen 200 und 1000 mm pro Jahr. Die Puna ist eine chaotische Wetterküche, sodass Starkregen mit elektrischen Stürmen und extremen Blitzentladungen einher geht. Sie ist die Obergrenze der Bitterkartoffel, heute auch der Gerste und der maca (*lepidium meyenii*), sowie Heimat der peruanischen Kamelidenarten wie Llama, Alpaca, Vicuña. Die Puna dient daher als Hochweide für diese Kameliden. Dazu werden sogenannte *Bofedales* eingesetzt, bewässerte Weiden, in denen Wasserpflanzen wachsen. Derartige *bofedales* sind entweder natürlich oder künstlich angelegt. Ihre Verletzlichkeit durch den Klimawandel wurde beim Gipfel „Globaler Klimawandel und die Zukunft des Wassers" in Cusco 2009 thematisiert: Sie trocknen aus, dies ist ein schwerer Verlust für die einheimische Tierhaltung.

## Die Janca: 4800m- Berggipfel

Peru ist ein Land mit dem höchsten Anteil an tropischen Gletschern, deren Untergrenze definieren die Janca-Zone. Die Minimaltemperatur auf der Sonnenseite ist -3°C, im Schatten am Tag -8°C bei einem Luftdruck von 375 mm Hg (Quecksilber). Die Windgeschwindigkeit in dieser Höhe beträgt etwa 5,25 Meter pro Sekunde, die Sonneneinstrahlung erreicht die Solarkonstante. Dementsprechend ist Schnee und Eis der Indikator dieser Zone, an Tieren kommen in dieser Gegend Chinchillas und der Condor vor. Die Janca wird für Bewässerungszwecke und Eisbruch verwendet, außerdem ist diese Gegend göttlich, die Heimat der Apus (Berggeister). Diese religiöse Überzeugung hängt mit der Rolle der Gletscher für die Wasserversorgung zusammen, ist also logisch nachvollziehbar.

# Die Höhenstufen am Andenostabhang

Von diesen Gipfeln geht es an der Ostseite wieder bergab, bis zur Untergrenze der *yungas fluviales*, die bei 1000 m Seehöhe erreicht wird.

## Die Rupa-Rupa (1000 – 400 m)

Die „Rupa Rupa", auf Quechua „das Brennende" genannt, ist der Hoch-regenwald am Andenostabhang oder *selva alta,* die Amazonasanden. Die Durch-schnittstemperatur ist 22-25°C, mit einem Maximum von 33-36°C, Minimum etwa 8-15°C und einer großen Tag-Nacht-Temperaturamplitude. Es gibt im Jahr kaum einen Monat, in dem es nicht regnet, wir befinden uns also an der Obergrenze des kleinen Wasserkreislaufes des Amazonasurwaldes. Der jährliche Niederschlag überschreitet 3000 mm.

Die Vegetation dieses Hochlandurwaldes ist von verschiedenen Palmenarten geprägt, entscheidend ist das Balsaholz, auf spanisch palo de balsa, quechua: huampo (*Ochoma lagopus. Ochoma piscatoria*) als Grundlage für die Balsaflöße, die Seefahrzeuge des Chimureiches. Diese Balsaflöße waren derart wichtig, dass Floß auf spanisch „balsa" heißt. Das Balsa des Hochurwaldes ist „huapo", das des unterliegenden Tieflandurwaldes wird topa genannt.

Der Balsabaum hat als Obergrenze 1000 m. Seehöhe. Weitere Pflanzen, die ihre Obergrenze in der Rupa-Rupa haben, sind der Brotfruchtbaum (Artocapus incisa), der Weichkautschukbaum caucho débil, (*Castilla elástica*), der auf nicht überschwemmten Gebieten wächst. Das unterscheidet ihn vom Gummibaum (*Hevea brasiliensis*). Dieser Kautschukbaum hat zum Gummirausch vor dem ersten Weltkrieg geführt, mit katastrophalen Konsequenzen für die Indigenen, sodass dieser Kautschukbaum beinahe ausgerottet wurde. Die Ölpalme (Elais guineensis), wurde von Afrika importiert. Seit Alters her wurde die Rupa-Rupa für den Cocaanbau genutzt. Der Cocastrauch gedeiht dort hervorragend. Ebenso werden Honig und Arzneipflanzen gesammelt. Neuerdings wird Tee und dergleichen zu kultivieren versucht, sowie Nassreis.

## Die Omagua (400-80 m)

Die Omagua ist nach den Omaguas benannt, die eine indigene Bevölkerungsgruppe war, die mit dem Inkareich in Kontakt stand. Der Name Omagua gehört zu einem spanischen Mythenkreis um das Goldland El Dorado. Dies ist von Paititi, dem angeblichen dritten Inkareich im Dschungel zu trennen, obwohl es oft als Homonym verwendet wurde. Hinter Paititi stecken als wahrer Kern die unlängst erst entdeckten Zivilisationen des Amazonas. Etymologisch heißt Omagua: Region der Süßwasserfische. Geographisch ist die Omagua der Tieflandregenwald des Amazonas, mit einer mittleren Jahrestemperatur von 26,3°C, Sommermaximum 33,8-36,9°C, Minimum 17,8-20°C im australen Winter. Die Omagua ist in fünf Subzonen unterteilt, die unterschiedliche Niederschlagsmengen haben. Für diese Subzonen verwendet Pulgar Vidal (1996:183) den Ausdruck „pisos", Stockwerk.

Die Niederschlagsmenge schwankt, in Abhängigkeit dieser Stockwerke, zwischen 2455mm und 2858mm in den höheren Stockwerken. Die relative Luftfeuchtigkeit schwankt zwischen 84 und 88%, die Verdampfung (evapotranspiración) erreicht 452 mm[66]. Der in Iquitos gemessene Luftdruck beträgt im australen Sommer 1010 mb (millibar) und 1013 mb im zwischen Mai und September. Die bekannteste Pflanze, die ihre Obergrenze in der Omagua hat, ist der braslianische Gummibaum, *Hevea Brasiliensis*.

## Die neuere Einteilung nach Ökoregionen

Obwohl die Arbeiten von Pulgar Vidal ihm in Peru den Ehrentitel "Amauta"(Stand der Weisen oder Gelehrten im Inkareich) einbrachte, hat es da und dortvon sehr strengen Geographen und Ökologen Kritik gegeben.

Antonio Brack Egg, der erste Umweltminister der Republik Peru, ist nun dabei,ein neues Modell, das auf Ökoregionen aufbaut, zu entwickeln.

In diesem teilweise online verfügbaren Werk (Brack Egg, Mendiola n.d.)wird von folgenden elf Ökoregionen ausgegangen (Brack, Mendiola, n.d.):

Diese sind definiert als (1) Das kalte Meer, durch den Humboldtstrom bis 5°südliche Breite. (2) Das tropische Meer ab 5° südlicher Breite (3) Die pazifischeWüste ab 5° südlicher Breite bis zur chilenischen Atacamawüste. (4)

---

66  Pulgar Vidal (1996:185), dies ist sichtlich nicht mehr ein „inneres Kapitel", da er hier statt mm Hg als Maß für den barometrischen Druck die moderne Einheit Millibar verwendet.

Der trockene Äquatorialwald, erstreckt sich vom Golf von Guayaquil (0°, 30' S) bis La Libertad (7°40'S); bis auf 1500 Meter Seehöhe reichend. Dieser Trockenwald ist durch eine Trockenperiode charakterisiert, die bis zu neun Monaten im Jahr dauern kann. Er erstreckt sich bis unterhalb des Marañon auf eine Höhe bis 2800 Meter über dem Meer. Meistens wachsen Algorrobos-Bäume (Prosopis spp.) oder laubwerfende Ceibales- Bäume (ceiba speciosa). (5) Der tropische Pazifikwald, reicht ab 5°S bis Costa Rica. (6) Das Steppen-hochland (Sierra estepiada) zwischen 1000 und 3800Meter Seehöhe, erstreckt sich von 7° 40' S bis zur Grenze nach Chile. Die Durchschnittstemperatur oszilliert zwischen 7° und 12°C; mit zunehmender Höhe nehmen auch die Niederschläge zu. Der einheimische Baum Aliso (Alnus gluterosa) ist typisch für diese Region. (8) Die Puna ab 3800 m. Seehöhe ist vom Ichugras (Adesmia sp) dominiert. (9) Der Paramo ist eine Nebelzone, die sich von Venezuela über Kolumbien und Ecuador bis nach Peru erstreckt.

Diese Hochnebelzone (paramo) ist in den Regionen Piura und Cajamarca, im Oberlauf der Flüsse Chinchipe, Huancabamba und Quiros ab etwa 3500 Meter Seehöhe zu finden. Die Temperaturen fallen in der Nacht unter 0°C und die Vegetation entsrpicht jener der Puna. (10) Der Hochurwald (Selva Alta) zwischen 500 und 3500 Meter Seehöhe entspricht ziemlich genau der Höhenstufe Rupa Rupa bei Pulgar Vidal, mit Ausnahme der Ceja de Selva, in welcher der Urwald 3800 Meter Seehöhe erreicht. Die Bäume erreichen dort eine Höhe von nur 15 Meter; die Luftfeuchtigkeit erlaubt eine Menge von Luftwurzelgewächsen. Die Niederschläge betragen 3000 mm pro Jahr.

(11) Der Tieflandurwald (Selva baja) ist praktisch dasselbe Ökosystem wie der Amazonas-Urwald, er reicht nur bis 600 Meter Seehöhe und entspricht damit in etwa der Zone Omagua.

# Die politischen Grenzen des Inkareiches ca 1531

Das Inkareich hatte sich, nach gängiger Darstellung, von einem Grenzstreifen im heutigen Südkolumbien bis zum Rio Maule im heutigen Chile längs des Anden-Hauptkamms erstreckt. Damit hatte das Reich eine außerordentliche Ausdehnung in Nord-Süd-Richtung im Verhältnis zur Ausdehnung in Ost-West-Richtung. In Ost-West-Richtung umfasste es nach gängiger Lehrmeinung nur die Pazifikküste und die Gebirgszonen der Anden. Am Anden-Ostabhang soll es mit dem Beginn des tropischen Regenwaldes geendet haben. Dies mag für das den Inka vorangegangene Reich von Wari gegolten haben, aber in keiner Weise für die Inka. Die alte Reichshauptstadt Cusco, heute auf spanisch Cuzco und auf quechua, der einheimischen Sprache Qosqo geschrieben, galt als der „Nabel" der Welt der Inka. Von dort wurde die „Welt", besser gesagt, die andine Oikoumenê, entlang zweier Hauptlinien vermessen, die auf dem europäischen Kompaß von Südwesten (SW) nach Nordosten (NO) und von Nordwesten (NW) nach Südosten (SO) verliefen und sich in Cusco schnitten. Daraus ergeben sich die vier Quadranten:

- Chinchaysuyu (NW-NO): Dies entspricht in heutigen Begriffen Nordperu und Ecuador.
- Antisuyu (NO-SO): Dies entspricht in heutigen Begriffen den Andenostabfall und dem Beginn der Region des tropischen Regenwaldes.
- Collasuyu (SO-SW): Dies entspricht in heutigen Begriffen die Region des bolivianischen Altiplanos, das sich zwischen der Anden-Westkette und Andenostkette erstreckt, sowie die beiden Bergketten selbst.
- Cuntisuyu (SW-NW): Dieser Quadrant entspricht dem Andenwestabfall und die Küstenzone.

Neuere Forschungen einschließlich der Berücksichtigung randseitiger Quellen erlauben eine genauere Darstellung der Grenzen des Inkareiches.

## Chinchaysuyu

Die inkaische Reichsexpansion Richtung Nordwest, welche nach gängiger Lehrmeinung mit dem Sieg über die Chankas und der damit begonnenen Regierungszeit des Inka Cusi Yupanqui Pachacutek von Cusco ausgehend begann (Rowe 1945), erreichte das nördliche Küstenkönigreich Chimú, mit der Hauptstadt Chan-Chan in der Nähe der modernen Stadt Trujillo in Nordperu. Dieses Küstenkönigreich wurde von der Reichsarmee der Inka unter der Führung des Kronprinzen Tupac Inka Yupanqui (auch als Topa Inka bekannt) in einem langwierigen Krieg erobert. Damit war der Weg nach Norden frei. Dies führte zur Eroberung des Hochlandes Ecuadors, sodass Quito, heutzutage die Hauptstadt Ecuadors, als regionales Zentrum gegründet wurde. An der Küste sind die Verhältnisse weniger klar.

Dies war *frontier*-Gebiet (Pärssinen 2003:92-94). Diese *Frontier* betrifft die Insel Puna im Golf von Guayaquil im heutigen Ecuador und den sogenannten Punkt Santa Elena, ein Kap an der Küste Ecuadors, nordwestlich der Insel Puna. Im Osten erstreckte sich nordöstlich von Cajamarca die Föderation von Chachapoyas[67], deren Gebiet das Utcubambatal umfasst. Der Utcubamba ist ein Zufluss zum Marañon, dem gebirgigen Oberlauf des Amazonas. Nach der heutigen internen politischen Einteilung Perus befindet sich dieses Gebiet im Departement Amazonas. Das peruanische Amazonastiefland ist die Provinz Loreto. Noch im Jahr 2004 endeten sämtliche Landstraßen auf der Landkarte Perus in diesem Gebiet, nur Wasserwege waren bis zur Ostgrenze Perus zu Brasilien verfügbar[68].

Die Hauptstadt Chachapoyas des Departments Amazonas wurde zur spanischen Kolonialzeit als San Juan de la Frontiera bezeichnet. Das einigermaßen bekannte Monument der Chachapoyaskultur ist die Höhenfestung Kuelap[69], im 19. Jahrhundert La Malca genant. Kuelap ist schwer zu erreichen, da von San Juan de la Frontiera (Chachapoyas) aus die Straße über einen Ort namens Tingo in ein Seitental führt und dann unvermittelt endet. Der weitere Aufstieg musste im Februar 2004 zu Fuß über eine restaurierte Inka-strasse erfolgen, bis das Haus des Museumswärters und ein einfaches Gästehaus für Touristen auftaucht. Die Festung Kuelap[70] selbst besteht aus einem in Mauern gefassten Bergrücken, auf dem Rundhäuser standen, deren Ruinen noch vorhanden sind.

Diese Festungsstadt hat Stadttore, deren Torweg sich verjüngt. Der Torweg mündet in einer kleine Pforte, die, einzeln zu durchschreiten, den Weg auf das heute von Bäumen bestandene Stadtplateau frei gibt. Vom Standpunkt der Verteidigung der Stadt ist diese Anlage der Stadttore ideal. Am Nordwestende der Stadtanlage befindet sich ein tintenfaßähnliches Gebäude, „el Tintero": Dies soll ein Sonnenobservatorium gewesen sein. Weiter stromaufwärts des Utcubambaflusses befindet sich die kleine Stadt namens Leymebamba.

---

67  Chachapoyas ist heute die Provinzhauptstadte im Departamento Amazonas, (6° 13' 58" S, 77° 52' 12" W, 2335 Meter Seehöhe), diese Gegend wurde vom Autor und seiner Asistentin Vanessa Fabiola Carbajal Trelles, ihres Zeichens freischaffender Tour-Operator genauer untersucht (Plachetka 2003:63).

68  Ab hier werden die Beobachtungen im Zuge der Expedition von Plachetka des Jahres 2004 referiert.

69  Position: 6° 25' 4.5" S, 77° 55' 24" W

70  Der dazu gehörige deutsche Wikipaedia-Eintrag (download 1. Sept. 2010) bezeichnet, wie auch Schjellerup (1991), Kuelap und seine Umgebung als unerforscht. Wir konnten in Kuelap echte Gewölbe identifizieren, die es nach herrschender Lehrmeinung mit Ausnahme vom Iglu in Amerika nicht gäbe. Die behauptete Anwesenheit der Wikinger ist eher ein Produkt einschlägiger Ideologien. Im Jahre 2004 haben allerdings Fachleute wie Guillén Guillén gemeint, das Problem liege vom historischen Standpunkt gesehen in der Tatsache, dass die Werke Blas Valeras verschwunden sind.

Deren Bedeutung für die Republik Österreich besteht in dem Chachapoyas-Mumienmuseum, welches von Horst Seidler und seinen peruanischen Kolleginnen aufgebaut worden ist[71]. Stilistisch einer österreichischen Landesausstellung nachempfunden, beherbergt es die Mumien, welche ursprünglich in Statuen beigesetzt worden waren. Um nun den Grabräubern (huaqueros) vorzubeugen, werden diese Mumien in dem im Chachapoyas-Baustil errichteten Museum hinter Glas konserviert und ausgestellt.

Dieses Museum umfasst auch eine Werkstatt zur Restauration und ein aus Holz gebautes Gästehaus, das Victor Wolfgang v. Hagen-Haus, benannt nach einem österreichischen Peruanisten, der als erstes das Straßennetz der Inka aufgenommen hatte. Eine Fachbibliothek konnten wir 2004 leider nicht ausmachen, wohl, weil die Gegend relativ unerforscht ist. Die als Cliff dwellings angelegten Nekropolen (Schjellerup 1991) sind nur stilecht per Trekking-Tour zu erreichen. Gemäß isolierter Informationen wären die Inka weiter in die Amazonasanden vorgestoßen, damit gehörten auch die Motilones zum Reichsverband, dennoch ist davon auszugehen, dass San Juan de la Frontera, heute die Stadt Chachapoyas, die Grenze des Reiches war (Pärssinen 2003:96-97).

Weiter südlich sind die Verhältnisse in der Montaña, den Amazonas-Anden weit komplizierter, dies betrifft das Übergangsgebiet etwa 100 km östlich der modernen Stadt Huancayo. Die heutige Stadt Pozuzo befand sich im 16. Jahrhundert auf dem Gebiet der zu den amazonischen Kulturtraditionen gehörenden Amueshas (Pärssinen 2003:99), heute gilt sie als Stadt der Auslandtiroler. In diesem Gebiet löste sich das Inkareich wohl in einer internationalen Bündnisstruktur unter „ethnischen" Gruppen als Föderationen auf.

## Antisuyu

Antisuyu ist der Quadrant zwischen Nordosten und Südosten auf der europäischen Kompassrose. Bislang galt die Lehrmeinung, dass die ökologische Grenze zwischen der Hochlandvegetation und der Vegetation des tropischen Regenwaldes die Expansion des Inkareiches permanent aufgehalten hatte.

Neuere regionale Quellen, sowie Oraltraditionen heute noch lebender Gruppen erzählen vom Vorstoß der Inka entlang des Urubambaflusses durch den „Punku", den Durchbruch des Flusses durch die östliche Cordillera, etwa auf der Höhe der Inkastadt Macchu Picchu. Diese Inkastadt ist am geographisch unteren Ende des Durchbruchs angesiedelt, auf einem Berggipfel. Am oberen Ende des Durchbruchs liegt Ollantaytambo, die sich allerdings über den Ausgang eines Seitentales sich hangaufwärts erstreckt. Die Expansion des Inkareiches folgte auf diesem Wege dem unteren Urubamba durch den Hochlandschungel bis hin zur Mündung in den Rio Madeira. Die Reichsgrenze liegt daher in der Nähe des heutigen Ortes Iparia.

---

71  Zu den Nachforschungen siehe Tab.6 auf S. 26

Die heute noch existierenden Gruppen sind die Machiguenga und weiter nord-westlich von Cusco, entlang des Flusses Urubamba, die Piru und die Campa, an der Einmündung des Urubambaflusses in den Rio Ucayali. Flußabwärts siedeln die Cunibo. Gemäß des Berichtes eines Missionars aus dem 17. Jahrhundert bezeichneten sich die Piru als Nachfahren der Inka, sie waren sogenannte „Inka yana" (wörtlich: Hilfsinka, wahrscheinlich heißt dies „Inka qua Verbeamtung"). Pärssinen (2003:110) meint, die Inka hätten dieser Gruppe sogenannte „Sonnenjungfrauen" geschickt, sodass der regierende Inka als ideologische Schwiegervater derjenigen galt, welche diese Prinzessinnen (Ñustas) als Zweitfrauen akzeptierten. Diese „Frontier-Zone", in welcher sich das Reich in ein Netzwerk „internationaler" Beziehungen auflöste, macht eine definitive Reichsgrenze nicht feststellbar.

Als Indikatoren für fixe Grenzen sind daher Bauten bzw. Festungskonstruktionen aufzufassen. Dies wird im Fall Collasuyus deutlich.

## Collasuyu

Mit dem Vorstoß ins Collasuyu von Cusco aus kamen die Inka in das Herzland einer viel älteren, ihnen vorangegangenen Kultur, derjenigen von Tiwanaku. Das Zentrum dieser Kultur ist die Anlage von Tiahuanacu, nicht weit entfernt von der Südostküste des Titicacasees im heutigen Bolivien.

Zur Zeit des ersten imperialen Inkas, Pachacutek, soll die Südgrenze des Reiches der heutigen Landgrenze zwischen Peru und Bolivien am Rio Desaguadero entsprochen haben (Rowe 1945). Dieser Fluss ist der Abfluss des Titicacasees in eine der zahlreichen Salzseen in Bolivien, die trocken sind. Es war weder ein regierender Inka, noch ein hochrangiger Reichsaristokrat mit diesem Feldzug in das Gebiet des heutigen Bolivien betraut, abgesehen von Amaru Tupac. Der Weg führt zunächst von Cusco zur heutigen Stadt Puno am Titicacasee, der peruanischen Hauptstadt des Altiplano, wo Aymarà gesprochen wird. Die Sprachgrenze läuft durch die heutige Stadt Puno auf dem peruanischen Ufer des Titicacasees, in der Bahia de Puno, im Nordwesten des Sees. Vom Titicacasee führt seit Alters her die Straße zum heutigen La Paz und weiter in das Tal von Cochabamba, wo Mitimaes (mitmacs, Umsiedler) angesiedelt wurden, um intensiv Mais zu kultivieren.

Östlich von Cochabamba richtung Santa Cruz de la Sierra stießen die Inka auf erhebliche Probleme, die nachfolgenden Spanier nicht minder: Dieses Gebiet war als umkämpfte Grenze des Inkareiches ein regelrechter Limes, als Grenzmarke gilt für gewöhnlich „El Fuerte de Samaipata". Dies ist ein zerklüfteter und behauener Felsen mit Konstruktionen, um den Maisterrassen angelegt wurden, die mittlerweile längst aufgegeben sind. Wenige Kilometer davon entfernt liegt der moderne Ort Samaipata, eine Touristenhochburg und Sommerfrische für die Handelsherren von Santa Cruz de la Sierra, das nicht mehr zum kulturgeographisch zur Andenzivilisation gehörenden Teil Boliviens sondern dem Guaraní-Gebiet zuzurechnen ist. Unter Außerachtlassung der derzeitigen Grenzen der südamerikanischen Nationalstaaten gehört dieser Region der Llanos zum historischen Ereignisraum der Kolonialgeschichte Paraguays. Aufgrund der sogenannten *spanisch-guaranitischen Allianz* waren die spanischen Conquistadores den Guaranies gefolgt, die immer wieder versuchten, ins Inkareich vorzustoßen, das ihnen als Reich von „Candiré" bekannt war. Derartige Einwanderungsversuche beantworteten die Inka mit einem Festungsgürtel, der folgende Festungen umfasste: Batanes, Condorhuasi, Incahuasi, Cuzcotoro, Inao, Incallaqta, Orconconta, Pukarilla, Samaipata, Incarracay, Ixiamas, und Las Piedras[72].

Diese archäologischen Zeugnisse erlauben es, die „Frontierpolitik" der Inka festzumachen, dazu kommt noch die Frage der verschwundenen Inka, die in dieser Gegend besonders schlagend wird. Die Frage nach der Frontierpolitik der Inka betrifft vor allem die mögliche Anwesenheit von niederrangigen Inka-Aristokraten in Itatin, dem südlichen Gebiet des heutigen Matto Grosso in Brasilien, das an Paraguay grenzt. Die Inka-Aristokraten hatten, einer rand-seitigen Quelle zufolge, die nach ihrem Autor als „El Alcaya" bezeichnete Samaipata-Chronik, Samaipata als Ausgangspunkt einer ausgesprochenen Bündnispolitik mit den Völkerschaften östlich davon genommen. Samaipata diente als Maiskultivierungs-Zentrum. Dies stellt die Frage, bis wohin diese auf Maisbautechnologie aufbauende Bündnispolitik reichte und wo entsprechende Quellenhinweise zu finden sind. Pärssinen (2003) beschränkte sich hier auf Quellen aus dem peruanischen Fundus[73].Da diese Gegend zum „historischen Ereignisraum Paraguay" gehört, sind Quellen dazu im 2. Band der *Manuscritos da Coleção de Angelis* (Rio de Janeiro) erhalten[74]. Dies gehört zur Geschichte Paraguays und betrifft die Auseinandersetzungen der Jesuiten mit den portugiesischen *frontier-persons*, den sogenannten bandeirantes. Die Jesuiten bauten dort ab ca 1600 ihr „Heiliges Experiment" auf. Die besagten Quellen beinhalten Informationen über die Frühzeit jenes sogenannten „Jesuitenstaates" in Paraguay.

Itatim erstreckt sich nun zwischen den Oberläufen des Rio Paraguay und Rio Paranà zwischen 19 und 22° südlicher Breite. Zusammen mit der sogenannten Guará, den Jesuitenmissionen am Oberlauf des Rio Paraná ab der Einmündung des Rio Iguazú, welche später geräumt wurden, könnte dieses Quellenmaterial Hinweise auf die sozio-ökologische Organisation der Bevölkerung im Vavilovzentrum für Maniok (manihot esculenta) geben: John

---

72  Pärssinnen, Siiriänen 2003:84-5. Dies untersteht derzeit David Pereira, Cochabamba.
73  Pärssinen 2003:121-123
74  Die wichtigste jesuitische Darstellung von Itatim ist die Carta Anua do Padre Dio go Ferrer para o Provincial sôbre a Geografia e etnografia dos indígenas do Itatim vom 21. August 1633 in MCA II: 29-49. Dieses portugiesische Kopfregest stammt vom Herausgeber dieses Bandes, Jaime Cortesão.

Treacy läßt hier den halbtrockenen Typ der südamerikanischen Landschaft, der in den Anden künstliche Bewässerung erforderlich machte, bis in die Gegend des Matto Grosso ausbuchten[75].

Die Samaipatachronik erzählt nun von den Abenteuern ihres Protagonisten, Guancané (der einen Guaraní-Namen trägt, auf Quechua wäre sein Name Condori), einen niederrangigen Aristokraten des Inkareiches und stellt die Frage nach der „Provincia de los Orejones". Als Orejones, Großohren, bezeichneten die Spanier die Inkaaristokraten wegen ihres Ohrschmucks. Dieser Hinweis betrifft daher gleichsam verschwundene Einflussgebiete des Inkareiches, da die Wanderungen der Tupi-Guaranies wahrscheinlich die Expansion des Inkareiches hier zurückdrängten. Dies war in den Gegenden des heutigen Argentiniens und Chiles anders. Zwischen Bolivien und dem heutigen Paraguay östlich des Rio Paraguay, dessen Hauptstadt Asunción gegenüber der Einmündung des Rio Pilcomayo (Quechua: „roter Fluß") aus dem Andengebiet in den Rio Paraná liegt, befindet sich die Savannenlandschaft des Gran Chacos. Der Chaco wurde bis in das 19. Jahrhundert von Jägern und Sammlern wie den Abipon[76], bewohnt, denen der altösterreichische Jesuit Martin Dobritshofer mit seiner Historia de Abiponibus ein literarisches Denkmal gesetzt hatte. Dementsprechend war die Anbindung des heutigen Paraguays an das andine Kerngebiet der Andenzivilisationen, die später zum Zentrum der spanischen Kolonialherrschaft wurden, beschwerlich. Das Gebiet Tucumán ist das heutige Nordwestargentinien. Die Grenze entsprach in etwa der Strecke von Santiago del Estero bis Mendoza und drehte von dort nach Südwesten, um südlich vom heutigen Santiago de Chile die Pazifikküste zu erreichen (Pärssinen 2003:128). Jenseits dieser Grenze befindet sich erstaunlicher Weise das Ursprungsgebiet der sogenannten Langtageskartoffeln, in etwa die Insel Chiloe[77] im außertropischen Chile, nicht mehr im Machtbereich der Inka.

## Cuntisuyu

Cuntisuyu ist der kleinste und ärmste Provinz des Inkareiches, es ist fraglich, ob die heutige Stadt Arequipa zu Cuntisuyu gehörte. Cuntisuyu liegt am Andenwestabfall der Anden, deren Wasserversorgung prekär war. Representativ für die Situation in Cuntisuyu ist der heutige Qollca-Cañon, dessen Hauptort Chivay ist. Bedeutender sind aber Coporaque (Treacy 1994), da sich dort traditioneller Maisbau erhalten hat, sowie Yanque (Plachetka, Pietsch 2009) als

---

75  Treacy 1994:41 (Seine Arbeit ist posthum erschienen).

76  Die Jäger und Sammler übernahmen von den Spaniern das Pferd (Münzel 1985:131-133).

77  Die Anbaugebiete der Langtageskartoffeln gehöhren ebenfalls zu den GIAHS, aber Peru und Chile streiten sich um das Ursprungsgebiet der Kartoffeln als eines der vielen Streitthemen zwischen diesen beiden Staaten.

Beispiel für Bergbauernsysteme mit künstlicher Bewässerung. Die Wasserversorgung der Felder in dieser Gegend ist unter „nivalem Régime", das bedeutet, es ist von der Gletscherspende abhängig, sodass Schmelzwasser für die Bewässerung verwendet wurde.

Mit abnehmender Seehöhe nimmt auch der Niederschlag ab, sodass es an der Küste niemals regnet. An der Küste ist die viel ältere Nasca-Kultur ein beeindruckendes Zeugnis der peruanischen Vorgeschichte, die von Bewässerungssystemen abhängig war.

# Schlußfolgerungen aus dem Versuch, die Grenzen historisch abzustecken

Die Grenze des Inkareiches nach Osten ist alles andere als sicher, es könnte möglich sein, dass das Reich sich in einem Verband von Gruppen, die mit ihm verbündet waren, gegenüber dem Amazonasgebiet sich auflöste. Dieser Auflösungsprozess und die individuelle Entwicklungspolitik, die Guancané von Samaipata aus betrieben hatte, wird schlüssig, wenn das Inkareich als ein Netzwerk von Siedlungsformen begriffen wird, die dem Konzept der „Aldeas Globales Populares" (AGPs) entsprechen: Diese individuelle Entwicklungs- politik der Angehörigen der Aristokratie wurde im Rahmen einer kleinen Publi- kation bereits für die Biographie des Gründers des Inka-Imperiums, Cusi Yupanqui Pachacutek rekonstruiert (Plachetka 2001:30-31). Samaipata käme daher als präimperiales AGP in Frage. Es wird daher unterstellt, dass das Inkareich ein auf AGPs beruhendes informationsbasiertes Weltsystem war, sodass manche Inka-Aristokraten, die sich irgendwo profilieren mussten, nicht mehr in den Reichsverband zurückfanden, sodass ihre Spuren in den sogenannten Provincias de Orejónes verblassen [78].

## Exkurs: Vor- und Nachteile des Paradigmas der Aldeas Globales Populares

Ein Riesenreich, dass sich anscheinend dadurch ausgedehnt hat, dass die Reichsaristokraten auf die Walz gingen, um als Regionalentwickler in lokalen Gesellschaften Verdienste zu sammeln, ist ein relativ seltenes Phänomen. Regionalentwicklung durch wissensbasierte Mobilisierung lokaler Ressourcen durch Zugang zu überregionalen bzw. Globalen Wissensströmen könnte daher den Flickenteppich, aus dem das Inkareich neuerer Forschungen zufolge bestanden hatte, erklären. Dementsprechend spielte die Chasqui, die Reichspost, sowie das komplexe Knotenschnursystem der Quipus eine Schlüsselrolle. Diese Vorstellung kommt dem wahren Charakter des Inkareiches anscheinend

---

78  Gewisse geographisch isolierte, als „orejones" (Großohren) bezeichnete Gruppen weit jenseits der Reichsgrenzen könnten darauf zurückzuführen sein.

näher, als die älteren Theorien, wegen des Mangels an systemischer Exergie. Die Rekonstruktion, AGPs als Puzzlevorlage zu verwenden, auf welcher die historisch überlieferten Puzzleteile zusammen gesetzt werden können, erforderte empirische Studien über Globale Dörfer auf der Basis jener expliziten Formulierung des südamerikanischen Ansatzes der Aldeas Globales Populares in Abgrenzug zum europäischen Ansatz (Plachetka 2009), der in der Einleitung dargestellt wurde. Politisch von der europäischen Breitbandinitiative getragen[79], sind bezüglich der europäischen Globalen Dörfer weder Berechnungen der Wirtschaftlichkeit, noch die Erhebung der nötigen Dimensionierungs- und Skalierungsdaten jemals durchgeführt worden.

In Südamerika wird (a) ein sozioökonomisches Diagnóstico der zur Entwicklung auserkorenen Gemeinde durchgeführt, um ein verträgliches und partizipitatives Entwicklungsprogramm auszuarbeiten. Dessen (b) Erfolg wird anhand des Human Development Index und vor allem anhand der den Verbesserungen zurechenbaren Neugründung wenigstens von Mikrounternehmen gemessen. Umgelegt auf die Inkastädte bedeutet dies folgendes:

Ad (a): Die Inkastädte als AGPs mit ihrer klar definierten Kulturlandumgebung, die Ökosystemdienstleistungen der menschliche Gesellschaft in der Siedlung liefert, lassen sich nach dem Modell der Thünen'schen Ringe (Van Suntum 1980) dimensionieren, deren Radius Vector durch den Rentabilitätsgradienten der Bodenbearbeitung je nach Abstand zur Siedlung definiert ist. Dies entscheidet über Anbaustrategien. Dies löst als Erklärungsprinzip das Problem der mangelnden Transportenergie, welches der Viabilität des substantivistischen Ansatzes (Murra [1956] 1980) im Wege steht. Sie passen zu der im Folgenden dargestellten „ökologischen Wende", welche das Inkareich sehr wahrscheinlich nach dem Kollaps des Warireiches überhaupt ermöglicht hatte. Daher ist das wichtigste Kriterium, um empirisch überprüfen zu können, ob die Inkastädte derartige AGPs waren, die Feststellung, ob sie in der Lage waren, die ökologische Tragfähigkeit ihrer Umgebung durch Innovationen im Netzwerk zu erhöhen, wobei in Vavilovkulturen die relevante Information die DNA der diversen Pflanzen-Varietäten sind, die durch Einkreuzung weiter entwickelt werden.

Ad (b), die Erfolgsmessung bezieht sich archäologisch meist auf das nachweisbare Wachstum der Bevölkerung je nach Regionen.

Der Nachteil des Paradigmas der AGPs besteht darin, dass der vielfach betonte Militarismus der Inka ausgeblendet bleibt. Es ist untunlich, diesen Militarismus losgelöst von der gesamt-sozioökologischen Befundung der Entwicklung dieses Reiches zu diskutieren.

---

79   Dies betrifft die Videobrücken www.videobridge,at

# Die Entwicklung des Inkareiches als Imperium – aus historischer Sicht

Das Reich der Inka war eine relativ späte Entwicklung in den Anden, einige Millionen Jahre trennen es vom Beginn der Zivilisation dort, die allgemein mit dem Prozess der Kulturpflanzenentwicklung („neolithische Revolution") angesetzt wird. Es wurde von 1532 von den Spaniern unter der Führung von Francisco Pizarro erobert. Die Inka leisteten allerdings von Vilcabamba aus Widerstand. Dieser Widerstandsstaat wurde erst im Jahre 1572 vom spanischen Vizekönig Francisco de Toledo erobert. De Toledo hatte auch das spanische Kolonialsystem in Peru etabliert. Die Hauptstadt des Inkareiches war Cusco.

Der Legende nach wurde es von zwei Kindern der Sonne, Manco Capac und Mama Occlo gegründet, die vom Sonnengott Inti an der Isla del Sol im Titicacasee ausgesetzt wurden, und mit einem goldenen Stab ausgerüstet, den Mittelpunkt der Welt zur Gründung der Hauptstadt suchten oder aber von vier Brüdern, den Gebrüdern Ayar. Diese Legende ist älter, wohingegen die Legende von den Kindern der Sonne anscheinend bereits den Inkarri-Zyklus andeutet[80], der nach der Eroberung die Vision der Besiegten erzählt.

## Zur Quellenlage

Die Reichsgeschichte des Inkareiches wurde bedauerlicher Weise mehrheitlich von spanischen Chronisten nach der Eroberung des Reiches unter unterschiedlichen politischen Zielsetzungen erhoben und zu schönen, Chroniken im Stile des europäischen Mittelalters zusammen gefasst. Seit dem 19. Jahrhundert[81] werden diese als Geschichtsquellen betrachtet (Markham 1910). Mit zunehmenden Fortschritten der Forschung häuften sich die Schwierigkeiten (Covey 2006). Der Ärger mit den Quellen zur Geschichte des Inkareiches führten im späten zwanzigsten Jahrhundert zu der Lehrmeinung, es habe das Inkareich bzw. die Geschichte des Inkareiches überhaupt nicht gegeben und die sogenannten Crónicas wären Mythensammlungen, die von Europäern im Stile mittelalterlicher Chroniken als Pseudohistorie reproduziert wurden[82].

---

80  Pease 1991:156-157, Rostworowski 1999:37-48, Markham (1871b) schrieb die Legende der Kinder der Sonne den andinen Priestern zu.

81  Rivero, Tschudi 1851, dies ist die erste wissenschaftliche Dokumentation des Inkareiches, sie entstand aufgrund des Quellenfundus in Wien.

82  Diese Meinung wurde äußerst vehement von Franklin Pease vertreten, allerdings noch vor der allgemeinen Rezeption der Arbeiten zum „kulturellen Gedächtnis" von Assmann (2005).

Die führende Historikerin der Inka, Maria Rostworowski de Diez Canseco stellte daher die Frage:

„Es fehlt nicht an Forschern, die behaupten, dass die sogenannte Geschichte des Inkareiches ein Mytos gewesen sei, aber wer hat dann jenen Staat geformt, den die Spanier sahen, eroberten und zerstörten – ist das auch ein Mythos?"

(Rostworowski 1988:230).

Um die Geschichte des Inkareiches nachzuvollziehen, ist von drei Grundsätzen der Quellenpropädeutik auszugehen, nämlich (1) Toleranz gegenüber nicht allzu scharfen Aussagen, (2) politisches Verständnis für die Lage der Quellenautoren zu ihrer Zeit und (3) adäquate Heranziehung paläoökologischer und archäologischer Befunde. Dies bedeutet, dass (1) die Chronisten nicht allzu wörtlich zu nehmen sind, da autochthone Überlieferungssysteme nicht übermäßig exakt sind. Die (2) ideologischen und kolonial-politischen Bedingungen denen sich Autoren, die sich für die Vergangenheit der Anden interessierten, damit ausgesetzt sahen, sind in die Quellenkritik einzubeziehen. Deren Erzählungen sind grundsätzlich über (3) archäologische und paläo-ökologische Daten zu korrigieren, weil im Falle der sogenannten *proxies*, mit denen die Klimaforschung und Paläoökologie arbeitet, kaum Fälschungen deshalb vorgenommen werden konnten, da sie erst seit kurzem bekannt sind.

Das Problem der (1) Ungenauigkeit hängt auch damit zusammen, dass das Inkareich kein moderner Staat mit Grenzübergängen war. Überspitzt formuliert, der unwiderlegbare Beweis für die Existenz des Inkareiches, das Einreisevisum von Francisco Pizarro ist nicht erbringbar. Rostworowski (1999:19) erklärt, warum sie das Wort "Imperium" nicht verwendet: Es provoziert Parallelen mit europäischen Imperien, die es in derartiger Form in den Anden nie gab. Welche Staatsform hatte das Inkareich denn sonst? Was ein Imperium oder Empire nun wirklich ist, war anscheinend, aber nicht wirklich klar, weshalb es den Forschungsschwerpunkt "Empire" gibt. Rostworowski meint, das Inkareich wäre ein Gebilde *sui generis*. Dies führt (2) zu den kolonial-politischen Zwängen unter denen die spanischen Geschichtsschreiber über das Inkareich standen, die recht komplex sind. Aus diesem Grunde sind die (3) archäologischen und paläoökologischen Daten zu berücksichtigen, da jede menschliche Gesellschaft von ihrem Nahrungsmittelversorgungssystem abhängt, um welches sich der Inkastaat gekümmert hatte. Damit ist die Viabilität der einen oder anderen von Historikern oder Altamerikanisten aufgestellten Theorie abschätzbar[83].

---

83  Es existiert eine Fülle von Literatur, welche die Verwaltung der Provinzen des Inkareiches archäologisch und ethnohistorisch dokumentiert. Diese Inflation lässt auf die baldige Erschöpfung dieses Paradigmas schließen.

# Aspekte der Genese der herrschenden Lehrmeinung über die Geschichte der Inka

Die spanischen Quellen wurden, soweit sie in den Standardwerken verwendet wurden[84], mit der Öffnung der spanischen Archive Mitte des 19. Jahrhunderts in riesigen Sammlungen herausgegeben. Diese Form der Edition erfordert eigene Findbücher für Quellen[85]. Bezüglich der erkenntnisleitenden sozialen Bedingungen der Quellenabfassung bedarf es Metaquellen, also Quellen über Quellen zu folgenden Perioden:

•(1) Die Zeit der Conquista (bzw. die frühe Kolonialzeit), die von 1531 - der Eroberung Perus - bis zur "endgültigen Konsolidierung der europäischen Herrschaft in der zweiten Hälfte des 16. Jahrhunderts unter dem Vizekönig Francisco de Toledo (1569-80)"

• (2) Die mittlere Kolonialzeit

• (3) Die späte Kolonialzeit „von der zweiten Hälfte des 18.Jahrhunderts ab, die „ethnohistorisch gesehen, weit in die Zeit der Nationalstaaten hineinreicht"[86].

Bei manchen Quellen lässt sich weder sachlich noch formal eine Trennung zwischen Inkareich und Vizekönig Peru machen, nur inhaltlich[87]:

Die Quellengruppe der Standardquellen zum Inkareich (1-2) wird gemeinhin mit der *Historia del Nuevo mundo* von Bernabé Cobo (1653) abgeschlossen, die Quellengruppe (3) betrifft beispielsweise nicht editierte Quellen und sonstige relevante Archivbestände. Diese Quellen, wie beispielsweise die Genealogien von Inkaaristokraten[88] sind oft im Familienbesitz. Diese lesbaren Darstellungen der Geschichte des Inkareiches aus spanischer Feder vor allem aus Gruppe (1)

---

84    Unter „Standardwerke" werden jene Publikationen verstanden, welche die allgemein anerkannte Version der Geschichte des Inkareiches, wie sie von Rostworowski (1988) und Conrad, Demarest (1984) unterstützen. Die Diskussionen zwischen 1990 und 2000 sind teilweise wissenssoziologischen Turbulenzen („Postmoderne") als auch politischen Turbulenzen (Regierungszeit Alberto Fujimoris in Peru) geschuldet, sodass die Standardversion von Bauer, Covey (2002) und Covey (2003) mittels grabender Archäologie erhärtet wurde.

85    Ein älteres Standardwerk ist Vargas Ugarte [1939] 1945

86    Oberem 1990: 496, den neueren Stand der Forschung bietet D'Altroy (2002).

87    Um den naturwissenschaftlichen Standards hier zu entsprechen, sind hier einige Definitionen erforderlich: (i) Geschichtsquellen, (ii) Quellen über das Inkareich. Ad (i) Geschichtsquellen sind alle informationstragenden Medien, aus denen sich Informationen über die Vergangenheit während einer bestimmten Zeitdauer in einer geographisch definierten Umgebung gewinnen lassen. (ii) Quellen über das Inkareich sind Quellen, die das Inkareich zum Thema haben.

88    Besonders zu betonen ist hier die Colección Betancur oder Betancourt des Zweiges der Inka-Aristokraten, die von jenen Inka abstammten, die den Widerstandsstaat von Vilcabamba regierten (Archivo Departamental del Cusco, ohne Chiffre).

sind streng genommen Erzählungen aus Systemen des kulturellen Gedächtnisses oder der Geschichtsüberlieferung auf spanisch wiedergeben und daher ebenfalls als Meta-Quellen anzusprechen.

Daher sind sie ethnohistorische Dokumente. Daher reflektieren Quellen, die erzählen, wie die erzählenden Quellen über die Vergangenheit der Inka, vom ersten Interview bis zur Abfassung der Crónica durch den Chronisten zustande kommen, politische Vorgänge in der Kolonialgeschichte, welche die Produktion historischer Narrative über die Inkavergangenheit massiv beeinflussen.

Die übliche Vorgehensweise zur Interpretation dieser Quellenart bestand darin, die archäologischen und ethnohistorischen Quellen über das Analyseverfahren der anthropologischen Theorie auszuwerten, allerdings stellt sich hier die Frage, wie viel tradiertes Wissen in diesen Theorien sedimentiert ist[89], da die ersten Reisenden mit wissenschaftlichem Hintergrund, welche sich für die Vergangenheit der Andenzivilisationen interessierten, dies in Peru nicht quasi unter sozial sterilen Laborbedingungen taten. Daher müssen wir jenen Diskurs in Peru über die eigene Vergangenheit berücksichtigen, mit dem die allerersten diesbezüglich relevanten Forscher, der Naturforscher Johann Jakob von Tschudi und der Amateurhistoriker Clements Markham in Peru konfrontiert waren:

Nach der Unabhängigkeit Perus entstanden in der Phase des liberalen Indigenismus alle möglichen Zeitungen, die sich mit Themen der andinen Folklore auseinandersetzten. Die kurzlebige Zeitung *El Museo Erudito o los tiempos y las costumbres* (Ossio 1992:17), war für die Wiederentdeckung des Inkareiches bedeutsam, weil darin eine Oraltradition wiedergegeben wird, die auf das Quechuadrama Apu Ollantay Bezug nimmt.

Dieses Theaterstück ist das einzige einer reichhaltigen Theaterliteratur aus dem 18. Jahrhundert, die in Quechua geschrieben wurde, das ausschließlich zur Zeit des Inkareiches spielt. Es wurde daher prompt als Beispiel für das Theater zur Inkazeit herangezogen. In Lima brachte der peruanische Universalgelehrte Eduardo Mariano de Rivero im Jahre 1841 ein Heftchen heraus, mit dem Titel Antigüedades Peruanas, dessen Drucklegung dennoch recht kostspielig wurde, sodass von Tschudi mit ihm dies in Wien 1851 mit aufwändigen Lithographien nochmals als respektables Werk herausgebracht hatte, einige Exemplare wurden als Geschenk des österreichischen Kaisers an die Republik Peru geschickt.

Dennoch gewann der Brite Clements Markham den Ruhm, die Grundlage für die wissenschaftliche Wiederentdeckung des Inkareiches gelegt zu haben, obwohl in archäologischen Fachpublikationen lieber auf Charles Wiener, Ephrahim George Squier, von deutscher Seite natürlich auf Max Uhle, selbstredend auf Hiram Bingham und andere Archäologen verwiesen wird.

---

89    Conrad, Demarest [1984] 1988: 21-23.

# Die wissenschaftliche Wiederentdeckung des Inkareiches

Die Geschichte der Erforschung des Inkareiches begann allerdings in Wien im Jahre 1851 als Eduardo Mariano de Riviero und Johann Jakob v. Tschudi die *Antigüedades Peruanas* (Rivero, Tschudi 1851), als erste moderne Darstellung der Geschichte des Inkareiches in der kaiserlichen Hofdruckerei in Wien heraus brachten, die heute reichlich veraltet ist[90]. Tschudi war das erste Mal 1838 in Peru und hatte merkwürdigerweise Cusco nicht besucht. Seine Reiseskizzen aus den Jahren 1838-1842 sind deswegen Reiseskizzen, weil zwischen Viso und San Mateo ein Steinschlag ausgerechnet jenes der Packmaultiere Tschudis, das mit den Aufzeichnungen beladen war, in einen Cañon gerissen hatte. Es gab keine Rettung mehr. Nach seiner Rückkehr nach Europa machte Tschudi seinen medizinischen Doktor in Würzburg. Danach kam er nach Wien. Dort wurden die Sammlungen der österreichischen Brasilienexpedition ausgestellt, die anläßlich der Hochzeit von Erzherzogin Leopoldina mit dem portugiesischen Thronfolger Leopoldina zu ihrem Gemahl in die damals noch portugiesische Kolonie begleitete. Johann Natterer (1787-1843) war der fleißigste Forscher dieser Expedition und blieb auch von 1817 bis 1835 in Brasilien. Seine Sammlungen wurden zunächst in Wien im Brasilien-Museum ausgestellt, die allerdings während der Revolution von 1848 durch Feuer arg beschädigt wurden. Seine lange als verschollen geglaubten Aufzeichnungen hatte Tschudi in Kopien an die Universitätsbibliothek Basel und an Carl Friedrich Phillip von Martius geschickt. Nach der Revolution erschienen im Jahre 1851 die Antigüedades Peruanas,[91] deren Bildtafeln vom Münchner Maler Ruggendas aus Peru geschickt wurden. Zwei Jahre später gab Tschudi im Anhang seiner Quechuagrammatik das Drama Ollantay nach dem Text des Klosters von Santo Domingo heraus, als Sprachprobe. Diese peruanische Ilias war bereits 1837 bekannt, da in jener cuzqueñischen Indigenisten-Zeitschrift *El Museo Erudito o los Tiempos y las Costumbres* die Oraltradition des Ollantaystoffes erschien[92]. Es hatte im frühen 19. Jahrhundert eine lebendige Gemeinschaft von Inka-Aristokraten in Cusco gegeben, die sich teilweise um Überlebende der Revolution von Tupac Amaru II von 1780 scharten. Dies bedarf einer genaueren Untersuchung. Manuel Palacios publizierte in El Mueso Erudito denn auch Geschichtsquellen über diese Revolution.

90 vgl. Schazman (1956).Dankenswerterweise stellte mir für diese Arbeit Doz. Ferdinand Anders sein Beiheft zum Katalog Peru durch die Jahrtausende - Kunst und Kultur im Lande der Inka im Museum zu Allerheiligen, Schaffhausen (25.August- 25.November 1984) zur Verfügung (Anders 1983). Bezüglich Tschudi folge ich der Darstellung von Ferdinand Anders und meiner eigenen Arbeit: Plachetka (1994).

91 Rivero, Tschudi (1851) aufbauend auf Rivero 1841, einem sehr dünnen Heftchen

92 Abgedruckt als Anhang in der ersten unabhängig übersetzten peruanischen Ausgabe des Dramas von Pacheco Zegarra (1878).

Unter den Nachkommen der Inka, die in der Republik Peru keine Privilegien hatten, entwickelte sich scheinbar eine neue Erzählgeschichte, ausgerechnet in diesen Prozess der Neudefinition des historischen Bewusstseins platzte der britische Reisende Clements Markham. Mit dem Ziel, als erster Brite die alte Inkahauptstadt Cusco zu erreichen, bereiste er in den Jahren 1852-1854 Peru. Als Tschudis Quechuagrammatik mit dem Druck des Dramas Ollantay im Jahre 1853 erschienen war, kam Markham in Cusco an, besuchte er auf Empfehlung von Ochoa, damals Rektor der Universität San Antonio Abad, den angeblich letzten Inka-Aristokraten Justiniani in Laris. Eigenem Bekunden zufolge wollte er den „Codex Justiniani" des Ollantaydramas abgeschrieben haben[93]. Hier gibt es Zweifel.

Von 1857 bis 1859 durchquerte Tschudi den südamerikanischen Kontinent von Rio de Janeiro aus und kam zum zweiten Mal nach Peru. Dem folgte seine diplomatische Mission nach Brasilien, da Preußen die Auswanderung nach Brasilien verboten hatte[94]. Die brasilianische Regierung versuchte, dieses Verbot zu lockern, indem Tschudi aufgrund seines Prestiges als Lateinamerikanist eine Art fact-finding mission durchführt. Diesbezüglich wurde auch die österreichische Gesandtschaft in Rio de Janeiro instruiert[95], wo Sonnleithner, amtierte, der sich von Tschudi persönlich die Zustände in den Auswanderergebieten schildern ließ. Tschudi übergab sein auf französisch publiziertes[96] Memorandum zu diesem Thema der brasilianischen Regierung. Sonnleithner schickte ein Exemplar nach Wien, und im Jahre 1867 wurde Tschudi ordentlicher Botschafter der Schweiz in Österreich.

Im Jahre 1875 erschien aus Tschudis Feder die zweite Ausgabe des Dramas Ollantay. Dazu verwendete Tschudi das sogenannte "bolivianische Manuskript" aus Arequipa, das er von seiner zweiten Reise mitgebracht hatte als Antwort auf die 1871 erschienene Ausgabe des Dramas von Clements Markham. Im Jahre 1889 starb Tschudi. Leider war der Umwandlung von Tschudis Jackobshof in Lichtenegg bei Wiener Neustadt in einen Tschudihof 1952 touristisch kein Erfolg beschieden. Die Restbestände aus Tschudis Besitz kamen in die Schweiz zurück, die österreichische Altamerikanistik, deren peruanischer Teil von einem Schweizer betrieben wurde, geriet gründlich in Vergessenheit.

---

93   Der erhaltene "Codex Justiniani" fand sich versteckt unter den Unterlagen für die Ausstellung auf der Schallaburg in Photokopie bei Anders (Anm.92) und ist derzeit im Archiv des Verfassers

94   Haus- Hof und Staatsarchiv (HHSt).P.A. XXXVI, Caj.9 (1860-68), leg.1/ 1860, fol.4a-d: Rapport Nr.1.Litt.B. (Die spanische Abkürzung nach Caj(ón) und leg(ajo) ist für das Haus-Hof-und Staatsarchiv in Wien sicherlich unüblich, aber die Foliierung ist in den Kisten (cajónes) uneinheitlich. Von diesen Zusammenhang mit Preußen steht bei Anders (1983) nichts. Ansonsten werden die Originalgeschäftszahlen wieder gegeben.

95   Wien-Rio 26.Feb.zu 22.Februar 1860, ebenda, fol. 54

96   Der Bericht, mit dem Memorandum als Beilage ist Bericht Nr.8 Litt.C. 6.Nov. 1860, ebenda.

# Der lange Schatten Clements R. Markhams

Clements Robert Markham ist eine bemerkenswerte Persönlichkeit, dessen Aktivitäten die Grundlage des bisher gültigen Konsens in der Geschichte des Inkareiches bildeten. Er kam, wie erwähnt, 1853 als erster Brite nach Cusco voll Interesse für die Inkazeit, wobei dies seine Position seine Autorität später begründen sollte:

Von 1867 bis 1877 leitete er die geographische Abteilung des britischen Indian Office; von 1863 bis 1888 diente er als Sekretär der Royal Geographic Society, deren Präsident er von 1893 bis 1905 war. Seine Wahl zum Präsidenten fiel in eine Zeit, als das Interesse an Polarexpeditionen wieder zunahm, hatte doch Markham, bevor er nach Südamerika ging, an einer Polarexpedition teilgenommen. Als Präsident der *Royal Geographic Society* hatte sein Wort generell Gewicht[97], aber diese Karriere war seinem Stand geschuldet.

Geboren wurde Markham als Sohn von Rev. David Markham und Frances N. Milner am 20. Juni 1830 in Stillingfleet in eine Familie, deren sozialer Status ihren Kontostand bei weitem überragte. Markham hatte trotzdem seit Kindesbeinen gesellschaftlichen Umgang mit königlichen Hoheiten und Aristokraten (Markham ed. Blanchard 1991:x), daher kam für ihn eine standesgemäße Karriere bei der britischen Kriegsmarine in Frage. Im Jahre 1845 besuchte der Kadett Clements Markham erstmals an Bord der HMS Collingwood Peru.

Im Jahre 1851 quittierte Markham, wohl nach der vergeblichen Suchexpedition nach dem verschollenen Polarforscher Franklin den Dienst bei der britischen Kriegsmarine[98], um als freischaffender Geograph und Abenteurer die letzten Inka zu suchen. Am 20. August 1851 begann Markham seine Reise an Bord der *America* zunächst in die USA, um William Prescott zu besuchen[99].

William Hickling Prescott war der erste gewesen, der, wohl durch seine Freundschaft zu Navarrete, Mitglied der Kommission, die erstmals die spanischen Archivbestände in riesigen Quellensammlungen editiert hatte (CDIHE), alles systematisch erreichbare Quellenmaterial zur Eroberung Mexikos und Perus zusammen sammelte und für seine Zeit glänzend geschriebene Darstellungen verfasste, die heute natürlich hoffnungslos veraltet sind. Markham besuchte den angeblich blinden Historiker, um seine Reisepläne mit ihm auszutauschen.

---

97  Markham (1896) veröffentlichte auch eine Festschrift über die Biographie Richard Hakluyts, seine Einführung der außereuropäischen Geschichte in England und die Aufgaben der Hakluyt Society. Der Registerband sämtlicher Editionen ist Quinn (1974).

98  Die Franklinexpedition gilt bis heute als verschollen, allerdings wurde den Inuits von einer damals medialen Hysterie vorgeworfen, die Mannschaft der Erebus und Terror (wie die Schiffe dieser Expedition hießen) aufgefressen zu haben.

99  Markham, Blanchard 1991:02. Hiervon steht bei Markham (1856) nichts, sodass dieses aus seinem Nachlass editierte Manuskript eine wesentliche ergänzende Quelle darstellt.

Markhams Zeugnis zufolge war Prescott nicht blind, litt aber unter sehr schwachem Augenlicht. Dies erscheint logisch, wie hätte Prescott sonst die Quellen lesen sollen?

Nach seiner Reise in die USA begab sich Markham über Panama auf die Reise nach Peru. Dort angekommen, absolvierte er seine Antrittsbesuche bei den Notablen Limas, unter anderem auch dem spanischen Vizekönig, der nach der peruanischen Unabhängigkeit dort geblieben sei. In Lima fand er auch die *Antigüedades Peruanas,* wahrscheinlich die Edition von 1841, die er zusammen mit anderen „modernen Reisewerken" als nutzlos bezeichnete.

Nun musste Markham seine Reise nach Cusco vorbereiten[100]. Seinen wissenschaftlichen Durchbruch schaffte Markham jedoch erst im Zuge des Projektes, die Kosten für die Malariaprophylaxe in Indien von einem Shilling auf weniger auf einen Viertelpenny pro Tag herab zudrücken, dies entspricht in etwa einer Preissenkung von täglich etwa 13 Euros auf 50 Eurocent[101]. Daher hatte Markhams zweite Reise nach Peru zur Aufgabe, die Setzlinge derjenigen Varietät des Chinarindenbaumes aus Peru zu schmuggeln, deren Rinde den höchsten Chiningehalt hatte. Dies war nach damaligen peruanischem Recht illegal, in seinen diesbezüglichen Erinnerungen (Markham 1910) stellt Markham dies in einer Weise da, als ob er dazu auf die Hilfe indigener Experten angewiesen gewesen wäre, um die Dankesschuld des *British Empire* den Inka gegenüber anzudeuten, die schließlich von den Spaniern erobert und unterdrückt wurden. Auch so kann Biopiraterie moralisch geschönt werden, aber Peru blieb während des späteren 19. Jahrhunderts eng mit Großbritannien verbunden.

Bezüglich Politologie berührt dies die Biopolitik. Diese ist auf die Frage der Machtstrategien von Imperien[102] mit biopolitischen Implikationen, die nachzuweisen sind, zu beschränken. Entsprechende Quellen sind beispielsweise imperialen Bestimmungen darüber, wer sich mit wem fortpflanzen darf und wer welches Leben führen darf, beispielsweise in Fällen von Kastensystemen wie in Indien oder auch die sogenannten Castabildern in Mexiko und Peru während der Reformen der Bourbonen-Herrschaft. Wie viel wert das Überleben welcher Gruppen von Untertanen dem British Empire wert ist, manifestierte sich anhand der Hungerhilfe für Iren und Inder, denen die Lehren des ökonomischen Liberalismus nach dem Motto „wer nicht arbeitet, soll auch nicht essen" in als Arbeitshäuser getarnten Umerziehungslagern eingebläut wurden (Davis 2001):

---

100 Zu dieser Zeit gab es weder Eisenbahn noch Automobile, sodass Markham recht witzig diese Verbreitungen darstellte, die Zusammenstellung einer Karawane, da er einen Arriero (Maultierführer) und Bedienstete anwerben musste, Koch- und Campingutensilien auf die Maultiere laden musste und nun ging es zu Fuß oder zu Pferde über die Anden los richtung Cusco.

101 Hobhouse [1992] 2006:42, der dies in D-Mark angibt.

102 Zur Biopolitik (allerdings im sozialwissenschaftlichen Barockstil) Hardt, Negri (2000), die vereinfacht im Folgenden rekapituliert werden.

Arbeitslosigkeit und Hunger waren unter dem liberalen Regime ein Verbrechen. Die Malaria-Bekämpfung hatte daher biopolitische Gründe. Die Malaria hatte vermutlich ihren Ursprung im euro-afrikanischen Bereich und ist in den Mittelmeerländern seit der Antike nachgewiesen. Sie wird über einen Zyklus zwischen infizierten Menschen und der Anophelesmücke übertragen, sodass Drainage und trockengelegte Sümpfe traditionelle Mittel sind, ihr vorzubeugen. Der berühmteste Malariafall war die Ehefrau des Grafen von Chinchon in Lima, die im Jahre 1638 erstmals mit Chinarinde aus den nördlichen Anden geheilt wurde. Auf Quechua, der einheimischen Sprache Perus wurde dieses Heilmittel quinaquina genannt.

Die Heimat des Chinarindenbaumes ist ein schmaler Gürtel in den höher gelegenen kühlen Anden zwischen 10°N und 19°S auf 750 bis 2700 Meter Seehöhe. Bis 1780 wurde die einzige wirkungsvolle Rinde, *Cinchona officialis*, die aus der Gegend um Loja stammte, über den Hafen Pata exportiert. Die Bestände wurden rücksichtslos ausgebeutet, das bedeutete, der Nachschub an Malariaprophylaxe war alles andere als sicher. Die Jesuiten, die sich als Verteidiger der Indigenen betätigten[103], machten daraus ein Geschäft. Allerdings wurde die Chinarinde gesammelt, indem den Bäumen die Rinde abgetrennt wurde. Die Bäume gingen dabei ein. Es kam Rinde ganz unterschiedliche Qualität nach Europa, da nur gewisse Sorten der Chinarinde Malaria bekämpfen. Um 1850 wurde eine gesicherte Versorgung für Indien notwendig. Die Kolonialisierung Indiens wurde von der englischen East India Company vorangetrieben, diese Kolonie wurde erst durch den Sepoy-Aufstand eine staatliche Kolonie Großbritanniens.

Die Landpolitik der East India Company zwang die Bauern, modernes cash-crop zu kultivieren, um die Grundsteuer zahlen zu können, sodass gemeinschaftliche Aufgaben, wie der Bau und die Wartung von Kanälen, vernachlässigt wurden. Stagnierendes, versumpftes Wasser bietet beste Voraussetzungen für die Anophelesmücke, sodass Indien von der Malaria derart geschüttelt wurde, dass die Effektivität der europäischen Funktionäre zu leiden begann. Ein billiges Fiebermittel wurde dringend gesucht; die bisherige Chinarinde kostete etwa 100000 Pfund Sterling pro Jahr. Die biopolitische Zentrale des British Empires, die Botaniker des botanische Garten von Kew Gardens[104] beschlossen daher, zwecks Lösung dieses Problems Chinarindenbaumplantagen in den südlichen indischen Bergen anzulegen und den Chinarindenbaum dort heimisch zu machen.

---

103 Nach Peru kamen die Jesuiten als Ersatz für die Dominikaner, da Vizekönig Francisco de Toledo der erklärte Gegner der Politik Bartolomé de las Casas gewesen war. Daher ist negativen Aussagen über die Dominikaner, etwa bei Hyland (2003), nur bedingt Glauben zu schenken.

104 Hobhouse 2006:30-38

Markhams Chinarindenexpedition fand in den Jahren 1859 bis 1862 statt, die Pflanzensetzlinge kamen in die botanischen Gärten, um vermehrt und an die Bedingungen in den Bergen von Nilgiri in Indien angepaßt zu werden[105]. Für die weitere Erforschung des Inkareiches war es allerdings wesentlich, dass die *Hakluyt Society* in Großbritannien englische Übersetzungen der Quellenwerke zur außer-europäischen Geschichte publizierte. Die Hackluyt Society, benannt nach dem ersten englischen Experten für Seegeschichte, Navigation und außereuropäische Geschichte, Richard Hakluyt, wurde am am 15. Dezember 1846 gegründet, mit dem Ziel, seltene und wertvolle Berichte über See- und sonstige Reisen, sowie geographische Berichte früher Entdeckungsreisen zu publizieren Deren Publikationsreihe wird in Wirklichkeit von der Royal Geographic Society betrieben, sodass Markham nun begann, historische und ethnographische Quellen zu den Inka in Übersetzung heraus zu geben; mit dem etwas kuriosen Resultat der Erstausgabe der Chronik des Indigenen Juan Santa Cruz Pachacuti Yamki Salcamaygua auf englisch. Sie ist im Original auf spanisch, mit Einschüben in Quechua geschrieben.

Markhams Hauptverdienst war diese Edition jener grundlegenden Quellen; er verteidigte die Theorie des Beitrages der Inka zu den „schönen Künsten" in Gestalt des Quechuadramas Apu Ollantay bis zu seinem Lebensende (Markham 1910). Diese Phase der Geschichtsschreibung über das Inkareich, Markhams wissenschaftliches Lebenswerk, schloss mit Markhams Alterswerk *The Incas of Peru* (1910) ab, mit einer Neuedition des Ollantaydramas.

Bis in die 1950er Jahre galt es als das Fundament jeder weiteren ethnohistorischen Forschung. Nun hatte sich Markham mit guten Gründen jedes Kommentars über die sozioökonomische Organisation des Inkareiches enthalten, ebenso waren die Jahreszahlen der einzelnen regierenden Inka unbekannt. Sie sind bis heute nicht eindeutig nachgewiesen. Erst Anfang des 20. Jahrhunderts kam die große Expedition der Yale University nach Peru, mit Hiram Bingham, dem Entdecker von Macchu Picchu. Der Schüler Markhams war Philip Ainsworth Means, aber die peruanische Archäologie begann mit Ephraim

---

105 Dort domestizierte McIvor die Chinarindenbäume. Seine wichtigste Errungenschaft war eine Methode, die Bäume zu entrinden, ohne sie damit zu töten. Eine dieser Methode war das Moosen, das bedeutet, die verwundeten Teilen mit einem einheimischen Moos zu verbinden, damit sich die Rinde erneuern kann. Damit war eine Ernte nur jedes sechste Jahr möglich, die einen sechsprozentigen Alkaloidgehalt hat, dieses Alkaloid ist pharmazeutisch wirksam, die natürliche Rinde hatte einen Alkaloid von etwa 4%. Um 1880 war die Chinarindenindustrie etabliert. Die Holländer, die, allerdings ohne kulturellem Beiwerk, ebenfalls Setzlinge des Chinarindenbaumes nach Java gebracht hatten, zogen sehr erfolgreich ihre Chinarindenindustrie im damaligen Niederländisch-Indien (dem heutigen Indonesien) auf, in Deutschland entstand auf der Suche nach unabhängiger Malariamittel die synthetische Chemie. Für Markham bedeutete diese erfolgreiche Expedition eine Anstellung im India-Office.

George Squier, dem Deutschen Max Uhle und dem Peruaner Julio C. Tello, die in den Standardwerken als Pioniere dargestellt werden. Für Historiker sind allerdings die Leistungen von Tschudis und Markhams entscheidend.

## Die „romantische Schule" des 19. Jahrhunderts: Das Drama Apu Ollantay

Die Pioniere der Erforschung der Geschichte des Inkareiches waren vom Kolonialdrama Apu Ollantay fasziniert, als wäre es die altamerikanische Ilias. Schön wäre dies, galt doch die Ilias als Gründungsepos der griechisch-römischen Zivilisation. Hauptmotiv: Krieg und vor allem der Zorn des beleidigten Achilles. Eine Art friedfertige Ilias wäre ein passendes Gegenstück: Hauptmotiv: Liebe, genauer, die Revolution für das Recht, zu lieben, das vor 1968 ja nicht so selbstverständlich war.

Die Handlung des Dramas Ollantay beginnt in der Nacht, als Ollantay seinem Diener „Piqui Chaqui" (Flohfuß) losschickt, seine Geliebte, die Ñusta (Inkaprinzessin) Cusicoyllur zu suchen, in die er sich, wann und wo ist nicht überliefert, unsterblich verliebt hatte. Piqui Chaqui antwortet Ollantay schon im ersten Dialog, es gäbe genügend Gespielinnen (*sipas warmi*), weshalb soll es ausgerechnet die Tochter des Inka sein? Ollantay bekommt einen Wutausbruch und hält dennoch bei dem Inka, der als Pachacutek ausgegeben wird, aufgrund seiner militärischen Verdienste als Kommandeur von Antisuyu um die Hand Cusicoyllurs an, was dem Inka als schiere Arroganz vor kam, obwohl sogar die Frau des Inka Pachacuteks, Anahuarqui der Verbindung zugestimmt hatte. Gedemütigt zieht sich Ollantay, ob seines Ansinnens vom Dienst suspendiert, mit seinen Anti-Truppen zu seiner Stadt Ollantaytambo zurück, die er zu einem Bollwerk gegen die Truppen des Inkas ausbaute. Diese Vorbereitungen zur Revolution dauerten zehn Jahre. Entweder wegen dieser Revolution oder wegen des inkaischen Widerstandes gegen die spanischen Invasionstruppen ist Ollantaytampu die einzige Stadt der Inka mit einer Stadtmauer. Inzwischen wurde die schwangere Cusicoyllur, Ollantays Geliebte, im Haus der Sonnen-jungfrauen (Acclawasi) inhaftiert. Ollantay ergriff das Panier des Revolutionärs, allerdings war er ein langsamer Revolutionär, währenddessen Cusicoyllur Ima Sumaq gebar. Ollantay sollten als ersten Revolutionär in der südamerikanischen Geschichte noch viele folgen[106].

Ollantays alter Waffenbruder Rumiñawhi dachte sich nun eine List aus, zu mindestens sagt die mündliche Überlieferung, die nicht ins Theaterstück eingearbeitet wurde, dass er allen Grund hatte, den Rebellen Ollantay auszu-liefern, um mit dieser Treue zum Inka seinen eigenen Hals zu retten:

---

106 Bosshard (2002b) argumentiert, aufbauend auf Randall (1990), dass sich hinter dem Text des Dramas Ollantay die Mythogeme von Quilauci und Curi Quoillur verstecken, sodass ausschließlich für die Indigenen verständlich die Wiederauferstehung des Inkareiches propagiert wurde.

Rumiñawhi hatte vorher ein an sich todeswürdiges Verbrechen begangen: Er war in einen Konvent der „Sonnenjungfrauen" eingebrochen und einige dieser Vestalinnen (wie sie manchmal dargestellt wurden) vergewaltigt. Mit der Auslieferung des Revolutionärs Ollantay dem sich sogar mit dem Oberpriester angeschlossen hatte, wollte Ruminauhi seinen Kopf retten, da Inka Pachacutek in Cusco schlicht nicht die Truppen hatte, um den Rebellen Ollanaty festzunehmen.

Daher tarnte sich Rumiñawhi gegenüber Ollantay als politischer Flüchtling, wurde in die Festung eingelassen und verführte die Besatzung anläßlich des inkaischen Staatsfeiertages, dem Inti Raymi (heute am 24. Juni in Cusco gefeiert) zu einem allzu heftigen Umtrunk. Danach öffnete er die Tore der Stadt den Truppen des Inkas, welche die Zechgenossen festnahmen. Zu dieser Zeit war der alte Inka bereits gestorben und sein Nachfolger, Tupac Yupanqui saß auf den Thron, er begnadigte Ollantay und seine Rebellen, entließ Cusicoyllur auf Bitten Ima Sumaqs aus dem Gefängnis entließ und gab dem Rebellen die Hand Cusicoyllurs und seinen alten Posten[107].

Das alles klingt natürlich nach einem barocken Schelmenstück, das in die linguistisch und paläographisch identifzierbare Zeit der Niederschrift des Justiniani-Manuskriptes, des 18. Jahrhunderts passt.

Ortiz Rescaniere (1992:70-73) meint jedoch, dass das Drama Ollantay einerseits auf die Liebe eines Sterblichen zu einem Jenseitswesen, einen Stern anspielt, andererseits auf fundamentale Aspekte der andinen Liebes- und Ehebräuche und verherrlicht überdies den Inka Tupac Yupanqui, der die imperiale Ordnung nicht mittels Strenge, sondern nach dem alten Blumenkindermotto „make love not war" erreicht hatte. Pachacutek war nämlich nicht unumstritten, aber seine revolutionäre Sprengkraft sollte das Drama im 18. Jahrhundert nochmals entwickeln: Markham (1871:04) erwähnt, dass nach der Revolution von Tupac Amaru II (1780-82) alle Dokumente, die sich auf die Abstammung der Reichsaristokratenfamilien bezogen, sowie etliche Abschriften des Dramas Ollantays[108] und folkloristische Elemente auf Anordnung des Visitadors Areche vernichtet werden mussten[109] und nannte diese Revolution ein „wahrhaft nationalistischen Aufstand"(Markham 1862:148).

---

107 Obwohl dieses Drama eher dem barocken spanischen Theater entsprach, ist ein codierter andiner Subtext enthalten.

108 Das zweite Manuskript, das Markham (1856:179) zu Gesicht bekam, wäre interessant. Die Abschrift des Polycarpio Justiniani befindet sich im Archiv des Verfassers.

109 Diese damnatio memoriae war typisch für das spanische Weltreich. Beispielsweise mussten die Dokumente der Comuneros-Revolte in Paraguay vernichtet werden, sie galten gefährlich. Allerdings hatte der peruanische Revolutionär Mompox, der die Comuneros –Revolution nach der Verhaftung von Antequera angeführt hatte, die Volkssouveränität gepredigt (Plachetka 2000, bezugnehmend auf Berliner Staatsbibliothek, Handschriftensammlung Codex Phillips 1947).

Die Angelegenheit ist in Wirklichkeit um einiges komplexer. Das Problem mit Markhams Darstellung besteht in (a) seiner führenden Autorität auf dem Gebiet der Geschichte des Inkareiches in der englischsprachigen Welt, sodass die weitere Forschung auf seinen Grundlagen aufbaute, und (b) in seiner damit erfolgten Kanonisierung der Erzählgeschichte der letzten Angehörigen einer Fraktion der Inka-Aristokratie. Dadurch entstand jene Brille, durch welches die Quellen zur Geschichte des Inkareiches interpretiert zu werden pflegten. Ausserdem ist das Inkareich mit der historischen Identität von mindestens zwei heutigen Nationalstaaten der englischsprachigen Welt verknüpft, nämlich Großbritannien, wegen der Rettung der Kolonie Indien und mit Irland, wegen der Irish Potato Famine, zu dieser später.

In Peru nahmen sich die einheimischen Linken des Inkaerbes an – allerdings mit einiger Berechtigung: Der totalen Niederlage Perus im Salpeterkrieg gegen Chile, der bis heute das Klima zwischen Chile und den beiden Andenrepubliken Peru und Bolivien vergiftet.

## Der Salpeterkrieg und die peruanische Geschichte als Sozialwissenschaft

Die letzte einschneidende Etappe der Geschichte Perus vor dem 20. Jahrhundert war der Salpeterkrieg (1879-1884), bei dem Chile Boliviens Zugang zum Meer abschnitt und beinahe Peru eroberte, ehe die chilenische Soldadeska von der indigenen Guerilla, die Cáceres zusammen gestellt hatte, aus den Anden vertrieben wurde[110]. Die peruanische Reaktion auf diese katastrophalen Niederlagen waren die Analysen aus der Feder Manuel Gonzales Pradas, dem Begründer des sogenannten „radikalen Denkens" in Peru und damit den politisch engagierten Indigenismus.

Dies leitete den langwierigen Prozess der Rückkehr der Indigenen in die Geschichte Perus ein, da mit der Revolution von 1968, die Landreform linksgerichtete Militärs von oben her unter sehr vielen Referenzen auf das Inkareich endlich durchführten, wobei diese einheimische Linke die Opposition zur sogenannten „aristokratischen Republik" im ersten Jahrzehnt des 20. Jahrhunderts (Cotler 1992) gebildet hatte. Diese Mobilisierung führte jedoch letztlich zu einer chaotischen Zeit, die unter der ersten Regierung des derzeitigen Präsidenten Alan García ihren Höhepunkt erreichte. Er gehört zur APRA (*Alianza popular revuciónaria de América*), einer peruanischen Traditionspartei, die links, „anti-imperialistisch", populistisch und laut dem Urteil modernerer Soziologen nicht wirklich im 21. Jahrundert angekommen ist.

Sie wurde von Victor Raúl Haya de la Torre begründet. Davon gänzlich unterschiedlich verlief die Entwicklung der peruanischen Revolution, die zunächst mit dem Putsch General Velasco Alvarados 1968 begann, als bei einem

---

110 Dies ist wenig bekannt, da Cáceres 1883 mit den letzten regulären Truppen gegen Chile verlor.

Vertrag zur Ölförderung gewisse Zusätze verschwanden, sodass die Regierung verdächtigt wurde, die Bodenschätze des Landes zu verschachern. Die Militärs, die an die Realität Perus gewohnt waren, befürchteten seit der Guerilla von 1965, dass die Revolution unvermeidbar komme, die Frage lautete, wer sie macht. Also machte Velasco Alvarado Revolution aus Angst vor der Revolution. Danach wurde ein „sozialistischer Weg" eingeschlagen, der einem gigantischen Mißverständnis zwischen dem Indigenismus in Cusco und dem eher surrealistischen Indigenismus in Puno beruhte, der die Sprache der literarischen Avantgarde verwendete[111] und frei von Inkareminiszenzen war: Die Hochlandindigenen als angeblich geborene Sozialisten sind eine rein akademische Theorie[112], in Puno lebten die Indigenen in ihren Traditionen gleichsam um die Ecke.

Die Komplexität dieser Situation wird deutlich durch die Revolution von Rumi Maqui, bei der es eben nicht „nur" um eine indigene Rückeroberung des Inkareiches per se ging[113], sondern eher um das Inkareich als Art Matrix für eine partizipative Modernisierung in den Anden. Schlagwortartig könnte dies als unter Hinweis auf die Geschichte Japans als eine Art Meiji-Restauration von unten auf revolutionärem Wege bezeichnet werden. Allerdings erforderte diese Konstruktion wahre Geistesriesen, um nicht in platten Schlagwörtern zu versanden. Die Revolution lief, wie viele lateinamerikanischen Revolutionen mit Ausnahme Mexikos und Cubas, gründlich aus dem Ruder. Im Jahre 1990 gewann Alberto Fujimori, die Präsidentenwahlen gegen den Schriftsteller Mario Vargas Llosa. Als der Sohn japanischer Einwanderer repräsentierte Fujimori den sogenannten „informellen Sektor", die halblegalen Straßenhändler, Kleinhändler, Kleinbauern, die bisher als Sozialfälle, also „die Armen" begriffen wurden.

Die Revolution von 1968 wurde von den Militärs allerdings unter den ideologischen Vorgaben jenes marxistischen Indigenismus durchgeführt, der von José Carlos Mariátegui begründet wurde (Germanà 1995) und sich gegen

---

111 Vor allem durch Gamaliel Churrata und seinem Roman Pez de Oro (Bosshard 2002)

112 Diese Diskussionen um den angeblichen Sozialismus der Inka beruhten auf einer ziemlichen Konfusion: Heinrich Cunow hatte noch im 19. Jahrhundert das Verwandtschaftssystem in den Anden analysiert und kam aufgrund evolutionistischer Überlegungen zu dem Schluss, dass der "Ayllú" (der Begriff ist mittlerweile aus dem Fachdiskurs ausgeschieden worden) als Bauerngemeinschaft älter war, als das Inkareich. Dennoch dissertierte 1907 Victor Andrés Belaunde über "das alte Peru und die modernen Soziologen", worin er die These vertrat, dass das römische Recht mit seinem spezifischen persönlichen Eigentumsbegriffen für die Indigenen mit ihrem Gemeinschaftseigentum inadequat war und meinte, ein adäquates Rechtssystem müsse sich an sozialistischen Vorstellungen jener Zeit orientieren. Diese Diskussion wurde von Markham (1910) in seinem damals einflußreichen Werke zusammen gefasst, wobei der feine Unterschied zwischen den Bauprinzipien einer Rechtsordnung und einer faktischen Produktionsweise verloren ging.

113 Contreras, Bacamonte (1988)

die APRA gerichtet hatte: José Carlos hatte die Interessen des Hochlandes und seiner Bevölkerung, diverse indigenistische Gruppen in Lima mit seiner Zeitschrift Amauta gegen die Dominanz der Hauptstadt Lima und der exportorientierten Betriebe an der Küste vertreten, damit wurde das Inkareich in der Form, wie es vor allem von Markham portraitiert worden war, wieder aktuell. Markhams Herangehensweise an die Aufgaben eines Historikers lassen etwas zu wünschen übrig[114].

Diese Reaktualisierung war allerdings das Werk des jungen Luís Eduardo Valcárcel[115], dessen Erstlingswerk *Tempestad en los Andes* durch die Amauta promotet, Mariátegui schrieb das Vorwort. Diese Auseinandersetzung hatten in Europa einiges an Echo gefunden, da beide eine Zeit lang von ihren Regierungen exiliert wurden: Einheimische Diktatoren in Südamerika pflegten nämlich Intellektuelle vor dem kalten Krieg nicht zu ermorden, sondern ins Exil zu schicken. Die Verschärfung diktatorischer Vorgangsweisen war erst das Produkt des Kalten Krieges nach dem 2. Weltkrieg. Mariátegui jedenfalls kam nach Italien, lernte dort bei Antonio Gramsci und starb als Begründer der kommunistischen Partei Perus leider allzu früh. Diese Kommunistische Partei degenerierte später zu einem Terroristenhaufen, genannt *Sendero Luminoso* (leuchtender Pfad).

Mariáteguis „empirischer Marxismus" beruhte auf den von Uriel Garcia und Alberto Giesecke begründeten empirischen Indigenismus. Diese beiden hatten die Universidad Naciónal San Antonio Abad in Cusco reformiert. Mariáteguis Hauptwerk, die *Siete Ensayos de la Interpretación de la Realidad Peruana* (1928) sind bis heute der soziologisch-politische klassische Text in Peru, allerdings umfassen sie in keiner Weise das gesamte Denken Mariáteguis. Er wurde gegen seinen Willen streckenweise von der mexikanischen Revolution und ihrer sogenannten „Mestizaje" – Ideologie vereinnahmt, die 1968 mit der Matanza de Tlaceloco, ein Massakker gegen Demonstranten, als Ideologie in keiner Weise mehr aufrecht zu erhalten war. Die Deklarationen von Barbados waren als hippokratischer Eid der Ethnologen (Plachetka 1997) die Reaktion darauf, allerdings hatte José Carlos Mariátegui philosophisch nicht wie Marx die Philosophie Hegels vom Kopf auf die Füße, sondern Oswald Spenglers *Der Untergang des Abendlandes* (1923). Auf dem Niveau eines derartigen, bis heute kaum gewürdigter philosophischen Kraftaktes waren diese mexikanischen Ideologien trivial, sodass sich möglicher Weise ein spezifisch südameri-

---

114 Dennoch ist die Autorität Markhams zu jener Zeit noch durch die "inneren Kapitel" von Pulgar Vidals "Geographie Perus nachvollziehbar

115 Als wesentliche Quelle für diese Prozesse sind die Lebenserinnerungen von Luís Eduardo Valcárcel heranzuziehen, die deutlich belegen, dass sein politisches Engagement mit dem Tode Mariáteguis beendet war. An dieser Stelle sei auch dem österreichischen Altamerikanisten Ferdinand Anders gedankt, der eine Peru-Ausstellung 1983 organisiert hatte und in seiner Privatbibliothek einiges an Material von dieser Ausstellung hatte, das ich 1996-1999 durchstöbern durfte (Anders 1983).

kanischer „Links-Spenglerianismus" entwickelte, der in den großen Werken des brasilianischen Kulturanthropologen Darcy Ribeiros sein höchstes Niveau erreicht haben könnte. Damit kommen wir zur zweiten, erfolgreichen Revolution in Peru: Viele Informelle sind wegen des Terrors des *Sendero Luminoso* und den Repressalien in die Städte geflohen. Nun begann Hernando de Soto sie als Keimformen des nationalen Binnenmarktes zu interpretieren, Inhalt seines Buches *El otro sendero. La revolución informal*[116], das die Experten der Entwicklungspolitik in Europa aufscheuchte. De Soto schien eine Art „Favela-Reaganomics" zu predigen. Grundthese war die Feststellung einer strukturellen Benachteiligung der Mikrounternehmer. Straßenhändler und Kleinstunternehmer sollten Eigentum haben dürfen, um Mikrokredite zu bekommen[117]. Dies wurde marxistisch mit der ursprünglichen Akkumulation, verstanden als Ausgrenzung gesellschaftlich vulnerabler Gesellschaftsgruppen begründet. Dies brachte die alte Politik durch die Bank nicht zustande.

Fujimori als Kandidat des Informellen Sektors förderte die Informellen nach Möglichkeit. Der öffentliche Verkehr in Lima wurde von einer Reihe von Privatunternehmern betrieben, die Busse jedes Alters, Bauart und Herkunft fahren ließen[118]. Dennoch retteten diese Erfolge das Fujimori-Regime nicht vor der Degeneration. Als Fujimori ging, kamen quasi die Inka zurück, aber sie werden mittlerweile nüchtern und distanzierter gesehen. In Peru war 2003 überall der Coichi zu sehen, die Reichsflagge des Inkareiches[119], aber die Vorstellung eines reichseinheitlichen Kulturareals ist nicht mehr aufrecht zu erhalten, da sich beispielsweise in Huancayo die lokalen Identitäten an den Wankas festmachen.

# Schlußfolgerungen zur „Geschichte der Geschichtsschreibung über die Inka"

Die herrschende Lehrmeinung über das Inkareich hatte sich im Laufe der Zeit gewissermaßen sedimentiert.

Die alles überragende Persönlichkeit von Sir Clements Markham machte eine bestimmtes Bild des Reiches der Inka gewissermaßen kanonisch. Das Hauptproblem besteht einerseits darin, dass keine lesbaren Originalquellen mehr vorhanden sind, außer Dokumentensammlungen der Familien, die bekannteste

---

116  De Soto (1986). Der deutsche Titel ist progammatisch: „Marktwirtschaft von unten"
117  Dieses Programm wurde 1992 auf der Weltausstellung in Sevilla in einem eigenen Pavillon vorgestellt.
118  Auf die weitere Darstellung der peruanischen Zeitgeschichte soll hier verzichtet werden, um für die Kolleginnen und Kollegen politische Schwierigkeiten zu vermeiden.
119  Die (heutige) Reichsflagge des Inkareiches ist mit an Sicherheit grenzender Wahrscheinlichkeit ein Ergebnis der Erfindung der Tradition, allerdings gut begründet: Sonne, Schlange und Regenbogen waren im spanischen Weltreich exklusive heraldische Zeichen der Inka-Aristokratie, die Wappen bekam.

ist die *Colección Betancur* in Cusco (Plachetka 1997). Nun hatte es schwerwiegende Kritik seitens der strukturalen Anthropologie an der ethnohistorischen Herangehensweise an das Inkareich gegeben[120]. Die jüngsten wegweisende Forschungen zur Entstehung des Inkareiches, die darauf aufbauten, dass trotz aller (gemäßigter) Kritik an den historisch-ethnographischen Quellen diese archäologisch gegen geprüft zu werden haben, sagen allerdings noch nichts über folgende Punkte aus:

- Gibt der Kanon der akzeptierten Quellen ein vollständiges Bild über das Inkareich (zu diesem Kanon siehe D'Altroy (2003))?
- Welche Kriterien muss eine neu entdeckte Quelle erfüllen, damit sie als verlässliche Darstellung der in nichteuropäischen Systemen der Informationsüberlieferung ursprünglich überlieferten Geschichtsnarrative der Geschichte des Inkareiches gelten kann?

## Zur Analyse des vorhandenen Quellenmaterials

Die Standarddarstellung der Geschichte des Inkareiches beginnt mit den folgenden Inkanamen: Manco Capac, der Gründer Cuscos, Sinchi Roca, Lloque Yupanqui, Mayta Capac, Capac Yupanqui, Inka Rocca, Mayta Yupanqui alias Yahuar Huacac, Viracocha Inka, Inca Cusi Yupanqui mit dem Ehrentitel Pachacutek, Tupac Yupanqui, Huayna Capac sowie die beiden feindlichen Brüder Huascar und Atahuallpa. Dennoch hatte bereits einer der Historiker des 17. Jahrhunderts, Antonio de Calancha, sein Werk auf zeitgenössische Imperiumstheorien aufgebaut, das heißt, auf diejenigen, die auf Polybios zurückgehen. Er hatte eine Art wissenschaftliche Herangehensweise an "oral history" entwickelt, gehört aber, außer für Archäologen, die sich mit Chimú beschäfigen, nicht zum Kanon. Calancha hatte das Problem mit den Quellen zum Reich der Inka auf den Punkt gebracht, der bis heute gültig ist:

---

120  Parallel zu den Studien der Crónicas wurde von der strukturalistischen Schule, also jener Richtung, die der französischen Ethnologe Claude Lévi-Strauss begründet hatte, aus methodischen Gründen davon ausgegangen, die „crónicas" enthielten Mythen. Dies wurde von Reiner Tom Zuidema mit entsprechenden Nachdruck behauptet, allerdings ist seit den Arbeiten von Jan Assmann (2005) allgemein bekannt. Kerstin Nowack (1998) hatte in ihrer kritischen und leider schwer lesbaren Arbeit über Zuidema dessen Ansätze arg zerzaust. Dies betraf vor allem die behauptete astronomische Ausrichtung der „heiligen Kompaßrose" in Cuzco, die sogenannten ceques oder zeques, die Zuidema anscheinend als Art Algorithmus betrachtete, der die Ritualistik des Inkareiches steuerte. Das Problem mit diesem Algorithmus sind astronomische Phantomdaten, also Daten, die anscheinend aufgrund von Berechnungen bzw. logischen Schlüssen deduziert wurde, aber mittels geodätischer Messungen nicht bestätigt wurden. Leider fehlt die tabellarische Gegenüberstellung von (a) den behaupteten Daten und (b) den durch Messung und astronomische Rückrechnung bestätigten Daten. Diese Messungen sind meist von Bauer, Stanish (2003) angestellt worden.

Im Original lautet diese Textstelle wie folgt [121]:

„ Don Francisco Pozarro no pudo escribir i su secretario tenía otras cosas de acer, que dejaria istoriar. ... después tienen otros... El Virrey Don Francisco de Toledo atendió con curiosidad a esto i averiguó antigüedades muchos dellos dirè aqui. Otros despues examinaron a lo secretario destos archivos que llamavã Quipu Camayos y supieran algunas tradiciónes antes de la conquista" [122]

Zu deutsch:

Franzisco Pizarro konnte nicht schreiben und sein Sekretär hatte andere Dinge zu tun, als sich um die Geschichte des Inkareiches zu kümmern. ... Vizekönig Francisco de Toledo ging dem mit Neugier nach und sammelte Altertümer, auf viele von ihnen stütze ich mich hier. Andere interviewten nachher die Sekretäre der Inka und ihre Archive, die Quipucamayos genannt werden und erfuhren einige Traditionen aus der Zeit vor der Eroberung .

Dieser Darstellung der Probleme der Erforschung der Geschichte des Inkareiches ist bis heute im wesentlichen gültig, nur hatte sich inzwischen einerseits die Quellenlage verschlechtert, weil sehr viel Material mittlerweile unauffindbar ist, andererseits entwickelte sich die moderne, grabende Archäologie. Die Quipus sind Knotenschnüre für die sehr komplexe und bis heute nicht entzifferte Knotenschrift der Inka. Sie wurden nach einem eigenen Zahlencode geknüpft.

Es ist anzunehmen, dass entweder Calancha oder seine Mitarbeiter aus verschiedenen Gründen, welche die Entdeckung der Geschichte des Reiches Chimus betreffen, Quipus lesen konnten oder Indigene kannten, die dies noch beherrschten. Calanchas Zitiergepflogenheiten erheben ihn aber um Längen über die Historiker seiner Zeit. Über die kanonische Form der Überlieferung zitiert Calancha Blas Valera, wobei er den Begriff „arabicus" für die indigene Ballade *yarhawi* verwendet. Calancha empfiehlt für die Geschichtsschreibung die Eingaben der frühen Conquistadoren, betreffs ihrer Belohnungen für die Dienste an der spanischen Krone zu analysieren. Knotenschriftarchive dürften zu seiner Zeit in Cuzco, Tambo (=Ollantaytambo) und der Gegend um den Titicacasee existiert haben, dabei bezieht er sich auf Gregorio Garcia, von dem bekannt ist, dass er die Chronik von Betanzos hatte, ehe diese offiziell entdeckt worden war.

---

121 Calancha war seiner Zeit weit voraus, als Pionier der vergleichenden politologischen Geschichtswissenschaften gilt der italienische Gelehrte Gianbattista Vico und seine Nuova Scenza (Burke 2001), allerdings entwickelte Calancha seine Theorien aufgrund des ethnohistorischen Materials in Peru und seine Materialen, sowie die Protokolle der Überlieferungen aus den heiligen Schreinen („huaccas") gelten als der Schlüssel zu den ansonsten verlorenen Geschichtsquellen des Reiches von Chimu in Nordperu. Obwohl es den Anschein hat, er folge Arriaga und Teruel dürfte dies aufgrund des Banns über Blas Valera geschehen sein.

122 Calancha lib. I, cap.14 (1638:90), Orthographie des Originals

Diese Herangehensweise entspricht genau der wissenschaftlichen Herangehensweise des modernen Historikers Martti Pärssinnen, wobei Pärssinen noch im Detail auf die Kritik an den Versuchen eingeht, aus den lesbaren schriftlichen Aufzeichnungen, die alle nach der Eroberung entstanden sind, eine absolute Datierung der Regierungszeiten der einzelnen Inka herzuleiten[123].

Die Rekonstruktion der Originalquellen aus den erhaltenen Quellen sollte mit dem unabhängigen Crónista, wie damals Quellenautoren jener Quellen genannt wurden, Cieza de León beginnen. Er führte selbst Befragungen durch und reiste kreuz und quer durch Peru. Derartige Berichte kompilierten *historiadores*, Historiker zu Geschichtsdarstellungen. Deren Gewerbe war politisch äußerst heikel: Eine Art antikolonialen Widerstand gab es bereits in Spanien während der Eroberung des Inkareiches, er ging von der Rechtsschule von Salamanca (Francisco de Vitoria) aus. Bartolomé de las Casas (1484-1566) war der Propagandist. Mit den „Leyes de Indias", den „Leyes Nuevas" und der Disputation zu Valladolid 1550 (Todorov 1982:179-229) überschritt das Spanische Weltreich die Schwelle vom reinen Kolonialimperialismus zu einem konsolidierten und „zivilisierenden" Empire[124], das durch die Verlagerung seiner Machtstrategie von „hard power", also Militärmacht, zu „soft power", also kultureller Vorherrschaft und sozioökonomischer Leistungsfähigkeit resilient wird. Der Widerstand dagegen kam von den Conquistadores und daher wurden paradoxer Weise die Eroberten zum politischen Faktor.

Cieza de León führte seine Untersuchungen mit Genehmigung Pedro de la Gascas als politischer Player des neuen Empires durch. Ciezas Mentor, Pedro de Gasca, war Lizenziat der Rechte, nach Gutíerrez de Santa Clara Mitglied der Inquisition. Er wird mit königlich verbriefter Vollmacht am 16. August 1546 nach Peru geschickt[125], wahrscheinlich schon im Jahre 1545 um die Rebllion der Conquistadores, angeführt von Gonzalo Pizarro nieder zu schlagen. La Gasca dürfte in Kolonialfragen kein Parteigänger des Bartolomé de Las Casas gewesen sein, wie aufgrund einer recht wenig bekannten Beschreibung Perus aus seiner Feder hervor geht. Die Entstehungsgeschichte dieser Quelle ist recht seltsam: La Gasca fuhr von Collao am 27. Januar 1550 ab, war am 10. November 1550 in Valladolid, trifft am 13. und 14 November 1551 Kaiser Phillip II, ging dann nach Trient zum dortigen Konzil der katholischen Kirche. Danach reiste er via Innsbruck nach Augsburg. Am 19. September 1551 war er Assistent des Kaisers bei der Beratung über die Angelegenheiten in Peru, also bereits nach der Kontroverse zu Valladolid, bei der es um die Zerstörung des moralischen Monismus des mittelalterlichen Weltbildes und die Beseitigung der juristischen Folgen daraus ging. Im Jahre 1552 trifft er Ferdinand I. in Linz. Irgendwann in

---

123   Pärssinnen (2003:27-70), der Calancha vergleichbar vor geht.

124   Dieser „antikoloniale Widerstand" hatte daher mit der „augusteischen Schwelle zu tun, also dem Übergang vom (primitiven) Imperialismus zum Empire, genauer in Anm.191

125   Gutíerrez: Quinquenarios lib IV,cap.2

dieser Zeit entstand seine Darstellung Perus[126]. In der Relación meint La Gasca aber, die Inka wären Tyrannen gewesen, das passt an sich gut zu der Erklärung von Guiterrez de Santa Clara, derzufolge die unnachsichtige Exekution der Leyes Nuevas für die Rebellion in Peru verantwortlich seien[127], welche die Conquistadores zur Rebellion provozierten. Es gibt allerdings interessanter Weise keine „kanonisierte" Quelle über die Geschichte der Inka vor 1550. Da allerdings Cieza als teilweise als außerhalb der Traditionen der Oral History der Anden angesiedelt gilt (Julien 2000), darf eine gewisse Unvoreingenommenheit erwartet werden. Allerdings erwähnt Cieza mehrfach Aufzeichnungen von Domingo de Santo Tomas, die nie gefunden wurden. Der erste Teil Ciezas Crónica del Peru erschien in Sevilla 1553. der zweite Teil mit Ciezas Darstellung der Geschichte der Inka blieb zu Ciezas Lebzeiten Manuskript. Zwei Manuskripte sind erhalten, im Escorial und im Vatikan[128]. Cieza war äußerst fleißig, die anderen Teile seiner Crónica de Peru wurden allerdings vom damaligen Historiador Mayor de las Indias, Antonio de Herrera verwendet.

## Der rekonstruierte Erzählstrang aus der Chronik Cieza de Leóns (ca 1550)

Cieza de León schrieb nicht nur über das Inkareich, sondern auch über die Kolonialgeschichte, das bedeutete über die Kriege zwischen den Anhängern der beiden Conquistadores Francisco Pizarro und Diego de Almagro, sowie über die Revolte von Gonzalo Pizarro gegen Kaiser Karl V. Der publizierte Teil der

---

126　La Gascas Beschreibung Perus ist seit 1560 in der Wiener Handschriftensammlung: Für das spanische Manuskript, das seit ca 1560 in Wien ist: Cod. 6496, alte Signatur: 495.P.45. Kopf: Nota: Hoc scriptum Hispanicu[m] vel interpretur proecedente come[n]tario vel illu interp[re]tatio[n]em ampit (oder accipit) Kopfzeile Fol.1r geschrieben wurde der Text 1553, dokumentiert wurde er das erste Mal 1957 in den USA im dort erschienenen Katalog der spanischen Manuskripte in der Österreichischen Nationalbibliothek (Kraft 1957) De la Espada glaubte, es gäbe eine Relación des La Gasca, dabei handelt es sich aber um sein Archiv.

127　Bis zu den systematischen, archäologischen Studien von Brian S. Bauer hatte es kaum archäologische Analysen des Kerngebietes des Inkareiches, um Cusco gegeben. Diese systematischen Analysen beruhen methodisch auf Verbreitungsstatistiken von Keramikstilen, die bestimmten Gruppen, welche in den historischen Quellenzeugnissen genannt werden, zugeordnet werden konnten und deren geographisch-statistische Verbreitung, gleichsam als Visitenkarten der entsprechenden Gruppen (Bauer, Covey 2002).

128　Der dritte Teil der Crónica del Peru umfasst die Entdeckungsgeschichte, Pizarro und den Aufstand der Inka unter Manco Capac. Dieser Teil war im 19. Jahrhundert noch verschollen. Der vierte Teil behandelt den Bürgerkrieg in Peru in fünf Büchern. Das erste Buch behandelt Pizarro und Almagro. Der zweite Teil ist die "guerra de Chupas" und behandelt Almagro 'el mozo'. Das Buch IV und Buch V waren im 19. Jahrhundert noch unentdeckt.

Werke Ciezas erschien 1553 zu Sevilla mit dem Titel „Primera Parte de la Crónica del Perú". Der zweite Teil sollte in etwa den Titel „El señorio de los incas yupanquis, sus grandes hechos y gobernación" tragen, den Originaltitel ließ die Zensur nicht durchgehen, er war zu inkafreundlich. Daher ist dieser zweite Teil, wie auch der Rest der Crónica del Perú nicht vor Ende des 19. Jahrhunderts publiziert worden. Cieza fischte er überall Informationen während seiner Reisen, sodass der Eindruck der Vorform einer recht unabhängigen Recherche und Doku-mentation der „oral history" des Reiches erweckt wird. Dies erlaubt durch Textabgleich mitunter festzustellen, woher Cieza seine Informationen hatte.

Während der Inkazeit führte, wie auch heute noch, die Straße durch die Gebiete der Canas und Canchis nach Hochperu, zum Titicacasee, dem Zentrum der vorangegangenen Tiwanakukultur des archäologischen Mittelhorizontes. Von dort geht es weiter nach La Paz[129]. Dieser Straße folgte Cieza, ständig recherchierend und kam über Urcos, den Ort gibt es heute noch, zu den Chavinas, einer Gruppe, die mit Manco Capac, dem Gründer Cuscos verbündet war und deren Mitglieder sämtlich Incas por privilegio (Inka durch Privileg)[130] „Orejones", also Reichsaristokraten waren. Deren zentrales Heiligtum war der Berg Ausangate. Cieza folgte der Straße zu den Canas und Canchis. Beide Gruppen existieren bis heute und auf ihrem Gebiet liegt der einzige erhaltene Tempel des Gottes Viracocha. Heute heisst der Ort Raq'chi. Der Tempel ist ein Haus mit Giebeldach, mit überdachtem Rundgang und einer Menge an Vorratsspeichern. Dort stieß Cieza auf Überlieferungen über Yupanqui Pacha-cutek, bevor dieser Inka wurde. Inka Yupanqui Pachacutek war demzufolge der Sohn Inka Rocas, der allerdings ausziehen musste, um sich zu adeln, ennoblezarse im Original[131].

Dies bedeutet, der zukünftige Kaiser, Politiker oder dergleichen, musste zunächst als Geselle des Politikhandwerkes ähnlich mittelalterlicher Handwerksgesellen auf die Walz, wie bereits erwähnt. Dazu musste eine politische Einheit sich von ihm regieren lassen, damit er Erfahrungen sammeln und Anhänger finden kann. Zu dieser Zeit zogen gerade dunkle Wolken des Chankakrieges auf. Die Chankas hatten begonnen die Quechuas zu unterjochen; Viracocha Inka wurde nun auf den Vorschlag einer Frau aus „Anancusco" (Obercusco) zum Inka gewählt[132], ein „sobrino" des Inkas Yupanqui. Die Königreiche im Süden Cuscos schickten Botschafter nach Cusco, daraufhin zog Viracocha bis zu den Canas und Canchis. Der junge Inka Yupanqui konnte aber

---

129   Cieza lib.1, cap 97. Mit dem ersten Buch (Lib I) ist die Primera parte de la Crónica del Perú gemeint, mit dem zweiten Buch die Señorios, der Teil über die Vergangenheit der Inka.
130   Cieza lib.I, cap. 97 (im Originaldruck gegengeprüft)
131   Cieza Lib II, cap. 36-37 (die vatikanischen Manuskripte)
132   Cieza Lib. II, cap. 38

nicht Viracocha auf den Thron folgen, da dieser sich für den Inka Urcon entschieden hatte[133]. Urcon scheiterte politisch und militärisch[134], die Chankas eroberten den größten Teil der Provinz Andaguaylas und marschierten auf Cusco. Inca Yupanqui schlug sie zurück[135]. Nach diesem Abwehrerfolg setzte Yupanqui zur Verfolgung des Feindes an und überließ die Regierung in Cusco Lloque Yupanqui[136]. Es ist eindeutig, dass der Inka Yupanqui hier der Inka Yupanqui Pachacutek ist, dessen Vita Cieza de León hier erzählt.

Später wurde dies zum Inka Yupanqui als Pseudoinka kompiliert [137]. Dies trifft exemplarisch auf die "Geschichtspolitik Francisco de Toledos", die zum Konstrukt der beiden "Schulen" inkaischer Geschichtsschreibung geführt hatte.

## Die beiden "Schulen" kolonialspanischer Inkahistoriographie

Damit kommen wir zu den beiden „Schulen" kolonialer Historiographie, nämlich der Schule Garcilaso de la Vegas und der Schule Sarmiento de Gamboas. Die Probleme sind folgende:

Wann begannen nun wirklich die großen Eroberungen der Inka und wie rasch hat sich das Imperium ausgedehnt? (Pärssinen 2003:71): Entweder rasch, nach dem Sieg des Inka Pachacuteks über die Chankas in einer Art „Blitzkrieg", wie dies (i) Sarmiento de Gamboa darstellt, welcher von der Schule Francisco de Toledos in die Pflicht genommen war, oder schrittweise, wie dies (ii) Garcilaso de la Vega darstellt.

Zur Schule (i) Francisco de Toledos: Der Seefahrer und Chronist Sarmiento de Gamboa wurde von Vizekönig Francisco de Toledo damit beauftragt, eine abgesicherte Geschichte des Inkareiches zu verfassen, wohl wegen Francisco de

---

133 Cieza, lib. II,cap. 43
134 Dies wird von Betanzos natürlich aus der Sicht des Stammvaters seiner Frau, Inca Yupanki Pachacutek dargestellt.
135 Cieza lib. II, cap. 45
136 Cieza Lib. II, cap. 47
137 Nun pflegt die führende Historikerin Perus, Rostworowski (1988, 1999) ihre Darstellung der Geschichte des Inkareiches in einer Weise zu strukturieren, die ihrerseits auf gewissen Theorien beruht, da sie sich auf erschlossene und in der Forschung etablierte Quellen stützt, von denen sie etliche selbst erschlossen hatte. Daher ist ihre Darstellung über die Entwicklung des Inkareichs in folgende Epochen gegliedert: (i) Die Gründung Cuscos, (ii) der Chankakrieg, den Inka Yupanqui Pachacutek gegen die angreifenden Chankas gewonen hatte, (iii) die von regionalen Quellen unterstützte Dokumentation der Expansion des Inkareiches. Unglücklicher Weise entspricht diese Strukturierung ziemlich genau den weitverbreiteten Strukturen des kulturellen Gedächtnisses, wie sie Jan Assmann (2005) für frühe Hochkulturen, auch für solche mit Schrift, dargelegt hatte: (i) Urzeit-Gründerzeit, darüber herrscht Konsens. (ii) Der „floating gap", die vergessene Vorgeschichte, (iii) individuelle Erzählgeschichte, die etwa drei Generationen zurück liegt versus kanonisierter d.h. heiliger Überlieferungen (Assmann 2005:48-59).

Toledos umsichtigen Vorkehrungen, um den Widerstandsstaat der Inka in Vilcabamba legal zu erobern und die staatliche Verwaltung der spanischen Krone durchzusetzen. Francisco de Toledos Befragungen lieferten die *Informaciónes del Toledo* als Protokolle der oral history.

Diese Befragungen sollte Sarmiento de Gamboa anscheinend vervollständigen, wobei die ideologische Stoßrichtung dieser Historiographie aus zwei Quellen nachvollziehbar wird: Die erste dieser Quellen ist der *Parecer del Anónimo de Yucay* (Pérez Fernández 1995) und die zweite Quelle wurde von Gary Urton auf einer spezifischen Weise analysiert. Der Parecer del Anónimo de Yucay ist ein ideologisches Dokument, das sich gegen die Geschichtsschreibung Bartolomé de las Casas gerichtet hatte. Nach den detaillierten Untersuchungen des Herausgebers Pérez Fernández (1995:97) ist es in Yucay (im „heiligen Tal der Inka") am 16.März 1571 geschrieben. Der Originaltext wurde in Cusco von mindestens zwei Schreibern vervielfältigt, sodass es drei Exemplare gibt. Daraus wurde ein Text mit Zusätzen fabriziert, wobei Polo de Ondegardo und Gutiérrez Flórez deren Autoren waren, wobei das Datum gefälscht wurde. Aus diesem Text wurde ein weiterer Text zwischen 1578 und 1584 fabriziert, der mit neuerlichen Zusätzen nach 1623 als *Textus Receptus* Ms A erhalten ist. Derartige philologische „Archäologie des Wissens" (Foucault 1973) ist in der Sinologie vor allem bei den *texti recepti* der kanonisierten Texten (den *jings*) Gang und gäbe, in der Lateinamerikanistik oder Altamerikanistik ist dies wahrscheinlich weniger bekannt. Es gibt noch zwei weitere *texti recepti*, die auf einen im Zuge weitere „Bearbeitungsprozesse" nach 1584 entstandenen Text zurück gehen und die vor 1848 (Ms B) und nach 1848 (Ms C) entstanden sind.

Diese Genese der in der Sinologie als *texti recepti* bezeichneten erhaltenen Versionen aufgrund der Tätigkeit von Fälschergenerationen klingt ein wenig nach dem Weltbild von Dan Brown, nur agierten die Quipucamayus Collapiña und Supño ebenso. Wir werden aber gleich anhand des anderen Manuskriptes sehen, dass dies einen ganz plausiblen Grund hat: Das Collapiñadokument, welches Gary Urton zu seiner Analyse der Genese des Mythos von Manco Capac als Gründer des Inkareiches bewogen hatte (Urton 2004). Bei diesem Dokument, welches Urton (2004:151-161) editiert hatte, ging es um die Klage von Rodrigo Sutiq Callapiña[138] vor dem Gericht in Cusco im Jahre 1569, also als Francisco de Toledo gerade sein Amt als Vizekönig von Peru angetreten hatte, dass die Inka, die zu diesem Zeitpunkt noch in Vilcabamba den Eindring-

---

138 Diese Quipucamayos sind Knotenschriftgelehrte, deren Quipus 1542 transkribiert wurden (daher auch "declaración de los quipucamayos a Vaca de Castro" bezeichnet oder kurz: Vaca-de-Castro-Quipu). Die Version der Geschichte der Inka durch die Quipucamayos ist unlängst erst als problematisch erkannt worden, da die Collapinas (die einen der Quipucamayos stellten) die Inka vor einem spanischen Gericht verklagt hatten, ihnen den Thron des Inkareiches geraubt zu haben. Erstmals wurde die Quipucamayodeklaration von Jimenez de la Espada editiert.

lingen Widerstand leisteten, ihm und seiner Familie den Thron geraubt hatten. Überraschend ist, wo dieses Dokument aufgetaucht ist: Im Archiv des Landwirtschaftsministeriums in Cusco und zwar unter den Besitznachweisurkunden der im Zuge der 1968 eingeleiteten Landreform enteigneten Hacienda. Diese Haciendas waren aus kolonialspanischen Encomiendas entstanden und daher waren die genealogischen Dokumente der besitzenden Familien wesentlich, um die Besitztitel verteidigen zu können. Das erklärt nun diverse Quellenbearbeitungen, die sich über Generationen hinziehen können. Nun stand der Kläger in familiären Kontakt mit den Informanten des ersten Vizekönigs von Peru, Vaca de Castro. Auf ihn geht die erste Chronik zur Vergangenheit der Inka zurück, die „crónica de los Quipucamayuqs" (1542), verfasst zehn Jahre nach der Eroberung des Inkareiches. Der Quipu behauptet, dass Manco Capac unrechtmäßiger Weise aus Pacariqtampu abgereist wäre, um Cuzco zu gründen, der zweite Teil soll u.a. die Thronansprüche des Melchior Carlos Inca stützen. Das von Urton entdeckte Dokument kann nun erklären, wieso Francisco de Toledo über seinen Chronisten Sarmiento de Gamboa die Inka, jedenfalls die Dynastie der Yupankis, ab Pachacutek, als Tyrannen, also unrechtmäßige Herrscher hinstellt, um damit die Eroberung der Inka von Vilcabamba zu legitimieren (Indianer in Wien 2004). Rodrigo Sutiqs soll vom legendären Gründer Cuscos, Manco Capac väterlichseits abstammen. Seine Mutter, Angelina Cori Collor stammte aus der Familie, die aus der Verbindung zwischen Quilaco Yupanqui Inka und Qori Cuca enstand. Deren Liebesgeschichte[139] ist erhalten und stellt eine ältere Schicht einer mythologischen Entwicklung dar, die im Laufe der Zeit zum Quechuadrama Apu Ollantay sedimentiert ist (Bosshard 2002:7-38).

Hier dürfte auch die ursprünglich Trennlinie zwischen den beiden Schulen liegen, genauer, der Schule Blas Valeras, die Garcilaso de la Vega für sich in Anspruch genommen hatte und derjenigen Francisco de Toledos. Dennoch erklärt die Tatsache, dass das Collapiñadokument zu Besitzurkunden gehört, noch nicht die generationenlange Schmiererei auf dem *Parecer del Anonimo del Yucay*, zu dem wir jetzt zurück gehen: Der Parecer ist eine Darstellung, die auf den *Informaciónes del Toledo* basiert. Diese sind juristisch interpretiert und sollen beweisen, dass sich das Inkareich blitzartig ausgedehnt hatte, nicht erst allmählich. Dazu berief sich der Autor auf die sogenannten *„probanzas"* (Beweisstücke), die in Jauja (dem oberen Mantarotal) und in Huamanga (Ayacucho) protokolliert wurden (Pérez Fernández 1995:39) und die Ansicht von Las Casas (in seiner *Historia apologética de las Indias*) widerlegen sollen, dass die Inka legitime Herrscher Perus seien. Das gesamte Elaborat besteht aus

---

139 Das mythische Grundmuster des Dramas geht in gewisser Weise auf die Sage von Quilauci und Curi Quoillur zurück, bei welcher der Conquistador Chávez eine Rolle spielte: Dessen „Relación", ist abgesehen von einem Dokument in den umstrittenen Neapelmanuskripten verloren (Bosshard 2002b).

fünf Kapiteln: Kapitel 1 beginnt mit der Behauptung, dass die legitime Herrschaft der Inka (und folgerichtig ihre Geschichte) eine Erfindung Bartolomé de las Casas gewesen sei, sodass die Umsetzung der „leyes neuvas", die Karl V erlassen hatte, durch Blasco Nuñez de Vela, dem Vizekönig Perus, den Aufstand von Gonzales Pizarro zur Folge hatte, im Parecer wird dies nicht so explizit gesagt.

Das zweite Kapitel behandelt die Schädlichkeit der Ausführungen von Las Casas auch für die Reformation Luthers. Die Intention dessen ist schlüssig, der Text ist allerdings konfus, sodass die folgenden Ausführungen nicht im Text stehen, allerdings in Historikerkreisen bekannt sind: Die Protestanten nutzten die Schriften Las Casas (insbesondere die *Brevissima relación de la destrucción de las Indias Occidentales*) von Paris aus als willkommenes Propagandamaterial für die Auseinandersetzungen mit der Gegenreformation und den Spaniern, im Unabhängigkeitskrieg der Vereinigten Niederlande. Aus spanischer Sicht ist diese propagandistische Aufmunitionierung schädlich, da sie die Protestanten daran hindert, zur angeblich alleinseligmachenden römisch-katholischen Kirche zurückzukehren (Gewecke 1986:164-220).Das dritte Kapitel soll nun beweisen, dass die Inka keine legitimen Herren Perus waren. Der sogenannte Beweis ist folgende Argumentation:

Der laut Parecer achte Inka Viracocha war der erste, der Cusco verlassen hatte, um Eroberungen durchzuführen. Dieses Reich habe danach Tupac Inka erobert (Pérez Fernández 1995:138-140), der Vater von Huayna Capac. dies entspricht freilich nicht der kanonisierten Historiographie Das nächste Argument des Autors ist die vorinkaische politische Organisation der Andenbevölkerung. Ihm zufolge, damit kann er recht haben, lebten die Indigenen in Form von *behetrías*. Dies ist ein spanischer Ausdruck für selbst verwaltete Bauerngemeinden, die sich an der frontier zwischen den christlichen und maurischen Reichen des Spaniens der Reconquista angesiedelt hatten, sich selbst verwalteten und pro forma sich einen Aristokraten als Schutzherren wählten.

Die Anführer der peruanischen Variante dieser politischen Organisationsform sind Sinchis, deren Schreibweise den Spaniern traditionell Schwierigkeiten macht, sodass alle möglichen Schreibweisen auftreten zinci, cinci, chinche, zcinche usw. Solche Sinchis waren quasi Dorfhäuptlinge, die diesen Status durch Charisma, Geschenke usw. erlangten. Die spanischen Soldaten jener Zeit hatten allzu großes Verständnis für dieser Art von politischer Organisation, da die Methode des „ennoblezarse" (sich selbst zu adeln) ein typischer Vorgang war, der die „Wildwestgesellschaft" oder „frontier society" während der spanischen Reconquista geprägt hatte. Deshalb wurde auf eine detaillierte Darstellung dieser politischen Organisation leider verzichtet. Die Schreibweise „bestias" geht auf die Fälscher zurück, denen der Text ausgesetzt war[140]. In weiterer Folge

---

140 Pérez Fernández (1995: Anm. 62 auf S.193)

dreht sich die Diskussion um die Tribute und darüber, ob die Inka Steuern ein gehoben haben, oder nicht: Es wurde behauptet, dass die Inka keine Steuern in Form von Tributen kassiert hätten. Diese Fragestellung, so interessant sie für die spanische Krone ist, und jeder Staat ist bei Steuerfragen empfindlich, spielt freilich für die Rekonstruktion der Geschichte der Inka momentan eine untergeordnete Rolle.

Dem Text geht es also um die Delegitimation der Inka, vor allem derjenigen in Vilcabamba, durch eine behauptete explosionsartige Ausdehnung des Reiches. Diese Geschichte erzählt Sarmiento de Gamboa ebenfalls, es erhebt sich allerdings die Frage, wieso die Sarmiento-Chronik so lange verschwunden war: Calancha (1638) erwähnt die Chronik Sarmiento de Gamboas mit keiner Silbe, wahrscheinlich war sie ursprünglich Bestandteil der Akten Francisco de Toledos, von dessen Nachforschungen Calancha Kenntnis hatte.

Dabei gilt Pachacutek als der eigentliche Gründer des imperialen Staates, der nach Rostworowskis impliziter Darstellung mit (a) dem Wiederaufbau Cuscos und den entsprechenden Reichsreformen die Grundlagen für die rasche Expansion des Inkareiches gelegt hatte und (b) den Übergang von einer auf Gegenseitigkeit basierenden Dorfgemeinschaft (*face-to-face society*) zu einem Staat, dessen Wirtschaft auf Reziprozität basierte. Derartige Staaten sollen als große Tauschzentralen einschließlich staatlicher Speditionsdienstleistungen agieren.

Zu (a) dem Mythos vom Geschichte machenden großen Mann: Derartige Figuren gab es in archaischen Gesellschaften zwar öfter, da sie mit der entsprechenden Handlungsfähigkeit ausgestattet waren (Flannery 1999). Allerdings zählen individuelle Aktionen, unabhängig davon, wie begabt sie sind, nichts, wenn die Umstände diese Aktionen nicht möglich machen (Bauer, Covey 2002:847). Der Sieg über die Chankas und der nachfolgende Putsch gegen den designierten Inka Urcon entspricht dem Muster der individuellen Biographie einiger Putschistengeneräle in der lateinamerikanischen Geschichte, allerdings erst nach der Eroberung und der Unabhängigkeit von Spanien.

In der langen Entwicklungszeit der Andenzivilisation ist aber davon auszugehen, dass irgendein politisches Modell hinreichend abgenutzt war, um einen Putsch zwecks Reformen überzeugend durchzuführen, sodass die Reformen von der Bevölkerung mitgetragen werden. In Südamerika besteht darin praktisch der Unterschied zwischen Putsch und Revolution.

Nach Flannery (1999) gründen solche Akteure Staaten und putschen sich nicht an die Macht bereits bestehender Staaten, dagegen spricht die Geschichte Chinas mit jener proletarischen Revolution, die nichts Eiligeres zu tun hatte, als den Anführer dieser Revolution zum Kaiser und damit zum Begründer der Ming- Dynastie zu machen.

Zu (b) der postulierten Installierung des technisch auf Lamakarawanen und Lagerhäusern (Qollqas), sowie Relaisstadtionen (Tambos) basierenden Mittelding zwischen Versandhaus und Reichseisenbahnsubsistut beruhenden, zentralisierten Austauschsystem, welches der Inka Yupanqui Pachacutek eingeführt haben soll. Bauer, Covey (2002:849) kommentieren Rostworowskis Sicht der Dinge bezüglich der raschen Expansion des Inkareiches als Manipulation institutionalisierter Austauschverhältnisse[141].

Das Inkareich ist daher in keiner Weise mit den kurzlebigen Steppenreichen beispielsweise der Mongolen zu vergleichen, da solche Steppenimperien auf Pferde und Reflexbögen als effektive Fernwaffen vor den Feuerwaffen setzten, um möglichst rasch riesige Gebiete zu erobern. Nichts davon stand den Inka zur Verfügung. Das Inkareich war als politische und ökonomische Organisation dem Projekt "Europäische Union" wohl ähnlicher als den Raubimperien der Mongolen.

## Originalfeldprotokolle? Die Informaciónes del Francisco de Toledo

Francisco de Toledo gründete im Jahre 1571 die Reducción von Paqaritambo, einer der mythischen Orte an denen der Kulturheros der Inka, Manco Capac und seine Frau aufgetaucht sein sollen[142]. Sarmiento de Gamboa gibt genau die Kompaßrichtung an, in der die Pacariqtambo von Cusco aus gemessen liegt[143].

Der Prozess, den Rodrigo Sutiq Collapiña gegen die Inka von Vilcabamba aus angestrengt hatte war hilfreich, die Dokumente fand Urton. Die *Informaciónes del Toledo* (Toledo 1572 (1882)) beginnen in Jauja (Xauxa, im oberen Mantarotal) am 20. November 1570 (julianischer Kalender), setzten im Tal von Yucay dem heute so genannten „Heiligen Tal der Inka", und in Huamanga, dem heutigen Ayacucho fort und endeten in Cusco, der alten Inkahauptstadt.

In Huamanga erfuhr nun Francisco de Toledo am 14. Dezember 1570, dass der Inka Pachacutek Sohn des mythischen Gründer des Inkareiches, Manco Capac gewesen sei, wohingegen Viracocha Inka aus Pacariqtampo gekommen wäre[144]. Genaueres darüber erfuhr Francisco de Toledo erst im Heiligen Tal der Inkas. Dort gab es jemanden aus dem Ayllú von Amaru Tupac Inka, dem Bruder von Tupac Yupanqui. Amaru wurde als Nachfolger von Pachacutek Inka von der obersten Gottheit des Inkareiches, der Sonne verschmäht[145], was immer dies aus der Reichsideologie zurückübersetzt heißen mag. Diese Information wurde

---

141   Diese Sicht ist mittlerweile obsolet, da die Inka die dazu nötigen Transportkapazitäten schlicht nicht hatten.
142   Urton (1990:11). Es gab eine Menge von Gründungsmythen über die Gründung von Cusco.
143   Sarmiento cap.11 (Pietschmann-Edition)
144   Toledo 1572 (1882:204) (Jiménez de la Espada Edition)
145   Las Casas, cap.25 (1939)

in Jauja bestätigt[146]. Zu den Gewährsleuten Toledos im „heiligen Tal" zählte Diego Auca Illa.

Dieser stammte aus der Panaca von Yahuar Huacas und Viracocha Incas, wohingegen Don Diego Moyna Yupanqui aus der panaca von Viracocha Inka und Pachacutek Inka abstammte. Sein Vater stammte aus dem „ayllú de los Incas", der Iñaca panaca.

## Der Überlieferungsstrang der Schule Francisco de Toledos

Inka Viracocha Yupanqui war der Sohn der „tartañieta" von Tocay Capac[147], der den Inka Mayta Yupanqui als Kind entführt hatte, der darüber blutige Tränen weinte.

Der Name Tocay Capac war die generische Bezeichnung der Regenten der Ayamarcas, auf deren Territorium die heute terrassierten Dolinen von Moray sich befinden. Yahuar Huacac heiratete in die Famile von Tocay Capac ein[148]. Viracocha Inka präsentierte sich als der zukünftige Inka und als solcher ihr zukünftiger Gott und König[149]. Im Tal von Yucay hatten nun die Indigenen die Überlieferung, dass sie von Inca Viracocha unterworfen wurden, obwohl sie mit den Inkas in Cusco verbündet gewesen waren[150].

Die „Beamten" Viracochas lösten nun wegen ihrer Selbstherrlichkeit unter den „Chincas" (Chankas?) wegen ihrer Selbstherrlichkeit eine Revolte aus[151].

Inka Urcon habe nun während der Regierungszeit Viracochas mit der Eroberung von Hatun Colla begonnen (Pachacuti Yamqui (1993:217), fiel aber – und diese Mitteilung des Chronisten Pachacuti Yamquis steht isoliert dar – von der Hand Yamque Pachacutiks, dem Chef von Guayuna Chances, worin Pachacuti Yamqui die Ursache des Chankakrieges sieht. Der nächste Hinweis auf eine politische Vorgeschichte des Chankakrieges ist in der Oraltradition des bereits erwähnten Quechuadramas Apu Ollantay zu finden, dem zufolge die Antis, die Bewohner des an das Inkareiches angrenzenden Dschungels, die mit ihrem General Apu Ollantay aus Ollantaytampu in Cusco machen sollen, wie die Chankas[152], so geschah es auch. Clements Markham präsentierte das Befragungsprotokoll aus Cusco vom 22. Februar 1572, bei dem ein Mateo Ullantay aus dem Antisayac[153] als Zeuge aussagt. Dieser Ayllu war ein präinkaischer Ayllu, der die Gegend um Collcampata umfasste. Dieser Ayllu wurde von einem

---

146  Toledo 1572 (1882:204)
147  Pachacutk Yamqui 1993:216. Die hier verwendete Ausgabe ist eine Faksimileausgabe des Originals mit Transkription
148  Pachacuti Yamqui 1993:216
149  Betanzos lib.I, cap 5
150  Cobo lib. 12, cap. 11 (Escorialmanuskript)
151  Blas Valera „De las costumbres antiguas..."cap. 7
152  Pacheco Zegarra 1878:177f
153  Toledo 1572 (1882:228), Markham 1910:335

Quisco Sinchi begründet[154]. Dort stand das Quisco Wasi genannte Haus zu Ehren Quisco Sinchis im suyus manco[155]. Der Chronist Sarmiento de Gamboa strich den Antisayac unter den Gründerverbänden des Inkareiches aus[156]. Die Betonung des Chankakrieges in der Überlieferung kaschierte, wie noch zu zeigen sein wird, einen Dynastiewechsel, der nicht ganz astrein war: Viracocha Inka könnte daher der letzte Vertreter einer Dynastie gewesen sein, hier unterstelle ich die Idee der langen, peruanischen Dynastien von Fernando Montesinos, der auf das Werk von Blas Valera aufbaut, der von Inka Yupanqui Pachacutek weggeputscht wurde. Dies entspricht den Zuständen im chinesischen Kaiserreich, in dem oft genug Dynastien abgewirtschaftet hatten, um danach von anderen Dynastien meist gewalttätig ersetzt zu werden. Der respektable Anlass für Inka Pachacuteks Putsch gegen Viracocha Inka war dessen Feigheit vor dem Feind, den angreifenden Chankas. Viracocha und sein designierter Thronkandidat Urcon wollten Cusco evakuieren, wohingegen Pachacutek Inka mit seinen Leuten Cusco erfolgreich verteidigte. Danach begann eine umfassende Reichsreform, leider auch eine Geschichtsreform. Diese schildert Sarmiento de Gamboa folgendermassen: Nachdem Pachacutek den Kalender reformiert hatte und, wie wir später sehen werden, auf die Vegetationsperiode von Maissorten als Leitpflanzen kalibriert hatte, letzteres wird eigens dargestellt, interessierte er sich für die Altertümer seines Reiches. Daher besuchte er den Ursprungsort Pacaritambo, der damals anscheinend Tampu-tocco hieß mit der Ursprungshöhle (pacarina) Manco Capacs und dessen Brüdern.

Kurz: er führte jene rituelle Aktionen durch, welche später eine juristische Bedeutung bekommen sollten. Danach berief er eine Versammlung der „ältesten und weisesten Männer" Cuscos ein und erforschte die Dinge der Vergangenheit der Inka und ihrer Vorfahren. Danach ordnete Pachakutek an, die Ereignisse der Vergangenheit bildlich darzustellen und ordnungsgemäß zu verwahren[157].

Sarmiento de Gamboa scheint sich auf die Pachacutek'sche Historiographie zu berufen, um zu „beweisen", dass die Inka Ursurpatoren und Tyrannen waren – und zwar diejenigen von Vilcabamba[158]. Das Problem ist allerdings, dass diese Chronik Sarmientos, vom archäologischen Standpunkt gesehen, recht verlässlich ist, außerdem fehlt der erste Teil der Chronik Sarmientos: Der erhaltene Teil heisst ausdrücklich *Segunda parte de la historia llamada Indica*.

---

154 Garcia, Giesecke (1925:15). Zu diesem Zeitpunkt war die Bilderchronik von Guaman Poma noch nicht entdeckt, sodass hier ein Fundus von Quellen noch vorhanden sein muss.

155 Guaman Poma (W.P.330[332])

156 Sarmiento, cap.9 Dieser Zensur wäre nachzugehen.

157 Sarmiento cap.30, ed. Markham 2000:87

158 Sarmiento cap. 70 ed. Markham 2000: 163-167

# Periphäre Überlieferungen

Hochperu (Alto Peru) ist das heutige Bolivien. Aufgrund Sabine Hylands Biographie Blas Valeras steht nun fest, dass Giovanni Anello Oliva sich aus den Schriften Blas Valeras bedient hatte, die zwar verboten waren, aber unter den Jesuiten in Bolivien aufgrund ihres Wertes insgeheim doch konsultiert wurden. In der Darstellung Anello Olivas (in der Edition von Ternaux Compans) herrschte nach Mayta Yupanqui (Yahuar Huacac) über Hochperu Quispi Yupanqui[159]. In der Relación de la Villa Imperial de Potosi von Capoche, die überhaupt kein Interesse an der Geschichte des Inkareiches hatte, wird von Zeremonialsaufgelagen zur Pflege des kulturellen Gedächtnisses berichtet, um sich durch Tänze und Riten sich die Geschichte der einheimischen Könige in Erinnerung zu rufen (Capoche BAE 122:138). Dies wirft nun ein bezeichnendes Licht auf jenes Chaos, welches Fernando Montesinos (1644) als *Memorias Antiguas Historiales y Políticas del Pirú* bezeichnet.

Montesinos gehört zu den späteren Historikern der Inka, die auf älteres Material aufbauten und hatte Blas Valeras ursprüngliche Schriften anscheinend ergänzt; ein erkennbares Chaos hinterlassend. Es ist davon auszugehen, dass zu seiner Zeit eine Unzahl von Archivbeständen aus der Zeit der Ausrottung des sogenannten Götzendienstes in Peru in der Art des Huarochirimanuskriptes vorhanden waren, die später sang- und klanglos verloren gingen.

Hingegen sind die Kapitel Bernabé Cobos (1553) über die Vergangenheit der Inka eindeutig als Korrektur zu diesen Langfassungen der vorspanischen Geschichte Perus zu verstehen. Davon existieren zwei unterschiedliche Varianten, da es zwei Originalmanuskripte der *Historia de Nuevo Mundo* Cobos gibt: Das Colombina-Manuskript, in dem Viracocha die Chankas besiegte und das Escorialmanuskript, in dem Pachacutek die Chankas besiegte.

Der Beginn des längsten und ältesten Dokumentes in Quechua, des Huarochirimanuskriptes hat einen gewissen Hinweis auf die Art und Weise, wie die indigenen Mythen verstanden wurden:

> „runa yn[di]o ñiscap machocuna ñaupa / pacha quillcacta yachaman, carca chayca / hinantin causascancunapas manam cananca / mapas chinchaycuc hinacho manam himanam / vira cochachappas sinchi cascanpas canancama ricurin hinatacmi canman"

(Salomon, Uriotse 1991:157).

Dies heisst übersetzt: Wenn die Vorfahren des Menschen, der Indio genannt wird, in alter Zeit der Schrift kundig gewesen wären, so würden die Leben, die sie führten nun nicht verloren gehen. Diese würden bis heute sichtbar sein, wie die der „viracochas" (Ausdruck für die Spanier[160]).

---

159  Anello Oliva Histoire du Perou (ed. Ternaux Compans) cap.5, Plachetka (2001:30)

160  Der Name Viracocha für die Spanier bezieht sich auf den andinen Hochgott Viracocha, was Anlass zu Geschichtsmythen gibt, aber sonderlich beliebt war dieser im Inkareich denn doch nicht.

Die gesamte Einleitung auf Quechua stellt das Manuskript als Rettungsaktion für die Lokalgeschichte dar. Das Versmaß erinnert an Calanchas Rechtfertigung für die Interpretation der Mythen als Geschichtsquellen aufgrund römischer Vorbilder, wie dem Folgenden:

> aurea prima sata est aetas quae vindice nullo / sponte sua sine lege fidem retumque colebat. Poenu metusque aberant nec verba minantia fixo...[161].

Das Versmaß des komplizierten Quechuatextes scheint dem der Metamorphosen zu entsprechen. Dies erlaubt Rückschlüsse darauf, wie die ursprüngliche Erzählgeschichte sich im Original angehört haben mochte.

## Garcilaso de la Vega: Die „politisch verträgliche" Geschichte des Inkareiches

Garcilaso de la Vega stammte zwar mütterlicherseits aus der Dynastie der Inka, ging in Cusco zur Schule, aber machte im Dienste der spanischen Krone eine steile militärische Karriere und wurde einer der wichtigsten Schriftsteller zur Entwicklung der seit der Regierungszeit Isabella von Kastilien modernisierten spanischen Schrift- und Literatursprache. Zunächst übersetzte „el Indio" Garcilaso de la Vega die Liebesdialoge von León Ebreo, einem italienischen Vertreter des Neuplatonismus auf spanisch. Das ist beachtlich für jemanden, der als Muttersprache Quechua hat. Dann begannen die Streitigkeiten vor spanischen Gerichten, wer der legitime Nachkomme von Huayna Capac sei. Der spanische König Carlos I., als „römisch-deutscher Kaiser" Karl V. von Habsburg hatte wahrscheinlich aufgrund des „Vaca de Casto – Quipus" die Souveränität der Inka anerkannt. Eine juristisch einwandfreie „Translatio Imperii", die Souveränitätsübertragung von den Inka auf sich selbst hätte die Conquistadores ausgeschaltet, allerdings hatte dieser Analphabet von Francisco Pizarro jenen Putschisten mit Namen Atahuallpa ermordet, sodass er einen legitimen Inka brauchte, den in Manco Inka gefunden zu haben er glaubte. Aber Manco Inka tat den Spaniern in keiner Weise den Gefallen, sich wegputschen zu lassen, sondern organisierte den Widerstand. Pizarros Versuch, Manco Inka durch einen Gegenkandidaten absetzen zu lassen scheiterte, weil Manco Inka im heiligen Tal von Yucay unter den Augen der Spanier anscheinend eine Art Nationalbewusstsein der Eroberten schuf[162]. Unter diesen Umständen war eine einwandfreie Reichsübertragung unmöglich. Zunächst schrieb Garcilaso ein Werk über den Eroberungszug von Hernando de Soto in Florida und dem südöstlichen Waldland der heutigen USA. Bekannt wurde dieses Werk unter dem (falschen)

---

161  Ovid, Metamorphosen Vers 89-91
162  Es mag kühn klingen, hier von Nationalismus sprechen zu wollen, aber ich berufe mich hier auf den diskursiven Ansatz von Eric Hobsbawm (1998); ein Pendant zu Manco Inka wäre Vercingetorix im Gallischen Krieg. Dies hatte dem Inkareich bislang gefehlt (Hemming 1970)

Titel *La Florida del Inka*. Garcilaso durfte damals den Inkatitel tragen. Dieses Werk hat nebenbei eine der vergessenen Hochkulturen der Welt zum Thema, die sogenannten Moundbuilder in Nordamerika mit ihren Temple-Mounds.

Bei der Beschreibung dieser Temple-Mounds zieht Garcilaso ständig Parallelen zum Inkareich, wie er es kannte. Zunächst stellt er fest, dass die Temple Mounds Grablegen sind, keine Gebetshäuser und dass keine Götterstatuen („idolos") vorhanden seien. Dann schreibt er, dass analog dazu in ganz Peru die Bevölkerung monogam war, wer zwei Frauen hatte, sei mit dem Tode bestraft worden. Nur die Inka, „königlichen Blutes" und die „curacas", die „Herren von Vasallen" waren, konnten so viele Frauen haben, wie sie wollten bzw. erhalten konnten.

Zwischen ihnen gab es den Unterschied zwischen der legitimen Gemahlin und den „Konkubinen". Dies stellt Garcilaso de la Vega als notwendig dar, da diese Würdenträger deshalb viele leibliche Kinder brauchen, um regieren und Krieg führen zu können. Demzufolge besetzten Inka und „curacas" die Verwaltungsposten und Militärkommandostellen mit ihren eigenen Kindern[163], eine Vorgangsweise, die eher einem Großhäuptling entspräche, als einem wohlorganisierten Staatswesen. Später wurde die Thronfolgefrage vor spanischen Gerichten akut. Die daran interessierten Inka schrieben an Melchior Carlos Inka und an Garcilaso. Daher fügt Garcilaso de Vega die Liste der Panacas ein, wie er schreibt[164], siehe da, die Comentarios Reales stellen prompt das Inkareich völlig anders, nämlich als Idealstaat dar.

Pierre Duviols ging in einem kleinen Artikel, der dem Autor in Photokopie im Jahre 1997 im Centro Andino Bartolomé de las Casas in die Hände fiel, auf diese Machinationen ein: Die Originaltranskription der *Declaración de los Quipucamayos á Vaca de Castro* (1542) sind von Melchior Carlos Inca verfälscht, das bedeutet, mit Zusätzen versehen worden, um seine Ansprüche auf die Inkawürde zu untermauern[165]: Die Betancourtlinie der Condorcanqui-Familie leitete sich auf Tupac Amaru von Vilcabamba (Tupac Amaru I.) zurück, der als *„ultimo de los reyes gentíles del Perú"* (letzter der vorchristlichen Könige Perus)[166] angesprochen wird, wogegen Francisco de Toledo opponierte. Hier stellt sich freilich die Frage, wann und von wem die Informationen gesammelt wurden, auf die Bartolomé de las Casas seine Darstellung der Geschichte des Inkareiches aufbaute.

Wir kommen daher zu der Schlussfolgerung, dass Garcilaso de la Vega die lange Geschichte der präinkaischen Könige Blas Valeras im Interesse seiner Verwandten unterschlagen hatte, stattdessen den Konsens wiedergab. Dieser hat sich anscheinend im Rahmen schwieriger Diskussionen im Interesse der Inka

---

163    Garcilaso de la Vega: La Florida, Lib I, cap. 4
164    Garcilaso de la Vega: Primera parte de los comentarios reales, Lib.IX cap. 49.
165    Duviols n.d.: 587
166    Archivo Departamental del Cusco, Colección Betancourt, Bd. 1, fol.120v,.

von Cusco durchgesetzt. Dies war notwendig, um die politischen Konsequenzen des Putschs von Inka Pachacutek auszubügeln und die Inka-Aristokraten aus Vilcabamba zu rehabilitieren.

## Die offizielle Panaca-Liste der Reichsaristokraten-Familen des Inkareiches

Die offiziellen Panaca-Listen der Reichsaristokratenfamilien des Inkareiches, wie sie beispielsweise bei Rostworowski (1999) und anderen Standardwerken dargestellt werden, gehen ergo im Wesentlichen auf eine kanonisierte Geschichtsschreibung zurück, der sich Garcilaso de la Vega angeschlossen hatte. Jeder regierende Inka hatte einen nahen Verwandten damit beauftragt, seinen Ahnenkult zu begründen, denn für gewöhnlich begannen die Inka ihre Karriere als Kriegshelden und beendeten sie als Götter. Dies war den Spaniern jener Zeit nichts Fremdes, auch wenn sie keine Götter wurden, so wurden sie wenigstens Aristokraten, der zeitgenössische Ausdruck ist das erwähnte "ennoblecerse", das die Biographie des Begründers des Inkareiches, Inka Pachacutek, aus den Schriften Cieza de Leons nachvollziehbar gemacht hatte.

Die Ordnung der *Linajes* (Tab.8), welche auf die regierenden Inka zurückgingen, war der Grund für das Interesse der Inka-Aristokratie an ihrer Geschichte:

Tab. 8 : Die offiziellen Panacaliste

| Chima panaca: | Manco Capac |
|---|---|
| Raura Panaca: | Sinchi Roca |
| Huauaynin panaca: | Lloque Yupanki |
| Usca Mayta Panaca: | Mayta Cápac |
| Apu Mayta Panaca: | Cápac Yupanki |
| Viraquirau Panaca: | Inca Roca |
| Aucaylli Panaca: | Yahuar Huacac (=Mayta Yupanki) |
| Sucsu Panaca: | Viracocha Inka |
| Iñaca Panaca (alias Hatun Ayllu): | Inka Cusi Yupanqui Pachacutek |
| Cápac Ayllu | Tupac Inka Yupanqui |
| Tumipampa (Ecuador) | Huayna Capac |

(Quelle: Garcilaso: *Comentarios Reales* Lib. IX cap.9)

# Datierungsversionen der einzelnen Herrscherjahre

Es fehlt nicht an Stimmen, welche die Geschichte des Inkareiches als „Ethnohistorie" bezeichnen, da eine entsprechend exakte Datierung nicht möglich ist. Seit der Konsolidierung der Forschung über die Inka galt die aufgrund logischer Überlegungen auf der Basis der Chronik von Cabello Valboa (1568) durch Rowe (1945) als die absolute Datierung der Herrscherjahre der Inka. Dies wird heutzutage etwas kritischer gesehen, unabhängig von der großen strukturalistischen Offensive, welche zu sehr komplexen und kaum verständlichen Resultaten führte. Nun gibt es die Möglichkeit der Radiokarbondatierung, die allerdings gewisse Probleme aufweist[167]: Die Proben müssen von den jeweigen Reichsgrenzen genommen werden, in welche die Inka expandierten. Dazu müssen die Rohdaten kalibriert werden.

Derzeit konzentriert sich der Hauptstrom der Forschung auf die Interaktionen zwischen dem Inkareich und den nachgelagerten politischen Einheiten oder, wie es mitunter heisst, ethnischen Gruppen. Derzeit sind folgende Datierungen (Tab. 9) gängig:

Tab. 9 Regierungszeiten der einzelnen Inkaherrscher

| | Cabello Valboa | Unanue | Rivero |
|---|---|---|---|
| Manco Capac | 945-1006 | 1107 | 1054 |
| Sinchi Roca | 1006-1083 | 1136 | 1084 |
| Lloqui Yupanqui | 1083-1161 | 1171 | 1114 |
| Mayta Capac 1* | 1161-1226 | 0 | 1152 |
| Capac Yupanqui | 1226-1306 | 1211 | 1194 |
| Mayta Capac 2*[168] | | 1252 | 0 |
| Inca Roca | 1306-1356 | 1303 | 1246 |
| Yahuar Huacac | 1356-1386 | 1323 | 1281 |
| Viracocha | 1386-1438 | 1373 | 1333 |
| Inca Pachacutek | 1438-1471 | 1423 | 1358 |
| Inca Yupanqui* | | 1453 | 1425 |
| Tupac Yupanqui | 1471-1493 | 1483 | 1470 |
| Huayna Capac | 1493-1528 | 1523 | 1520 |
| Huascar | 1528-1532 | 1528 | 1528 |
| Atahuallpa | 1532-1533 | 1533 | 1533 |
| Manco Inca | 1533-1545 | | |
| Länge | | 426 | 479 |
| Quellen: | Cabello Valboa (1568) | Garrett (2009:38) | |
| | | | Rivero(1841:27) |

Der koloniale Historiker Unanue aus dem Jahre 1793 vertauschte die beiden Inka Mayta Capac und Capac Yupanqui untereinander. Der „Inka Yupanqui" ist

---

167 Siehe dazu die Website von Adamska und Wichinzky aus Warschau: http://www.maa.uw.edu.pl/obp/MICH_ADA.HTM (28.12.2010)

168 Unanue vertauschte Mayta Capac und Capac Yupanqui

ein Phantominka, der durch die Biographie Yupanquis vor und nach dem Sieg über die Chankas entstand. Bauer (1996) ging in seiner grundlegenden Studie auf die Entstehung des Inkareiches ein, aufbauend auf die Tatsache, dass das einzige wirkliche historische Datum des Inkareiches der 16. November 1532 ist, als die Spanier Atahuallpa als Geisel genommen hatten (Bauer 1996:59).

Darauf aufbauend entwickelt Bauer eine unabhängige archäologische Chronik des Kerngebiet des Inkareiches, aufbauend auf die Präsenz der Waris dort in Piquillaqta und entsprechend kalibrierte Radiokarbondaten.

## Felipe Guaman Poma – eine Lösung für die Datierungsprobleme?

Guaman Poma könnte Informationen aus der Schule Blas Valeras haben. Die Inka aus der Zeit vor der Imperiumsgründung werden für gewöhnlich mittels des Stiles der Killke-Keramiken identifiziert. Ab dem Inka-Imperium gilt als Leitfossil der imperiale Keramikstil der Inka. Nun existieren in der Umgebung von Cuzco, der ehemaligen Inkahauptstadt keine inkaspezifischen Daten aus der Zeit vor 1000. Bauer (1996:65) meint, dass um 900 Piquillaqta aufgegeben wurde, um 1000 der Warihorizont endet und die Killke-Keramik begann, um die imperiale Phase des Inkareiches mit 1400 AD anzusetzen. Die Gründung Cuzcos als Inkahauptstadt wurde auf das Jahr 1200 AD datiert, dies wurde als die mythologische Gründung bezeichnet.

Nun gibt es Argumente für die heterodoxe Schule, die beispielsweise der deutsche Archäologe Albert Meyers vertritt. Die Sage von der Gründung des Inkareiches durch den Kulturheroen Manco Capac, der auf der Sonneninsel des Titicacasees gelandet sei, erlaubt die Interpretation seiner Grabungen in Samaipata[169] hinsichtlich eines nicht-cuscozentrischen Bild der Entstehung des Inkareiches. Demzufolge wäre ein direkter Übergang vom Tiwanakureich auf das Inkareich möglich gewesen, mit den künstlerisch bearbeiteten heiligen Steinen der frühen Inka als typische *distinctive traits*, also archäologische Indikatoren. Da Keramik transportiert werden kann, die riesigen Felsen jedoch nicht, ist dieser Frage nachzugehen gewesen. Außerdem sahen sich die Inka selbst als Nachkommen der Tiwanakotas, dies hatte bereits Markham (1871b) als priesterliche Überlieferung identifiziert.

In weiterer Folge sind alle Standardquellen, wie Garrett (2009) herausgefunden hatte, auf diejenigen Panacas (Adelshäuser) der Inka bezogen, die loyal zu der spanischen Krone waren. Das einzige Problem mit der Lesart Albert Meyers betrifft die Frage, wo denn die Inka waren, bevor sie nach Cuzco kamen und wie diese prä-cuzqueño'schen Inka nachweisbar sind. Hier kommen natürlich die sogenannten Neapeldokumente, ins Spiel, die ihrerseits die 1644 geschriebene Chronik Fernando Montesinos rechtfertigen könnten. Der Hebel

---

169    Meyers (1999,2002) siehe auch die empirischen Studien in diesem Buch, z.B. Tab.21

muss mittels des Instruments der Quellenkritik von außen angesetzt werden, diesmal aber der sogenannten „äußeren Quellenkritik". Dies betrifft die diversen Druckprivilegien der Werke über das Inkareich. Beispielsweise sind die *Comentarios Reales* Garcilaso de la Vegas 1609 in Lissabon erschienen, mit dem Druckprivileg der Heiligen Inquisition. Die umstrittenen Neapel-manuskripte behaupten den Schlüssel zur Lesbarkeit der „königlichen Quipus" (der Knotenschriftschnüre) zu beinhalten. Sie wurden von Pedro de Illanes an Sansevero verkauft (Hyland 2003:205): Es soll daher ein Werk über die Inka aus der Feder des Prinzen von Sansevero geben, das allerdings bereits ganz am Anfang der Erforschung des Inkareiches aus dem Kanon veritabler Quellen ausgeschieden wurde, obwohl es behauptete, den Schlüssel für die Quipus zu haben[170]. Diese Dokumente gehören zu einem Corpus an verwaisten Dokumenten[171], bestehend aus den Familienunterlagen der Nachkommen der Inka während der Kolonialzeit, die dazu dienten, die Abstammung dieser Familien von den Inka zu belegen, dies war die Suche nach der juristisch unabdingbaren „translatio imperii", also der Etablierung der spanischen Krone als Rechtsnachfolgerin der Inka. Diese Frage stellte den Juristen Francisco de Vitoria, der die juristischen Fundamente des spanischen Weltreiches schuf, vor erhebliche Probleme. Vitoria meinte, legal wäre das Inkareich nur aufgrund des „gerechten Krieges" zu erobern gewesen. Dafür sieht er keine ausreichenden Rechtsgrundlagen[172]. Diese ausreichenden Rechtstitel für die *translatio imperii* waren aber zwingend notwendig, um die Conquistadores als politische Mitspieler auszuschalten, da diese sich als Lehensträger der spanischen Krone leicht von dieser faktisch unabhängig machen konnten. Um diese erbliche Lehen in Übersee zu verhindern, bedurfte es, wie erwähnt, einer juristischen Fiktion, der zufolge die Souveränität von den Inka auf den spanischen König überging. Die Friedensverhandlungen mit den Inka von Vilcabamba nach der Niederschlagung der Rebellion des letzten Bruders Francisco Pizarro, Gonzalo, die von Bartolomé de las Casas vehement vorgetragenen Argumentation, die Herrschaft der Conquistadores wäre tödlich für die Indigenen, dienten zur juristisch einwandfreien Durchsetzung des frühabsolutistischen Beamtenstaates Spaniens gegen die Conquistadores.

Deshalb ist statt von zwei[173], von drei Schulen auszugehen: Die offizielle Geschichte nach Sarmiento de Gamboa, dessen Chef, Vizekönig Francisco de Toledo allerdings in Spanien wegen der Eroberung Vilcabambas erhebliche Schwierigkeiten bekam, die Schule Blas Valeras, und Garcilaso de la Vega als

---

170  Rivero 1841:14, n.6 (die erste Variante der Antigüedades Peruanas).
171  Verwaist sind diese Dokumente, da ihre Provenienz und ihre Bezüge zur Aktenlage der spanischen Hoheitsverwaltung nicht nachvollziehbar ist.
172  Vitoria ([1534] 1975:19-21). Bernardino de Minaya hatte, entsetzt über das Vorgehen der Conquistadores in Peru, Francisco de Vitoria alarmiert und damit eine theologische und juristische Kettenreaktion ausgelöst (Giron de Villaseñor 1975).
173  Pease 1978:31-33

Kompromisskandidat. Betrachten wir daher die Zeitrechnung Guaman Pomas, der angeblich Blas Valera als Ghostwriter hatte. Hierbei erlaube ich mir, einige ungeprüfte Hypothesen aufzustellen, weil uns die lieben Quellenautoren hier versuchen, einige Bären aufzubinden: Guaman Pomas Zeitrechnung könnte auf die Knotenschriftschnüre zurückzuführen sein, da er immer die Summe der Gesamtdauer der Herrscherdauer der Inka angibt, sodass einige Berechnungen notwendig sind. Obwohl wata auf Quechua Jahr heißt, beruft sich Guaman Poma bereits in dem Bereich seiner Chronik, in dem er über die Kolonialzeit schreibt, auf einen „yndio filósofo" Juan Yumpa, der ihm erklärte, dass zwar „suc wata" soviel wie ein Jahr bedeutet, noch dazu im ecuadorianischen Quechua, da dort ein nicht „hug" sondern „shug" heute noch heißt, es gab aber den Begriff des chiqta quilla (Halbmonat).

Den Begriff chiqta wata erwähnt Guaman Poma zwar nicht, deutet es allerdings an und meint[174], der indigene Experte wäre über 150 Jahre alt[175]. Da dies die menschliche Lebenserwartung überschreitet, ist eher eine Halbjahresrechnung anzunehmen. Dies jedoch galt es im Sinne der gesamten Konzeption Guaman Pomas zu vermeiden, da es ihm um die Darstellung des „Parallelfalles" zwischen der Geburt Christi zur Zeit des Augustus als römischer Kaiser ging und der etwas langen Gründungsgeschichte Cuscos ab dem Auf-treten von Manco Capac und Sinchi Roca, sowie der behaupteten Ankunft des Apostels San Bartolomé oder des heiligen Thomas, der zu „tunupa" wurde an der brasilianischen Küste, von wo er in die Gebiete des heutigen Boliviens und Perus gewandert sein soll. So liefert Guaman Poma reichlich konfuse Angaben über etwa die 350-jährige Herrschaft Sinchi Rocas[176]. Die Umrechnung erfolgt nach der Darlegung des Umrechnungs-Algoritmus in nachstehender Tabelle (Tab.10).

Das Problem bei dieser Berechnung ist, dass die mythische Gründung Cuscos durch Manco Capac und die Zeit Sinchi Rocas widersprüchlich dargestellt wird, um dies rechnerisch in die Zeit Christi Geburt zu legen.

Die Erzeugungsformel ist daher: Anzahl der in Summe regiert habenden Inka in Jahren dividiert durch Anzahl der regiert habenden Inka. Diese Rechnung kann aufgrund einer Gegenrechnung validiert werden, indem einfach die Gesamtsumme der Jahre des Inkas Nr. X-1 von der Gesamtsumme der Jahre des Inkas X abgezogen und durch die Anzahl der Inka (I) in nachstehender Form (Glg.2) dividiert werden, überprüft werden.

Glg.2: Regierungsdauer des Inkas # I (n) = $(X_n - X_{(n-1)}) / \Sigma (I)$.

---

174   W.P. 884[898]
175   W.P. 885[899]
176   W.P. 80-97

Dies ist die Spalte „Gegenrechnung Herrscherjahre" in folgender Tabelle (Tab 10):

Tab. 10: Herrscherdauer der jeweiligen Inka nach Guaman Poma

| Guaman Poma | | | | Gegenrechnung | Referenz |
|---|---|---|---|---|---|
| Name | Summe | Inka total | Dauer | Herrscherjahre | WP Folio |
| Sinchi R | 350 | 2 | 175 | | 89 |
| Lloque Y. | 445 | 3 | 148,33 | | 97 |
| Mayta C. | 565 | 4 | 141,25 | | 99 |
| Capac Y | 705 | 5 | 141 | | 101 |
| Inca Roca | 859 | 6 | 143,17 | 31,6 | 103 |
| Yahuar H | 998 | 7 | 142,57 | 14,71 | 105 |
| Viracocha | 1522 | 8 | 190,25 | 63,3 | 107 |
| Pachacuti | 1210 | 9 | 134,44 | -34,66 | 110 |
| Tupac Y | 1410 | 10 | 141 | -20 | 111 |
| Huayna C. | 1496 | 11 | 136 | 11 | 114 |
| Huascar | 1522 | 12 | 126,83 | 2,1 | 118 |

Bei der Durchführung der Gegenrechnung kommen Herrscherjahre mit negativen Vorzeichen heraus, diese sind historisch unmöglich und bedeuten, dass diese Herrscher parallel regiert haben. Der Dynastiewechsel drückt sich dadurch aus, dass anscheinend zwei Jahresrechnungen zu einer gemacht wurden, sodass „doppelte Verbuchungen" vorkamen. Da der Tod Atahuallpas im Jahre 1532 gesichert ist und Guaman Poma diesen als Ursurpatoren behandelt, wäre nach der Originalrechnung Manco Capac, der mythische Gründer des Inkareiches im Jahre 10 n. Chr die Herrschaft auf die eine oder andere Weise an Sinchi Roca übergeben, jetzt mit den Rohdaten gerechnet. Nun sollte aufgrund der einerseits sehr christlich motivierten Darstellung des Monats November im Festkalender bei Guaman Poma und der mißverständlichen Darstellung des Dezembers und Jänners mit nahezu der gleichen Bezeichnung davon ausgegangen werden, dass das Inkareich das Jahr nicht mit zwölf Monaten, sondern nur mit 10 Monaten angesetzt hatte. Dies ist freilich nur eine Spekulation, würde allerdings der durchgängigen Dezimalorganisation der Inkaverwaltung entsprechen. Dementsprechend müsste bei einem Jahr mit 10 Monaten jeder Monat 36,5 Tage haben – und das erklärt dann die Halbmonatsrechnung. Da allerdings Guaman Poma an einer Art christlichen Reichsidee für das Inkareich fest hält, ist hier ein sehr poetischer Umgang mit Geschichte vorauszusetzen.

Kurz: Hier wurde, wie zu erwarten, Geschichtspolitik und kaum ernsthaft Geschichtsschreibung veranstaltet. Die christliche Reichsidee für das Inkareich dürfte aus der Reducción Juli stammen. Es existiert ein Brief von Diego Vazquez an Diego de Torres Bollo, in dem es heißt, es wird von Sendboten des christlichen Glaubens berichtet[177], damit begründet Torres Vazques, warum es sicher sei, wie zu bemerken ist, dass es irgendeine Erinnerung des Christientums in Peru existiert[178]. Die Entdeckung des „Apostels" Zumé oder Tumé, von dem die heutige Stadt São Tomé ihren Namen haben dürfte, erfolgte im Jahre 1549 AD[179]. Es ist in keiner Weise davon auszugehen, dass irgendetwas an diesen Legenden dran ist, abgesehen von ihrer geschichts- und identitätspolitischen Bedeutung: Die Jesuiten jener Zeit hatten erhebliche Schwierigkeiten mit der spanischen Krone, da sie dem Papst persönlich gehorchten, die weltlichen Herrscher, allen voran der spanische König aber keine exterritoriale Organisation anscheinend dulden wollten, außerdem waren ihm zu viele Italiener in diesem Orden am Werk. Teile Italiens waren zu diesem Zeitpunkt spanisch besetzt und Spanien war vom italienischen, vor allem genuesischen Bankwesen abhängig (Braudell 1999). Damit kommen wir zu der Frage, in welchem intellektuellen und spirituellen Zustand die Jesuiten waren. Die Gründertheologen des Jesuitenordens gingen von einem Konzept der intellektuellen Entwicklung aus, die Luis de Molina, einer der wichtigsten Gründertheologen des Jesuitenordens aufgestellt hatte (Achutegui 1951:110-112), dies gilt zwar als Aspekt seiner Theorie, der weniger klar ist, aber in der *Historia de Nuevo Mundo* Bernabé Cobos[180] werden die Guaraní in Paraguay und Araucaner in Chile als auf derselben „Kulturstufe" befindlich dargestellt.Bernabé Cobo schrieb, wie erwähnt, seine Geschichte der Neuen Welt zwar erst 1651, darin eine Menge älterer Quellen auswertend, aber eindeutig gegen seinen Ordensbruder Fernando Montesinos (1644) und andere sogenannte selbsternannte Experten der Vergangenheit des Inkareiches gerichtet, die behaupten, das Inkareich wäre viel älter, als es die Autoren in ihren gedruckten, das soll heißen, mit Druckerlaubnis versehenen Werken darstellten[181]. Im Colombina-Manuskript schreibt er den Sieg über die Chankas dem Inka Viracocha zu, im Escorialmanuskript dem Inka Yupanqui Pachacutek. Neben diesen heute aktuellen Diskussionen um den „long count" der Geschichte des voreuropäischen Perus gibt es noch eine Gruppe von Autoren, die sich auf Juan Polo de Ondegardo berufen und behaupten, der erste Inka wäre Inka Roca gewesen, dieses Ärgernis wird noch von einem zweiten gefolgt:

Die Verdoppelung von Inka aus der Zeit vor Pachacutek, die zu seiner Zeit dann als nachgeordnete Reichsfunktionäre auftauchen, etwa jener Capac Yupanqui, den Pachacutek, weil er Geschenke verteilend „erobert" hatte und

---

177  Indi aetate provectores aiunt se á maioribus suis audisse vetustissimam traditionem esse in partibus Paraguay Brasiliae finitimis fuisse olim virum quendam sanctum, barbara & capillo nigro cum 12 sociis" (Torres Bollo 1604:49)

178  Caeterum ut intelligatur existare memoriam predicatae aliquando fidei Cristianae in Peru" (Torres Bollo 1604: 48)

179  Ruiz de Montoya (1989:29) cf. Plachetka (2001:31)

180  Cobo: Historia del Nuevo Mundo Lib. XI, cap.10 (Escorial-Manuskript)

181  Cobo: Historia del Nuevo Mundo, lib.XII, cap. 2. (Colombina-Manuskript)

wahrscheinlich dem Reich Chimú im Norden in die Quere gekommen war, hinrichten ließ. Nun sind die Huaccas, das bedeutet, die heiligen Schreine der regierenden Inka von Polo de Ondegardo überliefert worden[182]. Auf diese Untersuchungen Polo de Ondegados beziehen sich nun sämtliche ältere Theorien über die Doppelherrschaft der Inka.

Eine mögliche Lösung dieser verzwickten Situation hatte nun ausgerechnet Fernando Montesinos angeboten: Sich auf Briefe von Luis Teruel beziehend, kritisiert er eine Stelle bei Arriaga (cap 9), der für die Jesuiten eine Schlüsselfigur darstellte, wo dieser eine Huacca des Manco Capacs beschreibt. Montesinos (cap 18) meint nun, dies wäre die Huacca von Inka Roca und liefert eine sehr lange Biographie von Inka Roca, die sonst nirgends auftaucht[183].

Umwerfend ist allerdings der Ort dieser Huacca: Ayacucho, damals Huamanga, wie Arriaga angibt, eben nicht Cusco. Dies könnte die Konfusion in der ursprünglichen Überlieferung der Inka erklären:

Eine Vollversammlung von Frauen wählte laut Montesinos Inca Rocca zum ersten Inka, ab hier fängt Montesinos nämlich an, Panacas, also Lineagen der Nachkommen der regierenden Inka zu nennen, aber keine einzige dürfte mit der offiziellen Liste übereinstimmen, kein weiteres Wunder, wenn dieses Material aus Ayacucho, dem ehemaligen Zentrum der Waris stammt.

Dessen Nachfolger, den Montesinos „Sinchi Roca" nennt, bekam nun Schwierigkeiten mit Reichsprinzessinnen, die mit Federn des Vogels Tzunki, Maiskolben und cuyancarumis. Dies erscheint als ein weibliches Pendant zum aztekischen „heiligen Bündel". Mittels magischer Handlungen mit diesem Bündel und der tatkräftigen Hilfe der Magier korrumpierten Frauen angeblich die führenden Männer des Reiches mit Liebesaffären. Dies klingt stark nach dem mythischen Urgrund des Dramas Apu Ollantay, wenn wir den Mythos des Krieges durch den der Liebe ersetzen[184].

In Cuzco hatte Inka Roca, Chimpu Urma Mama Micay (letzteres bedeutet soviel wie Mama Micuy, es gibt einen a/u-Wechsel im Quechua), also die

---

182   Polo 1571 in CDHIE 3:10

183   Dies ist bei Montesinos nichts Besonderes, denn der einzige Autor, bei dem einige seiner vorinkaischen Könige auftauchen, ist Anello Oliva (aber nicht in der unbrauchbaren Edition von Ternaux Compans) und sein Piura Pacari Manco taucht auch bei dem sogenannten „Anonymen Jesuiten", der Blas Valera zugeschrieben wird, auf.

184   Das „heilige Bündel" in Mesoamerika beinhaltete göttliche Werkzeuge, die laut Mythologie die Götter für die Schöpfung der Welt verwendet hatten, in amerikanischen Religionen ist dies meist ein etappenreicher Vorgang. Bei der Zeremonie des Bündelöffnens wurde dieser Schöpfungsakt nachgespielt, da allerdings die Formalkriterien des weiblichen Heiligen Bündels in den Anden dem prototypischen Heiligen Bündel für Männer in Mesoamerika entsprechen (Stenzel 1968) und welches im Unterschied zu Mesoamerika nicht für Kriegs- sondern für Liebesmagie diente, hatte einige sehr heterodoxe Interpretationen bei der Irics-Konferenz 2005 (siehe Tab.6) provoziert.

„Mutter der Nahrung" zur Frau[185]. Diese begann ein ehrgeiziges Bewässerungsprogramm. Dadurch sei, wie Montesinos bedauert, das Reich verloren gegangen. Die in allen Quellen bezeugte Entführung des Sohnes Inka Rocas, Mayta Yupanqui, der seither Yahuar Huacac genannt wurde, war der Versuch der Ayamacas unter Tocay Capac, eine entsprechende Allianz zu erzwingen. Yahuar Huacac heiratete eine Ayamaca. Viracocha Inka versuchte wahrscheinlich, das alte Reich im Namen des Gottes Viracocha wiederherzustellen, das führte allerdings allenthalben zu erbitterten Widerstand. Dies schienen die Chankas auszunützen, um das Reich in einer Periode der Normalisierung der Wetterverhältnisse, auf die gesondert eingegangen wird, zu erobern. Cusi Yupanqui siegte mit seinen Truppen und wandelte den Sieg in eine Revolution gegen Viracocha um, zumal er ja nach Ansicht einiger nicht erbberechtigt gewesen sei, machte sich zum Inka und wurde Pachacutek, das bedeutet Weltenwender. Sein designierter Nachfolger Amaru Tupac wurde vom Reichsgott, der Sonne, abgelehnt, wie Las Casas (cap.25) erzählt. Als es endlich gelang, den Nachfolger zu designieren, nämlich Tupac Yupanqui, wurde das Capac Raymi als Erinnerung daran gestiftet[186]. Auf dieses folgte im Ritualkalender das Mayuccati[187], damit wurden die Beziehungen zu den Incas por privilegio neu definiert und zweitens wurde unter dem Begriff „wayllu" die Liebe verehrt.

Dies war das Fest der Flußfolger im Rahmen einer Prozession den Willcanota bzw. Willcamayu entlang ausgerechnet bis Ollantaytampu. Nun dürfte allerdings über diese Vorgänge nicht überall eitle Wonne geherrscht haben, im Gegenteil, die Nachkommen von Pachacutek Inka und die des Tupac Yupanqui waren eifersüchtig aufeinander.

Zum Beispiel wurde die Legitimität der Panaca von Manco Inca II, der die Rückeroberung des Inkareiches erstrebte, in Frage gestellt, die Genealogie seines Nachfolgers Sayiri Tupac, der mit vollem Namen Don Diego Sayri Tupac Manco Capac Yupanqui hieß, befindet sich in der Collección Betancur[188] und zwar unter anderem bezeugt von Juan de Betanzos, der in den Inkapalästen des sogenannten Heiligen Tales eine Wohnung hatte.

## Blas Valeras unbequeme Wahrheiten

Blas Valera wurde im Jahre 1544 geboren, in der Gegend von Chachapoyas, als Kind von Luis Valera, dem prominentesten Encomendero und Francisca Pérez, einer Einheimischen, von der wenig bekannt ist. Möglicherweise hatte Blas einen Bruder, Jeronimo, der führende Theologe der Franziskaner in Peru.

---

185  Diese war ursprünglich Tocay Capac versprochen, wodurch die Animositäten entstanden (Rostworowski 2001:55)
186  Sarmiento, cap. 43
187  Zuidema (1989:357-360). Es wäre zu schön, wenn das der mythische Kern des Quechuadramas Ollantay wäre.
188  Colección Betancourt Bd. 3, Leg.2, fol. 13ff

Chachapoya war, wie bereits im geographischen Teil erwähnt, ein eigenes Kulturareal, galt als das „Land der starken Männer" oder als das Nebelvolk. Heutzutage ist diese Gegend berühmt für Unmengen von Quipus, die dort gefunden wurden, aber während der Zeit des Vizekönigreiches Perus war dies die frontier gegenüber den nicht eroberten Gegenden Südamerikas, auch das ist bis heute zu bemerken. Die Chachapoyas lebten in eigenen Städten, die von einem protho und einem Ältestenrat regiert wurden[189]. Sein Vater war ein Einwanderer, kein Conquistador, hatte aber Francisco de Chávez als Freund, einem eingen Vertrauten Francisco Pizarros, der in die indigene Mythologie eingegangen war, als derjenige, der die Liebe zwischen Qilauco und Curi Qoillur unterstützte[190].

Blas Valeras Mutter sprach mit ihrem Sohn Quechua, nicht die Chachapoyas-Sprache, sie gilt als Reichsaristokratin des Inkareiches, die Söhne schlugen die geistliche Laufbahn ein. Blas Valera trat am 29. November 1568 in den Jesuitenorden ein, der damals im Unterschied zu anderen Orden Mestizen akzeptierte, nachdem er die „freien Künste" in Trujillo studiert hatte, wo er sehr oft mit Amautas – Inkagelehrten – verkehrte, die zum Hof Atahuallpas gehört hatten. Die Jesuiten kamen relativ spät nach Peru, sie wurden von Vizekönig Francisco de Toledo angeworben, nachdem er die Dominikaner wegen seines ideologischen Krieges gegen Bartolomé de las Casas, des Landes verwiesen hatte.

Die erste Mission der Jesuiten war in Huarochiri, wo das berühmte Huarochirimanuskript erst später entstand. Dies ist im Zuge der Entwicklung der jesuitischen kulturangepassten Missionsmethoden zu sehen, sodass die linksgerichteten Jesuiten nach Paraguay gingen. Die orthodoxen Jesuiten blieben in Peru, sich der sogenannten Ausrottung des Götzendienstes widmend. Die Geschichte des Inkareiches war hier nur ein Nebenkriegsschauplatz, der allerdings gefährlich wurde. Dies ist die sogenannte Augusteische Schwelle"[191], die Spanien bei der „Kontroverse zu Valladolid" absolvierte, nämlich den Nachweis dieser Vernunftbegabung der Indigenen durch Las Casas, anhand der Darstellung ihrer Geschichte vor der Eroberung[192]. Dennoch war der Hauptträger des spanischen „*imperial misson statements*", ohne die im Unterschied zu einem

---

189    Hyland 2003:9-11, lt. Guillén Guillén (pers. Mitteilung) penes Valera
190    Dies wirft wieder die Gründe für den Fall des Inkareiches auf.
191    Die augusteische Schwelle wird überschritten, wenn die politische Hegemonie eine kritische Schwelle überschreitet, die den Hegemonarchen dazu zwingt, gleichsam in den politologischen ‚Phasenraum' des Empires einzutreten, sich als solches zu definieren und auch zu begründen, um dauerhaft zu werden. Ausführlich dazu: Münkler (2008:112)
192    Covey (2006b) scheint in einem verärgerten Artikel die Ansicht Franklin Peases zu vertreten, es habe wegen Bartolomé de las Casas keine Geschichte des Inkareiches gegeben, aber es ist grundsätzlich bei einer schwierigen Quellenlage die Aufgabe der Geschichtswissenschaft, die Geschichte aufzuklären, nicht, sie zu leugnen.

Hegemonarchen ein Empire nicht auskommt, in weiterer Folge der Jesuitenorden. Blas Valera wußte über die Inkavergangenheit und deren Staatskunst angeblich alles, er wurde eingesperrt, angeblich wegen einer Frauengeschichte, tatsächlich für seine „herätischen Schriften". Die umstrittenen „Neapelmanuskripte"[193] erzählen über Blas Valera eine Geschichte, die eher an den James Bond Streifen „You only live twice" erinnert, aber die theologisch in den Griff zu bekommende Gefahr eines reinen Multikulturalismus á la Las Casas für das spanische Imperium deutlich macht. Deutlicher war aber die Gefahr der traditionellen Kolonialisten aus dem Geiste Juan Ginés de Sepúlveda.

Der Jesuitenmissionar Sánchez wurde mit seinem Plan, China zu missionieren, äußerst populär, allerdings sollte die Missionierung militärisch erfolgen, gleichsam als Fortsetzung der Conquista jenseits des pazifischen Ozeans. Natürlich wäre Spanien am Versuch, China zu erobern, ausgeblutet, deshalb hatte José de Acosta (1590) seine Werke zum Thema interkulturelle Kommunikation verfasst, die einerseits den Kulturrelativismus Las Casas, andererseits den Kulturfundamentalismus Sepúlvedas vermieden. Hochentwickelte Zivilisationen durften laut José de Acosta nicht militärisch angegriffen werden. Dazu musste sich das Konzept der kulturellen Evolution als Ausweg zwischen den beiden Extremen, einerseits Kolonialismus und andererseits extremer Universalimsus erst durchsetzen[194]. In gewisser, mentalitätsgeschichtlich zu bestimmender Weise hing dieses Konzept der „intellektuellen Entwicklung" mit den Empire-Theorien des Tommaso Campanella zusammen (Headley 1995). Die Jesuiten unterlegten das Konzept der „intellektuellen Entwicklung" ihrer einzigartigen Missionstheologie kulturangepassten Mission, allerdings ist eine durchdachte Philosophie keine Garantie dafür, dass diese Konzepte auch in der Praxis funktionierten, weshalb Blas Valera anscheinend eine tragende Rolle spielte. Welche, läßt sich kaum mehr eruieren.Vor der industriellen Revolution war das Konzept der kulturellen Evolution eben kein Herrschaftsinstrument des Westens. Valeras Kenntnis des Quechuas war entscheidend für den Erfolg dieser Jesuitenmission, die in der Einrichtung von Schulen bestand, sowie die Abnahme der Beichte. Der Erfolg in Huarochiri war auf die enge Zusammenarbeit mit den lokalen Autoritäten, die als curacas bezeichnet wurden zurückzuführen.Das Sakrament der Beichte und Buße brachte sehr viele Bekehrungen.

---

193   Vgl. etwa Andrien (2008)
194   Diese theologische Evolutionstheorie ist in die These der Gründertheologen des Jesuitenordens über die Universalität des Wissens von Gott und der daraus resultierenden Annäherung an theologische Wahrheiten per intellektueller Entwicklung eingebettet (Achutegui 1951).

Dies führte Blas Valera dazu, Anknüpfungs-punkte in der Andenzivilisation zu suchen, welche die Mission erleichterte[195]. Hier begann ein intellektueller Prozess, der einerseits zu der jesuitischen Akkomodationspraxis führte, sie andererseits bekämpfte. Die Jesuiten verdächtigten die Indigenen, Elemente ihrer traditionellen Religion unter christlichem Deckmantel beizubehalten. Dies hatte in jener Zeit auch politische Gründe, da zwar Vilcabamba erobert war, aber der indigene Widerstand deshalb nicht nachließ. Die entscheidende Rolle Blas Valeras betrifft möglicher Weise jene Instrumente der "imperialen Toolbox" der Inka welche für die "Operation Jesuitenstaat" unabdingbar wurden, beispielsweise für die Bewirtschaftung tropischer Ökosysteme. Sollte Valeras angenommene Autorenschaft als Ghostwriter Guaman Pomas zutreffen, haben die langen agrartechnischen Passagen in diesem Werk exemplarische Bedeutung.

Aufgrund derselben Passagen jedoch ist es wieder zweifelhaft, dass Blas Valera der Autor war, nämlich eine mögliche, annähernde Bestimmbarkeit der geographischen Breite der Herkunft der Informationen durch die Vegetationsdauer der beschriebenen Pflanzen. Derartiges ist allerdings unsicher, da Kulturpflanzen durch Zuchtwahl verändert werden können, nichts desto trotz wäre Entwicklungshilfe der Inka über spanische Vermittlung für Paraguay ein Skandal gewesen.

Der Unterschied zwischen legitimer Herrschaft und effizienter Regierungssysteme war im damaligen politischen Diskurs nicht wirklich scharf zu trennen, sodass Politik oft genug das Gegenteil von Vernunft war.

Eine jesuitische Entwicklungspolitik auf der Basis inkaischen Know-Hows bezüglich Bioressourcenmanagement angesichts des prekären juristischen Status der spanischen Krone und die nötigen Informationen in heterodoxen Quellen[196] wäre eine Realsatire in der Art der britischen Comedy-Truppe Monty Python, spiegelverkehrt zu jener Passage im Film „Das Leben des Brian", in der die intellektuellen Guerilleros der judäischen Befreiungsfront an einem anti-

---

195  Hyland (2003:40-44). Das würde bedeuten, dass die berühmte jesuitische Akkomodationpraxis (Otruba 1962) in Peru von Blas Valera und seinen Anhängern erfunden wurde.

196  Die "konsensuellen Geschichtsquellen" zur Vergangenheit des Inkareiches erzählen ziemlich eindeutig die Geschichte des Inkareiches in der Form, wie sie Inka Yupanqui Pachacutek vermutlich aufgrund seiner Imperialpolitik gestaltet wissen wollte, womit er dummer Weise den Spaniern in die Hände spielte, die ein kurzlebiges Imperium als Tyrannei der Inka denunzieren wollten. Cobo (1651) schrieb seine Historia de Nuevo Mundo anscheinend als Ergebenheitsadresse der Jesuiten an die herrschende Geschichtsschreibung, meint er doch (Lib. XI, cap.12) es habe selbsternannte Experten der Geschichte des Inkareiches gegeben, die behaupteten, das reich sei älter als in den gedruckten Werken (also vor allem Garcilaso (1609)) angegeben. Dann fährt er fort, darzulegen, dass die Indigenen überhaupt keine Zeitrechnung hatten. Das richtete sich klar gegen Montesinos (1644) und Anello Oliva.

kolonialen Manifest feilen: „Also schreib: Abgesehen von Wasserleitungen, öffentlicher Sicherheit, [...] haben uns die Römer nichts gebracht!". Im Falle des Know -How-Transfers von den Inka zum Jesuitenstaat stellt sich die Frage, was die Spanier alles letztlich *nicht* gebracht hatten: Die spanischen Conquistadores ruinierten zwar das inkaische Wirtschaftssystem, aber die spanische Krone sah ein, dass das einheimische Wirtschaftssystem wieder aufzubauen ist. Hätte sie dies zustande gebracht, stünde Peru heute anders da.

Dieser teilweise Wiederaufbau und die Einführung europäischen Nutzviehs hatte positiven Auswirkungen, aber den Wiederaufbau des inkaischen Wirtschaftssystems schafften die spanischen Kolonialbeamten trotzdem nicht, zumal sie diesem Problem ausschließlich juristisch begegneten. Polo de Ondegardo berichtete beispielsweise über die Schäden, welche dadurch entstehen, dass die Einheimischen ihre „fueros", das bedeutet ihre eigenen lokalen Gesetze auf Gemeindeebene nicht befolgten. Die Blas Valera zugeschriebene Darstellung der Problematik betont, dass der Jesuitenorden in der Lage gewesen sei, das Problem des Wiederaufbaus des einheimischen Systems angemessen zu lösen[197]; die jesuitische Missionspraxis hatte mittlerweile wohl aufgrund der oben skizzierten Schwierigkeiten im peruanischen Hochland, und zwar nur dort[198] eine Wendung um 180° vollzogen.

Sandoval schrieb ein Werk zum Thema der Mission in Afrika mit dem Titel *De Instauranda Aethiopum salute*, die erste Auflage wurde in Lima geschrieben, in der zweiten Auflage, die 1642 erschien, wird Blas Valeras großes und verlorenes Werk zitiert, mit dem Titel *Historia Occidentalis*. Daneben existierte noch eine Enzyklopädie aus der Feder Valeras, auf die sich Anello Oliva bezogen hatte. Dies ist die gemeinsame Quelle auch der langen Geschichte vorinkaischer Könige Perus, die Montesinos wiedergegeben hatte: Der Originaltitel seines Werkes ist *Ophir de España*, in zwei Teilen: (1) *Memorias antiguas historiales y políticas del Pirú*, der vorspanischen Geschichte Perus und (2) *Annales del Perú*, die Geschichte Perus nach der Eroberung[199]. Der (postulierte) „Long Count" der Inka gliedert sich analog zu dem der Mayas in

---

197 Dies ist der Grundtenor der Abhandlung Las costumbres..., die Blas Valera mit guten Gründen zugeschrieben wird (Valera [?]). In Peru jedoch begannen die Jesuiten die einheimischen Religionen zu bekämpfen (Arriaga 1621).

198 Im Jahre 1621 war bereits das Handbuch für Götzendienstausrotter aus der Feder von Arriaga erschienen wider jesuitischen interkulturellen Missionspraxis,.

199 Dieses Werk war in der Sammlung Muñoz, die Ternaux Compans in die Hände fiel, die zweite spanische Ausgabe besorgte Marcos Jiménez de la Espada. Danach bereitete Clements Markham eine Übesetzung ins Englische vor, verstarb aber, sodass Phillip Ainsworth Means diese Edition fertig stellte und auf nicht ganz klaren Wege die Liste der vorinkaischen Könige nach Blas Valera rekonstruierte. Danach parallelisierte er den Jahres „long count" der Maya mit dem der Inka, den er von Montesinos hatte. Es ist aber völlig rätselhaft, wie Means dies bewerkstelligen konnte.

Perioden der Sonnen, dies meint Valera[200]. Diese literarischen Aktivitäten endeten mit der Verhaftung Blas Valeras, angeblich wegen einer Frauengeschichte, tatsächlich jedoch wegen Häresie, von der in den offiziellen Quellen kein Wort steht. Am 3. Mai 1586 schrieb Valera an den Jesuitengeneral Acquaviva, um seine Entlassung aus dieser Haftanstalt der Inquisition bittend, wo er als Buße für seine Sünden fasten und sich wöchentlich geißeln lassen musste. Darunter litt seine Gesundheit massiv. Er wollte nach Rom überstellt werden, kam aber nach einer Verzögerung in der Gegend von Quito nach Spanien und starb offiziell am 2. April 1597. Der Name Blas Valeras blieb lange Zeit unter den Jesuiten tabuisiert, aber jeder spätere Autor, der völlig unvermittelt seine Darstellungen über die Inka unterbricht und den Kalender referiert, dürfte damit codiert mitteilen, dass er sich auf Blas Valera bezieht.

Calanchas Werk halt wahrscheinlich als weniger wichtig und die merkwürdige Orthographie seines Buches erinnert eher an das Katalanische, als an das Kastillische. Phonetisch ist es in Kastillisch geschrieben[201]. Was könnte also der Grund gewesen sein, dass plötzlich die *Historia Occidentalis* in einem Werk auftaucht, welches die Missionierung in Afrika behandelt?

## Blas Valera als biopolitischer Geheimagent?

Die Dokumente, die uns Blas Valera als Geheimagent in Santa Cruz de la Sierra vorstellen, sind mit einem Hilfsausdruck als umstritten zu bezeichnen[202]. Valera hatte sich durch seinen Aufenthalt in Potosi unbeliebt gemacht, wurde er dort mit etwas konfrontiert, dass ihn zum Rebellen machte. Ausgerechnet Pease (1978) der versucht, herzuleiten, dass die Inka halb göttliche Wesen seien, woraus aus seiner Sicht das ganze Reich ein Mythos gewesen sei, zitiert ausgerechnet Berichte über andine Theateraufführungen des Jahres 1555 in Potosí[203]. Hatte Valera etwas derartiges gesehen?

Nun berief sich Garcilaso de la Vega, der „Inka" in seinen Comentarios Reales immer wieder auf die Werke Blas Valeras, die verloren sind – oder wegzensuriert wurden.

Jedenfalls fand in Potosí, im heutigen Bolivien jener Wendepunkt der Karriere des Jesuiten Blas Valera statt, der ihn zu einem Renegaten machte. Was genau in Bolivien passiert ist, ist unbekannt. Es sollte von einer Schule Blas Valeras ausgegangen werden, sodass das „Verbrechen" Blas Valeras, das nie schriftlich festgehalten wurde, eine Frauengeschichte war es jedenfalls nicht,

---

200  Hylland 2003:78, ebenso Fernando Montesinos (1644).

201  Kastillisch, „castelano", ist dies, was allgemein als „Spanisch" bezeichnet wird, in Südamerika wird diese Sprache konsequent als „catellano" bezeichnet.

202  „Die wenigsten Ereignisse geschehen zur rechten Zeit und die meisten überhaupt nicht. Der gewissenhafte Historiker wird diese Fehler stillschweigend berichtigen" - meinte Herodot nach Mark Twain (Ceram 1971:37).

203  Pease (1978:111), Pease (1991:31) es gibt Hinweise darauf in mehreren Quellen

wohl darin bestanden hatte, die sogenannte Schule Francisco de Toledos und die Sanierung der Eroberung Perus in Stücke gerissen zu haben. Dies mag die von Pease (1978) eloquent dargelegten Konfusionen in den Quellen erklären: Es ging nicht darum, dass die damaligen Indigenen sich nicht erinnern konnten[204]. Vielmehr ging es darum, echte Überlieferungen in ein politisch genehmes Korsett zu pressen. Daraus wäre zu schließen, dass jene zwei „Schulen" in Wahreit diejenige, Blas Valeras und diejenige Francisco de Toledos gewesen waren, allerdings erst ab der Regierungszeit dieses Vizekönigs. Damit wäre die Frage zu klären, auf welche Originalquellen sich die Autoren vor der Regierungszeit Francisco de Toledos sich bezogen? Nun verfolgen auch Fälscher gewisse Absichten.

Abgesehen von den modernen Versuchen, eine vorgebliche James-Bondiade durch eine Verschwörungstheorie zu erklären, sind allerdings sehr handfeste Gründe vorstellbar, dass Blas Valera als Mann, der angeblich alles über die Inka wusste, entweder in Santa Cruz de la Sierra gebraucht werden konnte, oder, dass mit dieser Fälschungsaktion auf Dinge hingewiesen werden sollte, die für die Jesuiten eine tragende Rolle spielten, die sie nicht offen diskutieren durften[205].

Der Schlüssel hierzu ist das Missionszentrum Juli, wo heutzutage nach wie vor eine Menge Kirchen sind, die allerdings vor sich hin verfallen. Auf dem Weg vom Hauptplatz des Ortes Juli zu den Ufern des Titicacasees liegt eine ganz besondere Kirche, sie ist als katholischer Inkatempel anzusprechen, da sie einen eingefriedeten Vorplatz hat, der mit Wasserrinnen versehen ist, wie der Vorplatz des Sonnentempels in Cusco. Der Haupteingang ist an der Längsseite des Hauptschiffes anstatt an der dem Altar gegenüberliegenden Seite: Dies kann als steingewordenes Denkmal der Akkomodationspraxis der Jesuiten interpretiert werden. Über die Hintergründe dieser Aktion sind allerdings Quellen heranzuziehen, die nach der derzeitigen Ordnung der Dinge zur Geschichte Paraguays gehören.

Zunächst gibt es das kleine Buch *De rebus peruanis* aus der Feder Diego de Torres Bollo, das allerdings in zahlreichen Auflagen unter verschiedenen Titeln erschienen ist und auf ein italienisches Original zurück geht, das 1603 in Rom gedruckt wurde. Es ist eine Apologie auf die Jesuitenmission in Juli. Diego de Torres Bollo gilt allgemein als der Gründer des sogenannten Jesuitenstaates in Paraguay, allerdings ist dies eine etwas verkürzte Darstellung aus dem Oevre der romantischen Schule der Historiographie. Die Operation „Jesuitenstaat" gestaltete sich sehr viel schwieriger, als bisher angenommen, die Details befinden sich in dem sehr ausführlichen und ob dieser Ausführlichkeit

---

204 Pease (1978:39). Dies kann allerdings aufgrund mit Assmann (2005) dahingehend interpretiert werden, dass Pease diese Art von Quellendiskurs nicht verstand (Wachtel 1966).

205 Dies erklärt allerdings noch nicht, wie glaubwürdig sein Long Count ist, vgl. den Argumentationsgang bei Fuhrmann (1963).

verwirrenden Geschichte Paraguays aus der Feder von Nicolas del Techo (1673), mit einer ausführlichen Darstellung des Werdegangs Diego de Torres Bollo (auf Latein: *Didacus de Torres Volium*).

Diego de Torres Bollo begann seine Missionstätigkeit an der Araucaner-grenze in Chile, missionierte unter den Omaguas[206], da diese "rebelliert" hatten. Die Omaguas waren Alliierte der Inka, leisteten den Spaniern Widerstand.

Hier musste die Friedensarbeit eben konkreter durchgeführt werden. Dies fand anscheinend 1594 statt. Ebenso kam Diego nach Juli, wo er Quechua und Aymará lernte, unter anderem bei Diego Holguin, einem wichtigen Quechua-grammatiker jener Zeit. Danach wurde Torres Bollo in Quito beschäftigt, wobei ausdrücklich die Herkunft Quitos aus der Inkazeit dargestellt wird, diese Darstellung erweckt den Eindruck, als ob Diego de Torres Bollo gleichsam auf den Spuren Blas Valeras wandelte, da er keine eigene Missionsstrategie gehabt haben soll[207]. Sollten verlorene Werke Blas Valeras auftauchen, dann als Abschriften irgendwo in Ecuador, Sabine Hyland ist dem auf der Spur. Dies alles galt als Vorbereitung und Qualifikation für die Übernahme der Jesuitenprovinz Paraguay, wo die Indigenen Guaraní sprachen, eine Sprache, die mit Quechua nichts zu tun hat, wie auch Ché Guevara erleben musste, der hatte einen Quechuaübersetzer bei seiner bolivianischen Guerilla mit. Das nutzte natürlich unter den guaranisprachigen Chiriguanos nichts. Torres Bollos Qualifikationstour ging anscheinend von Claudio Aquaviva aus, der in der Conquista Espiritual von Ruíz de Montoya folgendermassen dargestellt wird:

> „Im Jahre 1603 schickte der Padre General Claudio Aquaviva, vom Himmel inspiriert, wie wir es oft auch vom verehrten Padre Torres Bollo hörten, seine ganze Gefolgsschaft nach Paraguay und machte sie zur Vizeprovinz. So ernannte er Diego de Torres Bollo zum Provinzial und schickte sechs Padres, drei Spanier und drei Italiener, die ersten, die aus Europa kamen... Zur selben Zeit gründete Pater Claudio Aquaviva die Provinz Paraguay in Rom"

> (Ruiz de Montoya, cap. 4 (1639:54-55)).

So ganz inspiriert vom Himmel dürfte der Start der Jesuitenmission in Paraguay nicht gewesen sein. Acquaviva hatte Acostas *Historia natural y moral de las Indias* appropiert und langsam erscheinen die Texte Acostas als Gegenschriften

---

206  del Techo lib.II,6 (1673:39)

207  Piras (2007), der zu den italienischen Rehabiliteuren Blas Valeras gehört, meint, es habe unter den Jesuiten Parteiungen gegeben, sodass Diego de Torres Bollo als einer der konservativeren Jesuiten das Experiment „Jesuitenstaat in Paraguay" leitete – wahrscheinlich um die radikalen Jesuiten oder, im heutigen Sprachgebrauch: Links-jesuiten - etwas unter Kontrolle zu halten. Der politisch linke Flügel, zu dem selbstredend Blas Valera gehört haben dürfte, sah in den Indigenen Amerikas das wahre Volk Gottes, das vor den Spaniern zu verteidigen war. Zu der Situation in Paraguay vor den Jesuiten: Necker (1979), sowie grundsätzlich Melià (1986), der die Aktionen der Jesuiten einem methodologischen Benchmark unterzieht.

zu Valera im Sinne der Politik von Francisco de Toledo, der in Paraguay sowieso als Persona non grata galt. Die sogenannten Ordonanzas de Alfaro richteten sich in Paraguay wohl auch gegen die Politik des peruanischen Vizekönigs Francisco de Toledo, da diese gegen die Mestizen gerichtet war und in Paraguay aufgrund seiner Geschichte und seines damaligen Gouverneurs Hernan Arias de Saavedra (Hernandarías) auf Widerstand stieß: Es ging um die Stellung der Mestizen, die sich in Peru zusehends verschlechterte. Da aber in Paraguay die überwiegende Bevölkerungsmehrheit Mestizen waren und außerdem Paraguay sich das Recht, den Gouverneur der Provinz selbst zu bestimmen, der spanischen Krone abgetrotzt hatte, bemühte sich Hernandarias, die Jesuiten ins Land zu bekommen. Dies fand unter den Auspizien einer sich tagtäglich verschlechternden Situation der Mestizen in Peru statt[208]. Für ein derartig heikles Unternehmen mußte die Jesuitenprovinz Paraguay von Peru abgetrennt werden, da dort die Anpassung an die indigene Zivilisation alles andere als erwünscht war, wohingegen in Paraguay keine andere Möglichkeit bestand. Diego de Torres, der Provinzialgouverneur der Jesuitenprovinz Paraguay wird gerne als Heros dargestellt, da er das Verbot, Indigene zu persönlichen Dienstleistungen heranzuziehen, überall durchgesetzt hatte[209].

Dies könnte zum Popanz aufgebaut worden sein, um einen hagiographischen Stil für publizierbare Lebensbeschreibungen wesentlicher Persönlichkeiten zu geben. Vielmehr ist davon auszugehen, dass zu dieser Zeit in dieser Weltgegend praktisch anwendbare Entwicklungspolitik das Wissensmonopol der Erben des kulturellen Wissens des Inkareiches war und genau das wurde eben nicht an die große Glocke gehängt. Dies betrifft vor allem Landwirtschaft in den Tropen, Sortenanpassung an die von Europa völlig verschiedenen agrarmeteorologischen Bedingungen usw., Dinge von denen die Spanier jener Zeit nicht den Schimmer einer Ahnung hatten. Dies alles würde die geheimnisvolle Reise Blas Valeras in den Wirkungskreis der Jesuiten im Guaranigebiet um einiges plausibler machen: Derjenige, der Blas Valera aus

---

208 Die Geschichtsdarstellung nach Kahle (1962) ist alt, gewiss umstritten, da er allzu sehr auf das Modell der „spanisch-guaranitischen Allianz" und der Mischehen eingeht (kritisch dazu Susnik, Chase Sardí (1995)), allerdings ist das Ursprungsmodell des Ehepaares Service, auf das Kahle (1962) aufbaut, mittlerweile rehabilitiert: Die Kritiker hatten auf die Zeitgebundenheit empirischer Studien vergessen, wie ihnen Diego Hay (1999) nachgewiesen hatte.

209 Plachetka (1998,1999). Nun lässt die Schule der Blas-Valera – Rehabiliteure darauf schließen, dass die Jesuiten sich eine „politisch korrekte" Geschichtsschreibung zurecht legen mussten. Dies zeigen auch unabhängige Autoren etwa Hehrlein (1992). Dieser analysiert die die Konflikte zwischen dem Dominikanerorden und dem Vizekönig Francisco de Toledo einschließlich Zensur. Dies führte letztlich zur Deportation der Dominikaner und deren Ersatz durch die linientreuen Jesuiten. Diese politischen Risiken sind bei der Diskussion um Blas Valera aufgrund der anerkannten Quellen nicht genügend berücksichtigt worden.

dem Gefängnis befreite, war Aquaviva. Folglich lässt sich die Geheimdienstaktion Blas Valeras bzw. deren Erfälschung mit der paraguayanischen Missionspolitik motivieren. Nun wagte aber niemand die lange Liste der peruanischen Könige und auch einiges andere aus den Arbeiten Valeras zu zitieren, weder die spanischen Kolonialfunktionäre, noch die inkaischen Reichsaristokraten.

# Schlussfolgerung zu konventionellen Geschichtsquellen

Die sogenannte offizielle Geschichte des Inkareiches ist die Geschichte der Dynastie der Inka Yupanqui. Diese kam mit dem Sieg des Inkas Yupanqui Pachacutek an die Macht, musste sich allerdings gegen ältere Kräfte druchsetzen, sodass Tupac Yupanqui ein Kompromißkandidat war. Bis dahin war das Kerngebiet des Inkareiches anscheinend ein Zankapfel zwischen einerseits den Ayamacas und andererseits möglicher Weise den ärmlichen Resten des Kaisertums der „middle horizon polities", wahrscheinlich der Wari. Phillip Ainsworth Means nennt dies in seinem Vorwort zu seiner Ausgabe der Montesinoschronik die Tampu-Tocco-Periode, dies war eine Periode des allgemeinen Niederganges, möglicher Weise vergleichbar mit dem Rom des 5. Jahrhunderts. Allerdings scheint die gesamte Reichsideologie in Mißkredit geraten zu sein. Inka Cusi Yupanqui Pachacutek war, so gesehen, der erste nachweisbare Revolutionär in der südamerikanischen Geschichte, wohingegen die Bezeichnung „Manco Capac" anscheinend ein besonderer Titel eines regierenden Inkas war[210]. Pachacutek hatte mit an Sicherheit grenzender Wahrscheinlichkeit die Geschichte der Inka vor seiner Herrschaft unter politischen und dynastischen Gesichtspunkten umfrisieren lassen. Guaman Poma und die Long-Count-Anhänger dürften politisch jedoch Gegner Pachacuteks gewesen sein. Deshalb wurde nicht Sarmiento de Gamboa von der katholischen Inquisition zum anerkannten Sprachrohr der Geschichte der Inka erwählt, sondern Garcilaso de la Vega, da dieser scheinbar einen tragbaren Kompromiss gefunden hatte.

Dies alles kann als als Lehrstück in imperialer (1) Geschichtspolitik genommen werden und (2) zur Kaschierung spanischer Inkompetenz: Ad (1) Geschichtspolitik gelten die notwendigen Legitimationsdiskurse der Imperien, die sich im Falle des Inkareiches durch spezifische staatstragende Riten manifestierten, bei denen, der Maisbau eine tragende Rolle spielte (Bauer 1992b).

---

210 Diese Titulatur taucht als Beiname der regierenden Inka von Vilcabamba regelmäßig auf (Colección Betancourt Bd. 3, passim)

# Imperiale Interpretationsmodelle

Wie Münkler in seiner Darstellung der wichtigsten Ergebnisse der Imperiumsforschung betont, sind nun alle Imperien von einer glaubwürdigen Legitimität ihrer Existenz abhängig, er schreibt:

> „Alle Imperien mit längerem Bestand haben sich als Zweck und Rechtfertigung ihrer Existenz eine weltgeschichtliche Aufgabe gewählt, eine Mission, die kosmologische oder heilsgeschichtliche Bedeutung für das Imperium reklamierte. Hegemonialmächte brauchen keine Mission, Imperien hingegen kommen ohne sie nicht aus. ... Die imperiale Mission ... wendet sich an die Menschen innerhalb des Imperiums, vor allem an die in seinem Zentrum"[211].

Daraus folgt zwingend, dass das Imperium sich selbst als das Ergebnis einer geschichtsnotwendigen Entwicklung darstellt. Dementsprechend ist die Erzähl-Geschichte des Imperiums auszugestalten, sodass das Imperium als Art Erlösung von der Geschichte mit ihrem unübersichtlichem Chaos darstellbar wird:

> „Wie Thukydides, Livius und Tacitus lehren – und natürlich Macchiavelli, wenn er ihre Schriften kommentiert – formt sich ein Imperium nicht auf der Grundlage von Gewalt, sondern auf der Fähigkeit, den Einsatz von Gewalt als im Dienst des Rechts und des Friedens stehend darzustellen... Das Empire entsteht nicht aus freien Stücken, es wird vielmehr ins Leben gerufen, konstituiert aufgrund seiner Fähigkeit zur Konfliktlösung"

> (Hardt, Negri 2003:31).

Daraus schließen Hardt, Negri (2003:50), dass die machtvollsten Legionen des derzeitigen postmodernen Empires (welches nach den Anschlägen von 9/11 angeblich nicht mehr existiert) nicht von den Militärs gestellt werden, sondern von den NGOs, die gewaltlose Kriege führen; dies ist soft power: Entbehrung wird als Feind definiert. Infolgedessen hätten die NGOs die Mentalität von Kreuzrittern gegen eine Menge von Staaten, welche Entbehrungen zulassen und daher als „Sündenstaaten" in die Achse des Bösen aufgenommen werden.

Dies ist laut Hardt und Negri die Parallele zwischen modernen Nicht-regierungsorganisationen und den Jesuiten der frühen Neuzeit als *frontier men* der jeweiligen Empires. Obwohl der Tenor dieser Argumentation linksextrem ist, gibt es sicherheitspolitische Debatten, welche Soft-Power in dieser Rolle sehen. Dem steht die „romantische Schule der Historiographie der Américas" entgegen, die auch den Jesuiten in Gestalt Fritz Hochwälders Theaterstück „Das Heilige Experiment" ein Denkmal gesetzt hatte (Otruba 1962:7-15).

---

211 Münkler (2008:132-133), der Grund ist natürlich, dass die „Bürde" des Empires begründet werden mußte. In diesem Zusammenhang ist die Rolle des Maisbaus bei den Inka ein Schlüsselhinweis (Bauer 1996b).

Sozioökonomisch mag es der Nachfolgestaat des Inkareiches gewesen sein. Das Inkareich mag zwar unter gegangen sein, die Andenzivilisationen existieren wenigstens im Andenhochland bis heute. Der neoliberale Historiker David Landes (2009:125-129), dem niemand Sympathien für linke oder marxistische Lehren unterstellen kann, zieht es im Falle des Inkareiches vor, von ihrem teilweisen Erfolg zu sprechen, den sie ihren raschen Postverbindungen über die Chasqui zu verdanken gehabt hätten. Er kann den kulturellen Widerstand gegen die europäische Dominanz nicht einschätzen, der immer noch andauert. Nun funktioniert industrielle Landwirtschaft in landwirtschaftlich genutzten Hochgebirgsregionen nicht[212]. Eine Bergbauern-Krisenregion in ein Überschussgebiet zu verwandeln ist allerdings eine Leistung[213], dieses geschafft zu haben, war das Erfolgsgeheimnis der Inka. Diese hochkomplizierte Frage stand bei diesem „know-how-transfer" zwischen Inka und Jesuitenstaat in Paraguay, der gründlich vertuscht werden musste, jeodch nicht auf der Agenda. Eines der Erfolgsgeheimnisse der Inka ist die standortspezifische Kultivierung von Kulturpflanzen, sodass jede Höhenzone ihren eigenen Agrarkalender hat und den entsprechenden Versuch der Bauerngemeinden, möglichst viele ökologische Zonen unter ihre Kontrolle zu bringen (Murra 2008). Dies hatte zur Kategorisierung der Landverteilung der Bauerngemeinden in das (a) kompakte Modell, also das Land um die Siedlung, (b) das Archipelmodell, das bedeutet, die Existenz von periphären Produktionszentren und entsprechenden Streubesitz, damit war die Landbesitzfläche des Dorfes nicht geschlossen, und (c) ökologische Komplimentarität, das bedeutet Austauschbeziehungen geführt.

# Narrative der Entstehung des Inkareiches

Der nun folgende, narrative Teil der Geschichte der Entstehung des Inkareiches ist unter den Auspizien des vorangegangenen quellenkritischen Teiles geschrieben, zu einem jetzt klarer werdenden Zweck: Mission und Kolonialentwicklung. Dies betrifft die Kompetenzen und Wissensbasen mit dem der Jesuitenstaat auf der Ebene der praktischen Durchführung überhaupt möglich gemacht wurde. Dieser Teil der Untersuchung, erfolgt später, weil er detaillierte Auseinandersetzungen mit Themen der Agronomie verlangt. Die spanischen Conquistadores hatten davon

---

212 Moderne Landwirtschaft hängt, wie jede kapitalistische Wirtschaft, von effizienter Ressourcennutzung und Kostendegressionseffekte (economics of scale) ab. Dies ist bei beschränkten landwirtschaftlichen Nutzflächen nicht wirklich effizient, und aufgrund der Zugänglichkeit eher kostenintensiv.

213 Grundlage dieses „Wunders" ist, soweit bekannt, das Prinzip der simultanen Bewirtschaftung der unterschiedlichen ökologischen Nischen im Gebirge mit den Feldfrüchten, die dort optimal wachsen (Prinzip der vertikalen Kontrolle, Murra 1975, 2008a), dies ist allerdings einigen Beschränkungen unterworfen (Murra 2008b).

keine Ahnung, ebenso wenig die Jesuiten. Daher soll auch der Streit um die Neapelmanuskripte Blas Valeras in die richtigen Dimensionen gerückt werden, die durchaus auch eine strategisch motivierte Fälschung gewesen sein könnten.

## Die Inka vor dem Imperium

Die Erzählungen über die Gründung Cuscos und der frühen Inka sind zu vage, um die Entstehung des Inkastaates vor der Schwelle zum Imperium nachzuvollziehen, obwohl Espinoza Sorriano (1997:33-46) versucht, aufbauend auf die alte Theorie, dass die Inka eine ethnische Gruppe gewesen wären, dieses nachzuvollziehen. Die neuen Ergebnisse nach Covey (2003) gehen vom Ansatz der prozessuellen Archäologie aus. Die archäologisch feststellbaren „Visitenkarten" der einzelnen Gruppen ist deren Keramik, die in Heimarbeit hergestellt wurde. Dies erlaubt die Rekonstruktion des Prozesses der Entwicklung von entsprechenden, meist urbanen Zentren. Aufgrund der landwirtschaftlichen Bedingungen in den Anden folgt, dass das Prinzip des Hauptortes (*hatun llaqta*) und seiner Satellitensiedlungen, die heutzutage als „anexos" bezeichnet werden, ebenso auf die urbanen Siedlungen der Inka anzuwenden sind. Nach Covey (2003) gibt es für die vorimperialen Inka im Kerngebiet des nachmaligen Inkareiches folgende Entwicklungsetappen: (1) Phase A: 600-1000 AD mit relativ kleinen Siedlungen (1-3 ha Grundfläche), die, aufgrund der gefundenen Keramikstile, von Provinzialwaris besiedelt worden sein dürften, (2) Phase B: 1000-1400 AD: Ab 1000 AD veränderten sich die Siedlungsmuster radikal, neben Cuzco wurde Puka Pantillijika zum zweiten administrativen Zentrum. Der Beginn dieser Phase ist mit der Killke-Keramik ausgewiesen. Die Orte Caquia Xaxihuana, heute Huchuy Cusco (das „kleine Cusco"), Calca und Pisaq gehören, obwohl Pisaq heute architektonisch im ausgesprochenen Imperialstil erhalten sind, in die Phase der vorimperialen Inka, der Killke-Keramikperiode.

Die (3) Imperialphase C: 1400-1532 reicht archäologisch noch in die Zeit der Conquista und der frühen Kolonialzeit hinein. Leider sind die Karten in Cowey (2003) zu ungenau, um Höhentransekte zu legen.

Es war uns aus zeitbudgetären Gründen nicht möglich, hier persönlich die Standorte genau vom Talboden aus zu vermessen: Das Global Information System oder Google Maps funktionieren im ländlichen Südamerika nicht immer.

Barometrische Höhenmesser jedes Mal aufgrund des örtlichen Tagesluftdruck kalibriert werden müssen. Ein GPS-System hatten wir bei den Reisen und Expeditionen nicht mit, sodass wir uns auf die nautische Technik der Kreuzpeilungen mittels Bussolen verließen und diese auf Google-Earth am Reißbrett nachvollzogen[214].

---

214 Google Earth wird meist wegen der ungenauen Höhenangaben in Meter über dem Meeresspiegel kritisiert, mit der archäologischen Fachliteratur verglichen, sind sie ausreichend exakt.

Die Siedlungsmuster, welche Covey (2003) untersuchte, liegen im Vilcanota-Tal, dem derzeitigen „heiligen Tal der Inka". Dieses Tal weist einen Höhengradienten auf, von Ollantaytampu, an der ökologischen Grenze zwischen dem Hochurwald etwa am nordwestlichen Ende gelegen und der Gegend um Oropeza und Tipón am südöstlichen Ende im Übergang von Suni zur Puna, Dies ist ein Gradient der Ökoregionen. Auf der Höhe der heutigen Siedlung Tinta, mit dem Viracochatempel Raqchi ist die Zone Puna erreicht, da dort das Ichu-Gras vorherrschend wird. Die erste repräsentative Stadt aus der Inkazeit, die von Covey (2003) behandelt wird ist Pisaq, nach der obigen Einteilung Phase B-C.

Die Expansion der Inka hatte ansatzweise bereits in der präimperialen Epoche begonnen, erkennbar an der Killke-Keramik, die den Radius von 20 km, der bei lokalen Keramikstilen eingehalten wird, überschritt. Die Intensivierung der Landwirtschaft begann ebenfalls mit dem Beginn der Killkephase durch die Terrassierung von Feldern eher in Talsohlennähe (valley-bottom fields, Covey 2003:342), um die Bevölkerung von ihren Bergsiedlungen abzusiedeln und ihnen einen neuen Lebensunterhalt zu verschaffen, wahrscheinlich auch, um leicht zu verteidigende Widerstandsnester erst gar nicht aufkommen zu lassen. Hier fehlt in gewisser Hinsicht die Feinauflösung der Zeitachse. Wäre diese gegeben, könnten die Veränderungen der Muster kultivierter Landschaften und Bewirtschaftungsformen entlang der Höhentransekte als Ordinate und der Zeitachse als Abszisse diese Veränderungen mit den bekannten Zeitreihen der Paläoökologie dargestellt werden. Covey (2002:342) meint auch vorsichtig, dass die landwirtschaftliche Intensivierung aufgrund der neuen Terrassenfelder und Irrigationssysteme inferiert werden kann und argumentiert, dass die Erzählungen über die einzelnen Inka, welche die Spanier festgehalten hatten, von Überlieferungen abstammten, die auf Prozesse sich beziehen, die einige Generationen lang gedauert hatten und einem einzelnen Inka zugeschrieben werden (Covey 2003:144), beispielsweise Inka Rocca[215].

Dies ist der Schluss, der aus dem bisherigen Modell des Inkareiches als Monarchie zu ziehen ist. Wäre das Inkareich ursprünglich eine Republik gewesen, zu mindestens vor der Regierungszeit des Inka Pachacutek, kann analog zum Römischen Reich diese Republik von einer Figur zur Monarchie umgewandelt werden. In Rom waren dies Julius Caesar und sein Nachfolger Augustus[216]. Die Schwierigkeiten Inka Yupanqui Pachacuteks, einen allgemein akzeptierten Nachfolger zu finden, lässt darauf schließen, wohingegen die Inka

---

215 Die Überlieferung dürfte auf eine Hymne zurückzuführen sein, die Pachacuti Yamqui (f.16v) überliefert. Diese Hymne ist quasi ein Gebet an die Herren des oberen chiccha und unteren Chiccha, das die Herausgeber Pierre Duviols und César Itier (1993:144) mit „mundo" übersetzen, es könnte aber auch Hagel sein, jedenfalls werden die Flüsse darin eindeutig erwähnt. Den Hinweis auf den Hagel verdanke ich einer Nativespeakerin aus Cusco.

216 Calanchas Debatten über die Abfolge von Regierungsformen scheint ein versteckter Hinweis darauf zu sein.

vor ihm meistens Ehefrauen aus anderen politischen Einheiten hatten. Nun sollte dieser Allianzpolitik, die instabil war, dadurch ein Ende gesetzt werden, dass Viracocha Inka sich selbst als vom Hochgott Viracocha eingesetzter Universalkaiser präsentierte. Dies stieß auf Widerstand, sodass jener Chanka-krieg ausbrach, der für gemeinhin als jenes Ereignis dargestellt wird, mit dem die Inka in die Geschichte eintraten. Der Chronist Betanzos schildert dies allerdings etwas profunder[217].

## Der Chankakrieg: Erschließbare Ursachen, Verlauf und Folgen

Zur Regierungszeit Viracocha Inkas gab es eine Menge von lokalen Herren, die sich alle „capac Inca" nannten, allerdings hat Betanzos Bericht hier nicht den Tenor, dass es sich dabei um die sogenannten "incas por privilegio", die Verbündeten der Inka aus vorimperialer Zeit handelt. Einer dieser capac incas war Uscovilca, der Chef der „nación changa" (Betanzos lib.I cap. 6), der sechs Unterhäuptlinge (capitánes) hatte. Betanzos nennt deren Namen. Diesem Herren Uscovilca passte es in keiner Weise, dass Viracocha Inka sich hier zum Kaiser durch die postulierte Gnade des Hochgottes Viracocha ausrufen ließ, er hielt sich für mächtiger und beanspruchte den Titel des Universalkaisers aller Gebiete. Darüber wurde Kriegsrat abgehalten. Seine Unterhäuptlinge sollten, wie sich Betanzosbzw. seine Frau Gemahlin Angelina Yupanqui aus der Lineage, die Inka Pachacutek gegründet hatte, sich ausdrückte[218], die Welt erobern.

Die Armee der Chankas wurde mit der Aussicht auf Beute zu-sammengetrommelt, nicht viel anders als die Armeen im Dreißigjährigen Krieg. Wofür kämpften aber die Chankas? Für Kleidung, Salzfleisch und -fisch, Sklaven bzw. persönlich Bedienstete (yanaconas), Frauen usw. Allerdings geht aus diesem Abschnitt des Bandwurmsatzes nicht klar hervor, ob die Armee der Chankas nicht teilweise damit auch ausgerüstet wurde.

Jedenfalls stieß die Armee der Chankas bis nach Charcas vor. Charcas ist ein Landstrich in Bolivien, in der östlichen Kordillere, in das Gebiet der Caracara, das Gebiet der späteren Audiencia de las Charcas, der für die spätere Provinz Paraguay des Vizekönigreiches Peru zuständige Gerichtssprengel. Ein weiterer Heresteil sollte nach Cusco vorstoßen, Unterabteilungen stießen allerdings bis zu den „Chiriguanaes" vor, die entsprechende Grenze hatten wir in Samaipata erreicht. Diese sind die heute in Bolivien lebenden Guaranies, die den

---

217 Juan de Betanzos war ein Conquistador, der mit Coya Angelina Yupanki verheiratet war, einer Inka-Prinzessin, die ihm anscheinend Zugang zu den Originalquellen über den Inka Yupanki Pachacutek gab. Er schrieb daraufhin 1551 eine Chronik, die Suma y Narración, die unlängst erst vollständig editiert wurde (Indianer in Wien).

218 Sie rezitierte, er schrieb auf Spanisch mit und das merkt man an den Bandwurmsätzen der Betanzos-Chronik

Inka und Spaniern später noch erhebliche Schwierigkeiten machen sollten. Dies hängt mit der Geschichte von Samaipata zusammen. Viracocha Inka zog sich mit seinem Hofstaat angesichts dieser Übermacht nach Cacia Xaxijuana zurück, gegenüber Calcas, das heißt vermutlich ins heutige Huch'uy Cusco, das kleine Cusco (Betanzos Lib I, cap 6 (1999:25)). Das bedeutet, die Chankas waren nicht irgendeine plündernde Horde, wie sie für gewöhnlich dargestellt werden, sondern eine angehende Großmacht.

Stutzig macht jedoch, dass einige Chronisten den Chankakrieg überhaupt nicht erwähnen. Viracocha Inka nahm nun speziell den jungen Inka Yupanqui ins selbstgewählte Exil mit, wie Betanzos betont. Dies ist eine „captatio benevolentiae":Aufgrund der bereits erschlossenen Quellenstänge, insbesondere die Version von Cieza de León, war Inca Yupanqui bei den Canas und Canchis, um sich zu adeln. Im Übrigen ist bei Cieza de León von dieser Großmacht, welche die Chankas hier versuchten, zu werden, mit keinem Sterbenswörtchen die Rede. Betanzos, bzw. seiner Frau Gemahlin zufolge, hatte Viracocha Inka bereits Kapitulationsverhandlungen mit den Chankas aufgenommen. Nun beginnt die heroische Biographie von Inka Yupanqui, der schließlich Pachacutek werden sollte: Vicaquirao, der an sich als Verwandter Inka Rocas gilt, und Apomayta waren Mitglieder dieser Unterwerfungsdelegation, aber Cusi Yupanqui hatte seine Machtbasis bei den Canas und Canchis. Es erscheint unmöglich, mit denen alleine den Chankas zu widerstehen, es sei denn, den Chankas widerfuhr jene Verhängnis allzu raschen Erfolges, die der Begründer der chinesischen Strategiewissenschaft (bingfa já), Sunzi[219] bei solchen Fällen prophezeit: Die Kräfte des Feindes sind durch lange Feldzüge aufgezehrt und die Truppen über ein zu weites Territorium zersplittert. Außerdem, womit sollten die Chankas ihre Truppen ernähren, außer durch Requirationen, bzw, was im Wesentlichen dasselbe ist, Plünderungen?

Der weitere Verlauf der Ereignisse ist bekannt: Inca Cusi Yupanqui verteidigte mit den Seinen Cusco erfolgreich gegen die angreifenden Einheiten der Chankas, ihm wurde allerdings der Triumph verweigert, da im Interesse der Staatsraison Inca Urcon der Sieg und Königstitel zugesprochen werden sollte. Dies führte zum Putsch Inka Cusi Yupanqui Pachacuteks und zur Verfolgung der Gegenpartei. Nun begann der meteorhafte Aufstieg der Inka, anfangs sogar im Bunde mit den Chankas.

Julien (2003:30) liest aus der Chronik Sarmiento de Gamboas heraus, dass bei Vorstößen in fernere Gebiete die Inka anscheinend mit den nun geschlagenen und zersprengten Chankas verbündet gewesen waren. Allerdings betont Rostworowski (1999:61), dass eben nicht alle Geschichtsschreiber den Chankakrieg als jenes herausragende Ereignis in der Entstehungsgeschichte des Inkareiches darstellen und Garcilaso de la Vega schreibt ihn überhaupt

---

219 Bekannt als Sun Tzu, in einer anderen Umschrift der chinesischen Zeichen, hier wird die pinyin-Umschrift der VR China verwendet.

Viracocha Inka zu. Nach dem Siege über die Chankas begann, parallel zur Expansion des Inkareiches, die tiefgreifende Reform des Kerngebietes um Cusco, da allerdings die gesamte Geschichte des Chankakrieges von Mythen umrankt ist, wollen wir auf Chanan Qori Cuca eingehen:

Sie war eine Amazone, die mit ihrem Frauenbataillon Cusi Yupanki im Kampf gegen die Chankas unterstützte und deren Namen im Gedächtnis soweit verhaftet blieb, dass die Malerschule Cuscos diese Szene bildlich darstellte.

John Earls hatte eine Zeit lang auf Zuidema[220] aufgebaut, dessen Metaphysik der Ceques er mittels Moray auf den Boden der Realität durchdachten Bioressourcenmanagements herunter holte (Earls 1989). Seine Konzepte bauen, soviel sei jetzt bereits verraten, auf die Entwicklung eines neuen imperiales Grundnahrungsmittel auf, Mais, und dessen protowissenschaftliche Kultivierung im großen Stil[221].

Die rasche Expansion des Inkareiches, die aufgrund des Chankakrieges folgte, konnte leicht damit erklärt werden, dass die Inka die von den Chankas bereits eroberten Gebiete einsammelten. Zunächst stießen die Unterabteilungen der Inkaarmee nach Süden vor, eroberten die Königreiche rings des Titicacasees und wandten sich dann über Arequipa, entlang des Weges, den heute die Eisenbahn nimmt, der Küste zu. Anscheinend waren die Inka mit den Chankas verbündet, das Bündnis zerfiel bei einer Operation in der Nähe des heutigen Ayacuchos.

Im Gefolge des gewonnenen Chankakrieges dehnte sich das Inkareich raschest aus, auch nach dem Ende des zeitweiligen Bündnisses mit den Chankas nach dem Tod desjenigen, der unbedingt zum Kaiser der Andenzivilisation aufsteigen wollte, Uscovilca.

Damit sei die Frage gestattet, ob das Inkareich wirklich militärisch expandierte, oder ob die Inka den vakanten Kaiserthron eines Reiches übernahmen? War diese Expansion bloß Integrationspolitik, die möglicher Weise an vorimperiale Herrscher, am Ende gar an jene Inka adressiert war, die dort bereits ihre Gemeinden (mit AGPs) hatten und die sich nun dem neuen imperialen Regime Cuscos unter Pachacutek zu beugen hätten?

## Der Marsch in die Überdehnung des Reiches

In Nordperu stand in voller Blüte das Reich von Chimu, mit Chan-Chan, seiner Hauptstadt. Dieses Gebiet ist allerdings außerhalb des ökologischen und daher kulturell spezifischen Gebietes von Zentralperu und dem Süden der heutigen Republik Peru. Die Operation in der Nähe von Ayacucho, bei welcher der Anführer der Chankas desertierte, führte zum Bruch des kurzfristigen Bünd-

---

220  Die astronomischen Annahmen dieses Autors sind von Bauer, Dearborn (2003) nachgemessen und stellten sich mitunter als als irrig heaus. Zuidemas Theorie ist ebenso dogmatisch wie problematisch (Nowack 1998).

221  Sarmiento cap. 30, Plachetka, Pietsch (2009)

nisses zwischen den Chankas und den Inkas. Capac Yupanqui, der Bruder Pachacuteks führte die Armee der Inka weiter nach Norden entlang der peruanischen Küste, als befohlen. Capac Yupanqui hatte allerdings eine kostspielige Art zu erobern: Mit Geschenken.

Er brach damit jenen langwierigen Konflikt mit dem Königreich Chimu vom Zaun, (Julien 2000:251), der fast die Dimensionen eines Abnutzungskrieges angenommen haben durfte. Dies ermöglichte jenem verliebten Kommandanten von Ollantaytampu, eine Revolution gegen den Inka von Ollantaytampu aus zu starten, da er unbedingt seine geliebte Sonnenjungfrau Cusicoyllur heiraten wollte. Bei Fernando Montesinos[222] gibt es Andeutungen über Frauen, die Liebeszauber mittels Cuyancarumis (cuya= lieben, rumi= Stein) unter Anleituung der Priestern durchführten. Sie kompromittierten damit Reichsaristokraten und brachten dadurch das Reich angeblich fast an den Abgrund. Über diesen *Indian Summer of '69* sowie dem Ritual des mayuccati ist nicht viel überliefert. Sozialanthropologisch bedeutet dies, dass von Frauen, die von Heiratsvorschriften, etwa derjenigen Inka Roccas lt. Montesinos (cap.14-16) genug hatten, die Revolution ausging. Humanökologisch ist von nachhaltigen Verbesserungen der Wirtschaft auszugehen, da einer der Gründe des Chankakrieges eine Klimaverbesserung und daraus resultierende Überbevölkerung im Gebiet der Chanka und Wanka zu sehen ist (Malluma Córtez 1996). Die Inka hatten dies besser im Griff[223]. Der großzügige König, der sich im Drama letztlich der Macht der Liebe beugt ist zwar Tupac Yupanqui, wahrscheinlicher ist, dass Pachacutek persönlich die Rolle des großmütigen Kaisers gespielt hätte, wenn diese Affäre sich im Inkareich zugetragen hätte.

Das Indiz hierfür sind Pachacutiks eigenen Freundinnen: Zunächst seine Beziehung zu Chanan Qori Cuca aund danach zu Anaharqui, die nicht zum Adel gehörte. Im Übrigen ist Pachacutek selbst ein Role-Model eines erfolgreichen Revolutionärs im Namen höherer Interessen oder Werte, und zwar gerade mit der weiblicher Hilfe Chañan Qori Cucas, die als Chefin der Iñaca Panaca, die aus Amazonen bestand, sehr wohl später als Tochter des Inkas interpretiert werden könnte. Pachacuteks Rang war eben umstritten, so kann er höchstpersönlich der wahre Ollantay gewesen sein, hängt doch das Drama an einer Vorgeschichte, wie das immer wieder überarbeitete griechische Drama Medea an der Argo-nautika als Vorgeschichte hängt. Die Vorgeschichte des Ollantaydramas ist allerdings noch nicht hinreichend genau identifiziert. Die Eroberung Chimus band die Reichsarmee lange Zeit im Norden, dies wurde ein

---

222  Montesinos: Memorias antiguas historiales, cap. 20

223  Die Interpretation von Plachetka (1994) hing noch an den älteren, strukturalistischen Ansätzen, die Werke von Earls (1989) waren damals nicht zugänglich und die Neuinterpretation der Entstehung des Inkareiches durch Brian S.Bauer noch nicht allzu weit verbreitet. Zum möglichen Akt der Weltneuschöpfung, das heißt auf Quechua auch Revolution (pachacutek).

langwieriger Krieg, da Chimu ein hochentwickeltes Gemeinwesen war, selbst expansiv und maritim ausgerichtet, seine Marine bestand aus Balsaflößen. Die Umwandlung der Moche-Kultur in das Chimureich wird für gewöhnlich Eroberern unter dem Kommando von Tacanayamo zugeschrieben. Allerdings war das Kerngebiet Chimus an der Küste gelegen. Seine möglichen Handelswege über das Meer halfen nichts gegen die enorme Gefahr, dass Eroberer das Einzugsgebietes der Flüsschen besetzen, welche dieses Wüstenkönigreich mit Trinkwasser versorgen. Erst mit dieser strategischen Maßnahme konnten die Inka Chimu unterwerfen.

Tupac Yupanqui ließ nach der Eroberung Chimus anscheinend die überseeischen Handelsbeziehungen Chimus auskundschaften und segelte einigen Überlieferungen zufolge mit einem solchen Balsafloß in den blauen Pazifik hinaus, kam sogar zurück, nachdem dort zwei Inseln entdeckt wurden. Nach der Eroberung Chimus wurde es ernst, der Zug nach Norden der Expansion des Inkareiches nahm existenzgefährdende Ausmaße an.

## Chachapoyas: Der Rückschlag in Imperialismus

Rostworowski (1988:111-116) zufolge war die Eroberung Chachapoyas das Ergebnis der Eroberung von Chimu, dem großen Küstenkönigreich. Chimu wurde zwar von Tupac Yupanqui erobert, aber er musste diese Eroberungen sichern, sodass er Cajamarca einnahm. Von dort begann der zermürbende Feldzug gegen Chachapoyas. Deutlich wird hier, dass es sich bereits um einen imperialistischen Eroberungskrieg handelt, wofür Tupac Yupanqui Cajamarca zu einem zweiten Zentrum wie Cusco ausbaute. Dazu wurden „,,Umsiedler", eingesetzt, die in spanischen Dokumenten als „mitimaes" auftauchen. Diese Umsiedler kamen aus Cusco, wobei die Inka Menschen sowohl zur Belohnung umsiedelten, als auch Leute per Umsiedlung zu verbannen pflegten. Diese sollten den Einheimischen entwickelte Landwirtschaft beibringen und einen Sonnentempel bauen, wegen der Reichsideologie der Inka (Cieza Lib. II,cap. 51). Cajamarca wurde zu einem vorgeschobenen wirtschaftlichen Entwicklungsfokus, selbst außerhalb der ursprünglichen Gebiete, in denen dieses Expansionsmodell per wirtschaftlicher Entwicklung funktionierte, dessen Beschreibung allerdings die Andenüberquerung 2006 erforderlich machte[224], hier als „Samaipataexpedition" bezeichnet. Danach marschierte Tupac Yupanqui gegen Quito, um die Yungas zu beherrschen, sehr wahrscheinlich die Yungas auf der Amazonasseite der Anden.

Der nächste, der versuchte, Chachapoyas zu erobern, war Huayna Capac. Cieza de León stellt ihn als den einzigen unbestrittenen Inka dar, aufgrund der von ihm in Quechua wiedergegebenen Krönungsformel: *„Guayna Capac Zapalla [inca] tucuyllacta uya"* - Cieza übersetzt: *„Huayna Capac solo es el rey, a él oygan todos los pueblos"* - Huayna Capac ist der einzige Inka. Auf ihn

---

224   Cieza lib II, cap. 57 (cf. Plachetka 2003b: 64).

hören alle (Cieza lib. II, cap. 61 (1984:212)). Dem war allerdings keineswegs der Fall, denn in der Gegend zwischen Jauja und Cajamarca waren wieder Unruhen ausgebrochen. Diese beschreibt Cieza de León folgendermassen: „se levantan y acaudillaban para hacer guerra y ortogaban paz cuando ellos quisieron"[225]. Das bedeutete, die dortigen politischen Einheiten zogen gegeneinander wieder unter der Führung von Kriegshäuptlingen (sinchis) in den Krieg und verhandelten über Krieg und Frieden selber. Niemand akzeptierte die Inka als Monopolisten auf Politik und Krieg.

Cieza stellt sie in Nordperu als „Grüßaugusts" dar, bis Huayna Capac hier wieder Ordnung schaffen musste. Wirkliche Macht hatten die Inka anscheinend nur im Umkreis ihrer Stützpunkte, also ihrer Städte oder Provinzzentren. Die Chachapoyas besiegten Huayna Capac zwei mal. Etliche wurden dennoch nach Cusco verbannt, wo sie Cieza de León noch persönlich kennen lernte (Cieza Lib II, cap. 53), definitiv wurde allerdings Chachapoyas von Huanca Auqui, einem General von Huascar Inka angegriffen, er kämpfte also am Vorabend der spanischen Eroberung zwischen den Leuten von Cajamarca und Chachapoyas (Pachacuti Yamqui fol. 38 (1993:257)) und verlor den Krieg. Diese Gegend blieb zum Teil unerobert, Huayna Capac siedelte dort Soldaten und „mitimaes de la frontera" an, also Wehrbauern (Cieza lib. II, cap. 63). Chachapoyas kam überhaupt erst nach der offiziellen Eroberung des Inkareiches zum spanischen Kolonialreich, diese Gegend wurde von Alonzo de Alvarado erobert, auf Befehl von Vaca de Castro (Zarate Lib. II, cap. 13). Als Gonzalo Pizarro Truppen für seine Revolte gegen die spanische Krone suchte, kamen Leute auch aus Chachapoyas.

Die Eroberung Chachapoyas mochte die Inka bzw. die neue Dynastie der Inkas, die Pachacutek gegründet hatte, überdehnt haben.

Den Begriff „overstretched Empire" prägte Paul Kennedy (1989): Der Aufwand, das Imperium zu erhalten, wird für das Imperium existenzgefährdend, allerdings konnte es nicht mehr zurückgenommen werden. Der Begriff „overstretched empire" scheint an das Hookesche Gesetz über das Verhalten von Spiralfedern zu erinnern. Der ständige Entdeckung von Knotenschriftschnüren in der Gegend von Chachapoyas[226] ist jedoch gesondert nachzugehen.

## Kriterien für die Überdehnung und den Rückschlag

Neuere Forschungen zum vorangegangenen Reich von Tiwanaku um den Titicacasee zeichnen ein anderes Bild von den geographischen und ökologischen Bedingungen der Geschichte des vorspanischen Perus: Die übliche Annahme eines „andinen Kulturareals" in den Grenzen des Inkareiches gilt heutzutage als literarisches Konstrukt: Die befragten Inka-Aristokraten erzählten meist den

---

225 Cieza Lib. II, cap. 63, Plachetka 2003b:64
226 D'Altroy (2002), Blas Valera stammte aus dieser Gegend.

Spaniern ihre Reichsgeschichte, die von einer Ideologie der Einheit der andinen Welt ausging. Von dort übernahmen diese Vorstellung moderne, europäische und nordamerikanische Archäologen und Ethnologen, die nicht mehr haltbar zu sein scheint: Von 700-900 AD wurden die Zentralen Anden vom Warireich dominiert, die sehr wahrscheinlich bereits Quechua als lingua franca hatte. Der Süden um den Titicacasee wurde vom Tiwanakureich dominiert, linguistisch ist dies heute das Gebiet der Aymará und daneben gab es noch Puquina als Sprache. Der Norden des heutigen Perus, also die Gegend um Cajamarca, Chachapoyas und das Chimú-Reich gehörte zu den Muchic-sprachigen Gebieten (Stanish 2003:30-32). Es war den Chimúreich durchaus möglich, obwohl es an der Küste gelegen war und seine Balsaflotten hatte, heute sind die „caballitos del mar" kleine Totora-Schilfboote, die für den Fischfang verwendet werden, hier ein „Weltsystem" auftzubauen, welches auf Austausch über die Anden hinweg erhalten wurde, nämlich zwischen Chimu an der Küste und Chachapoyas am Andenostabhang, wo Calancha (Lib.I, cap.6, 1638:35) zufolge Tupi-Boote an der paraje de Chachapoyas anlegten.

Es ist von Mojobamba als „paraje de Chachapoyas"[227] auszugehen[228]. Der Artikel von Mograve et.al. (1996) beschreibt das tintenfaßähnliche Gebäude in Kuelap als Solarobservatorium, wobei sie als Folie zur archäologischen Interpretation dieses Bauwerkes die Kogis aus Kolumbien bemühen, die als Nachfolger der Tairona-Hochkultur gelten. Es gibt aber Stimmen, welche die Tairona-Hochkultur in Kolumbien als historiographische Erfindung von Reichel-Dolmatoff darstellen. Die Amazonas-Hochkulturen, die unlängst erst von Heckenberger (2003) und anderen, am oberen Rio Xingu in Brasilien entdeckt worden waren, erlauben eine adäquate Interpretation des Tagebuchs von Carbajal. Carbajal[229] hatte Orellana bei seiner Amazonasexpedition begleitet, bei der sie von den Omaguas als Dolmetscher und Führer abhingen. Diese hatten genug Kontakt zum Inkareich, um mit den Andenbewohnern kommunizieren zu können. Carvajal, der Chronist der Expedition, berichtete, an  Städten vorbei

---

227  Im Jahre 2004 fuhr der Linienbus Lima-Chachapoyas in das Utcubambatal von der Mündung des Flusses in den Marañon flußaufwärts. Die historische Strecke wäre Cajamarca-Celedin, um an den Oberlauf des Flusses zu kommen.

228  In diesem Zusammenhang stellt sich auf die Frage nach der indigenen Binnenschiffaim Amazonasgebiet, die über die Verbindung zwischen dem Amazonasbecken und dem Orinocobecken über den Casiquare, der Bifurkation zwischen dem oberen Rio Negro und dem Orinocofluss, sich sehr wahrscheinlich über die indigene Schiffahrt in der Karibik bis nach Cuba oder ins Mayagebiet fortsetzte. Calancha (lib.I, cap.6, 1638:35)) erwähnt Chachapoyas als Flußhafen für „Indios de Brasil", also wahrscheinlich Tupís, die in Kanus („canoas") bis „el paraje de Chachapoyas" (damit ist parador de Chachapoyas gemeint) von der Amazonasmündung gekommen sind.

229  Die Frage, wo die „Karibik" daher, die Amazonasschiffahrt in Rechnung gestellt, in der Zeit vor den Spaniern endete, ist offen, weshalb die brasilianische Atlantikküste von Fachhistorikern ebenfalls als „Karibik" angesprochen wird. Internationaler Kongress „Outlaws im karibischen Raum", Wien 2010

gekommen zu sein und das glaubte ihm bis zu den Entdeckungen der Amazonaszivilisation und der *terra preta* niemand (Heckenberger 2003). Die Bevölkerung Kuelaps im Zuge der Verwaltungsreformen Francisco de Toledos von Kuelap ausgesiedelt, es gelang uns im Jahre 2004 nicht, herauszufinden, welche heutige Gruppen kulturell die Nachfolger der Chachapoyaskultur sind, zumal an Quellen nur die Kompilation von Calancha zur Verfügung steht.

Aufgrund dieser geopolitischen Lage ist Cajamarca als geopolitisch erstrangigen Vorposten der Inka gewesen, um in dieses ihnen fremde Weltsystem einzubringen, dort wollte sie zunächst niemand haben, da ihre Systeme des Bioressourcenmanagements dort buchstäblich nicht in die Landschaft passten, folglich keine Integrationsaufgaben erfüllten.

Im Norden degenerierten die Inka von Bioressourcenmanagern zu ganz kommunen Imperialisten, wohingegen Chachapoyas und andere Zivilisationen am Andenostrand Mitglieder des amazonischen Weltsystems gewesen sein dürften, dies ist unerforscht.

Für den Süden jedoch stellt sich die Angelegenheit anders dar. Das System, angehende Reichsaristokraten auf die Walz zu schicken, scheint zwar einigermaßen schlau ausgedacht gewesen zu sein, führte aber dazu, dass manche ihre „Walz" so weit vom Inkareich entfernt absolvierten, dass sie möglicher Weise einfach verschwanden. Völlig unvermittelt tauchen daher an den unmöglichsten Stellen in Südamerika auf Karten als „Provincia de los Orejónes" bezeichnete Landstriche auf. „Orejones" sind die sogenannten „Langohren", wegen ihrer goldenen Ohrpflöcke als Zeichen der Aristokratenwürde im Inkareich.

Diese Reichsaristokraten waren dem Zugriff der Reichsvereinheitlichung Pachacuteks entzogen.

# Die Inka und ihr Erbe im spanischen Weltreich

Das spanische Weltreich entstand aus der Fortsetzung der Reconquista, also der Rückeroberung der iberischen Halbinsel von der maurischen Besetzung. Die Reconquista war mit dem Fall Granadas 1492 abgeschlossen, aber die Seeverbindungen hingen damals vollständig von favorablen Passatwinden und Meeresströmungen ab. Die Angaben der Waldseemüllerkarte, der ersten Karte Amerikas beruhen auf den Fahrten Amerigo Vespucchis[230]. Die Eroberung des Inkareiches sollte daher von der Atlantikküste her stattfinden.

Der Rio de la Plata, der durch den Zusammenfluss der Flüsse Paraguay und Paraná entsteht, erschien als Wasserweg geeignet, das Innere Südamerikas zu erschließen. Im Jahre 1515 kreuzte Juan de Solis in der La Plata – Mündung; ging allerdings an der Banda Oriental, später Uruguay an Land, also an der

---

230 vgl. Waldseemüller 1507 in Wolff (1992:114-5), wobei der Äquator dort falsch dargestellt ist.

Nordküste dieser Trichtermündung, wurde allerdings von Indigenen getötet. Ein Schiff der Expeditionsflotte erlitt Schiffbruch. Unter seiner Besatzung befand sich auch Alejio Garcia, der in die Gegend des heutigen Paraguays kam und dann zwischen 1524 und 1525 mit den Guaranies als erster Europäer ins Inkareich einfiel. Dies ermöglichte ihm die nach Melià (1986:17-45) kritisch zu beleuchtende „spanisch-guaranitische Allianz", die sich bereits seit den ersten Erkundungsfahrten von Soils und Sebastian Cabot abgezeichnet hatte[231], allerdings erst ab der Regierungszeit Pedro de la Gascas durch den Prozess gegen Cabeza de Vaca wirklich aktenkundig wurde[232].

Daher hätte das Inkareich ursprünglich von Paraguay aus erobert werden sollen, allerdings hatten die Inka in der Gegend zwischen den heutigen Städten Cochabamba und Santa Cruz de la Sierra jene bereits erwähnte Kette von Forts eingerichtet, da sie mit Angriffen aus dieser Gegend rechneten, wohingegen die Tupí-Guarani ursprünglich ein sogenannter aus einer Menge unterschiedlicher politischer Einheiten bestehender „ethnoscape" gewesen waren, der sich durch Tupi als *lingua franca* definierte. Der Glaube der Tupi-Guarani an das sogenannte „Land ohne Übel" hatte allerdings mit deren rudimentärer Boden-bau zu tun: Die Bodenerschöpfung durch Maniokbau zwang die Tupi zu Streifzügen (Julien 2007). Das erklärt Samaipata als Entwicklungsfocus. Es stellt sich allerdings hier die Frage, wo dann die amazonische Technologie der *terra preta* abgeblieben war.

An der Pazifikküste entdeckte Pascual de Andagoya im Jahre 1522 am kolumbianischen San-Juan Fluss eine Grenzregion des Inkareiches[233]. Pizarro erwarb die Schiffe Pascual de Andagoyas, um nach Peru aufzubrechen, die erste Expedition war ein Fehlschlag.

---

231  Seit der Expedition von Cabral waren Küstenstriche der heutigen brasilianischen Ostküste in der Hand Portugals. Amerigo Vespucchi, der die Entdeckungen Kolumbus überprüfte, segelte zwar an der Küste Brasiliens entlang, aber es ist unklar, bis wohin. Der offizielle Entdecker Paraguays war allerdings Sebastian Caboto in den Jahren 1527-1528, weiteres Vordringen wurden durch die Payaguas verhindert, welche die indigene Binnenschiffahrt auf dem Paraguayfluß betrieben (Benitetz 1993:16-17). Diese Binnenschiffahrt und die Frage der Amazonashochkulturen als Weltsysteme mit ihrer spezifischen Entwicklung (Hall 1996, Knapp 1999), die bis in die Hochanden reichten (Hornborg 1998) ist sowieso eine ungelöste Frage der amerikanischen Geschichte.

232  In der Provinz Paraguay hatte mit dem Scheitern des Gouverneurs Alvar Nuñez Cabeza de Vaca und der recht eigenwilligen Auslegung der Ordonanz an den Adelantado Pedro de Mendoza, die Siedler hätten das Recht, im Falle seines nachfolgerlosen Ablebens sich ihren Gouverneur selbst zu wählen, ein derartiger Prozess bereits eingesetzt, aber Paraguay war zu abgelegen und vorderhand zu unwichtig, als dass gegen diese sich autonom gebärdende Mestizengesellschaft irgendetwas seitens der spanischen Krone unternommen werden sollte. Die gesamte Besiedelung Paraguays hatte den Zweck, eine Landverbindung zwischen dem Vizekönigreich Peru und dem spanischen Hafen Buenos Aires an der Atlantikküste herzustellen (Plachetka 1999).

233  Hemming (1970:24) meint, diese Expedition galt einem Stamm namens Pirú.

Am 10. März 1526 unterzeichneten Pizarro, Almagro und der Priester Luque einen Gesellschaftsvertrag zwecks der Eroberung Perus, um dieses Reich zu erobern. Der Baske Ruiz segelte mit einer ersten Expedition weiter südwärts und überquerte den Äquator, wo er ein Hochsee-Balsafloß der Inka kaperte, das unter Baumwollsegeln unterwegs war. Ein ausführlicher Bericht über das Floß und seine Ladung wurde an den spanischen König Carlos I.; als Kaiser Karl V, geschickt. Dieser Bericht kann als Dokument der Entdeckung des Inkareiches gelten. Die Eroberung begann 1532.

Derweil hob die Nordarmee des Inkareiches Atahuallpa als ihren Thronkandidaten gegen Huascar auf den Schild. Unter den beiden Generälen Calcuchima und Quizquiz bekämpfte sie die loyalen Anhänger Huascars. Atahuallpa zog in der gottkaiserlichen Pracht als angehender Inka seiner Armee nach und traf auf die Spanier in Cajamarca und damit auf seinen Tod. Die Spanier suchten in der Neuen Welt Gold, Reichtum, Lehen und sozialen Aufstieg. Das Gold wurde geraubt, das Silber später von frondienstpflichtigen Indigenen („indios mitayos") unter unsäglichen Mühen aus dem Bergwerken, vor allem dem Cerro Rico von Potosí, gefördert.

Lehenserwerb war die mittelalterliche Form gesellschaftlichen Aufstieges, sodass die Conquistadores unter der Führung von Gonzalo Pizarro das Mittelalter verkörperten, der Vertreter des modernen Flächenstaates war Pedro de la Gasca, die Inka verteidigten sich immer noch in Vilcabamba. Nach der Niederschlagung der rebellierenden Conquistadores wurde zunächst verhandelt, wie das Inkareich in das spanische Weltreich integriert werden könnte. Wie der sogenannte „Jesuitenstaat in Paraguay" wurden die Inka Gegenstand einer Reihe von Geschichtsmythen, die beiden nach ihrem Untergang die Qualität realisierter Utopien andichteten: Der bekannteste Geschichtsmythos ist der sozialistische Staat der Inka, von Louis Baudin (1928), der in populärwissenschaftlichen Darstellungen (Huber 1951) propagiert wurde. Die Tragik der an irdischen Niederungen gescheiterten Utopie stellte der „Inca" Garcilaso de la Vega mit seinen gedruckten Comentarios Reales (1607) dar, geballte Kritik an den Zuständen unter kolonialer Herrschaft in anderen Darstellungen war politisch und wurde daher unterdrückt; es kann eine literarische Mumifizierung der Geschichte der Besiegten zur per Fatum verspielten Utopie postuliert werden. Dies ist auch die Stoßrichtung des Dramas „Das Heilige Experiment" Fritz Hochwälders, das den Untergang des Jesuitenstaates darstellt.

Die andinen Bauerngemeinschaften wurden in der Kolonialzeit als „ayllus" bezeichnet, Kommunen, unter der Führung eines Curacas (Eich 1983), mit Kommunalfeldern und Felder in Privatbesitz, die aber im Jahresturnus neu verteilt wurden, wobei jede Gemeinde danach trachtete, Felder in unterschiedlichen ökologischen Anbauzonen der Anden (den „pisos ecologicos", den vertikalen ökologischen Stockwerken in den Anden) zu haben, um eine möglichst große Bandbreite an agrarischen Produkten zu realisieren. Manche

der Bauern wurden, wie des Öfteren erwähnt, umgesiedelt, entweder zur Belohnung, wenn neue Provinzen erobert wurden oder urbar gemacht wurden, oder im
Falle von Rebellionen zur Strafe. Diese Umsiedler werden als mitmacs oder
mitimaes bezeichnet[234].

Jedenfalls sorgte der Inkastaat für ein Mindestmaß an materieller Sicherheit
seiner Untertanen, wovon in der spanischen Kolonialzeit wenig zu merken war.
Nach der Eroberung und Kolonialisierung des Inkareiches, die 1532 begonnen
hatte, entstand das Vizekönigreich Peru. Dieses neue Vizekönigreich umfasste
Quito, das Gebiet des heutigen Ecuadors, Peru, Hochperu, das heutige Bolivien,
Paraguay, sowie die heutige argentinische Provinz Corrientes, Entre Rios, die
Stadt Buenos Aires als wichtigen Ausfuhrhafen, sowie Tucumán, das ist die
Nordwestecke Argentiniens und das Generalcapitanat Chile, sowie Maynas, den
angrenzenden Amazonasurwald. Der Adel des ehemaligen Inkareiches, der sich
mit den neuen Herren arrangiert hatte, nahm eine privilegierte Stellung ein. Dies
führte zu einer Flut von Prozessen vor spanischen Gerichten da viele indigene
Familien ihre Abstammung von den Inka oder sonstigen indigenen
Fürstengeschlechtern nachzuweisen suchten:

Es ging um Privilegien und Befreiung vom spanischen Frondienst, als mita
colonial bezeichnet und von Vizekönig Francisco de Toledo eingeführt. Die
sogenannten „Toledianischen Reformen" verschafften den Indigenen auch
modernes landwirtschaftliches Gerät, europäische Zugtiere und Werkzeug. Auf
politischer Ebene bekämpfte Francisco de Toledo die Inka, die in Vilcabamba
immer noch Widerstand leisteten, sowie die Chiriguanos, die von Paraguay aus
bereits ins Inkareich eingedrungen waren, die Dominikaner, da diese zu sehr die
antikolonialistische Politik von Bartolomé de las Casas vertreten hatten und
leitete einen Prozeß ein, der die Kinder, welche die Spanier mit den indigenen
Frauen auf die eine oder andere Weise gezeugt hatten, aus der Gesellschaft
hinaus drängen sollte. Dies erweckte jenen Widerstand in Paraguay der die
Entwicklung des sogenannten Jesuitenstaates in die Wege leitete.

Im Gebiet des heutigen Perus und Boliviens ging Francisco de Toledo
schlau vor, da er die ihm nützlich erschienenen Elemente der inkaischen
Staatsverwaltung beibehielt und zu seinen Zwecken nutzte. Die spanische
Kolonialzeit ging mit einem katastrophalen Bevölkerungsrückgang einher, der
bis ins 18. Jahrhundert anhielt. Erst danach nahm die indigene Bevölkerung im
Vizekönigreich wieder zu, das 18. Jahrhundert wurde jedoch zum Jahrhundert
der Revolutionen in Peru, von denen zwei als Lebenszeichen des Fortbestandes
des Inkareiches gelten: Die Revolution von Juan Santos Atahuallpa in Nordperu,
bei dem die indigenen Amuesha das Kernkontingent stellten, sowie die
nationalistisch verklärte Revolution von José Gabriel Condorcanqui Tupac

---

234 Es gibt Hinweise darauf, dass im Spanischen des 16. Jahrhunderts die Pluralform nicht
    nur s, sondern auch es war, beispielsweise mitimaes, chiriguanaes (die heutigen
    Chiriguanos) usw. Zur Ethnohistorie Paraguays: Susnik, Chase Sardi (1995)

Amaru II (1780-82). Sie ging als letzte Inka-Revolte in die Geschichte ein[235], obwohl die Inka-Aristokraten in Cusco die Ansprüche Condorcanquis auf Abstammung von den letzten Inka-Souveränen ablehnten[236]. Die Niederschlagung dieses Aufstandes führte zur „zweiten Eroberung" Perus, die als Vorläufer der Unabhängigkeit Perus mit der Revolution von Mateo Pumacahua bereits im 19. Jahrhundert beantwortet wurde. Es war leichter, die Indigenen und alles wofür sie standen, zu terrorisieren, als sie in die Gesellschaft zu integrieren (Walker 1999). Die Rolle der Inka-Aristokratie während der spanischen Kolonialherrschaft wurde nun von Garett (2009) genauer analysiert, wobei der Eindruck nicht ausgeräumt wurde, dass die Aristokratenfamilien der Inka die gesamte Kolonialzeit hindurch um die legitime Nachfolge Huayna Capacs gestritten hätten. Die Aristokratenfamilien in der alten Inkahauptstadt Cusco, deren Herkunft durch die Informes de Toledo nachgewiesen werden konnten, oder die als präimperial angesprochen werden konnten, hatten im Jahre 1824, als die Hauptstadt des Vizekönigreichs Perus, Limas vor den Truppen Simón Bolivars eingenommen worden war, ihre Loyalität zur spanischen Krone dem spanischen Vizekönig gegenüber erklärt und auf ihrem Recht auf Unterstützung bestanden (Garrett 2009:17). Hierbei spielten die immer noch schwelende Konflikte um die Nachfolge Huayna Capacs eine Rolle[237], wohingegen in der Republik die „leyes de Indias" nicht mehr galten, der koloniale Inkaadel verlor seine Bedeutung unwiederbringlich.

---

235  Fisher (1966). Sie bezieht sich stark auf Clements Markham, der sich seinerseits auf sogenannte Papeles Varios bezog. Die alte peruanische Nationalbibliothek wurde Opfer eines Brandes, worauf Fisher (1966) auch eingeht. Daher sind die Werke Markhams unabdingbar. Es wäre zu untersuchen, welchen Passagen in diesen Werken heutzutage die Qualität von Quellen, mangels erhaltener Originalquellen, zukommt. Dies bezieht sich auch auf das Verbot des Dramas Ollantay nach der Niederschlagung der Revolution von Tupac Amaru II, der sogenannten zweiten Eroberung Perus, die weit brutaler war, als die erste.

236  Es ist gut möglich, dass die Dokumentensammlung der Reichsaristokratenfamilie Condorcanqui-Betancourt in Cusco deshalb zusammen gestellt wurde. Diese Colección Betancourt liegt derzeit im Archivo Departamental del Cusco an der Universidad San Antonio Abad in Cusco, eingesehen 1997 und 2006.

237  Es gibt zwei erhaltene Genealogien von Inkaaristokraten aus der Kolonialzeit: Die Recuerdas de la monarquia peruana von Sararaura Inka, die in Paris veröffentlicht, auch von Rivero, Tschudi (1851) verwendet wurden und die Colección der Condorcanqui Betancourts, der Nachkommen des letzten Inkas von Vilcabamba, die derzeit in Cusco aufbewahrt wird, Archivo departamental del Cusco s/n; eingesehen in den Jahren 1997 und 2004.

# Schlußfolgerung: Imperiale Biopolitik á là Inka?

Nach dem bisherigen Stand der Diskussion erscheint die Entstehung des Inkareiches ziemlich dem Modell Kent Flannerys zu entsprechen. Unter Kulturanthropologinnen und Kulturanthropologen, die sich mit der Entstehung früher Staaten als „pristine states" (Staaten, die ohne entsprechende Traditionen entstanden sind), wird teilweise Kent Flannerys Modell diskutiert, die auf Handlungsfähigkeit („agency") im Rahmen sozialer Prozesse aufbaut (Flannery 1999), welche die Staatsgründung aus dem politischen Kontext von Konflikten zwischen Machtbereichen von Häuptlingen erklärt. Unter den Fallstudien, die Flannery anführt, ist jenes der Hunza im Himalaya ebenfalls ein Fall für die Intensivierung der ökonomischen Produktivität im Kerngebiet des werdenden Staates (Flannery 1999:9-11), allerdings steht bei Flannery die Kriegsführung oder Plünderungen im Vordergrund.

Das Hauptproblem dieses Modells besteht darin, dass das Explanans, also das Erklärungsmodell, sich ebenso auf Empires anwenden lässt, somit ist ein Unterschied zwischen Regionalstaat und Empire nicht erkennbar. Gemäß den schriftlichen Quellen entstand das Inkareich unter Bedingungen, die nicht anders zu charakterisieren sind. Dazu müssten allerdings die Inka entweder eine überlegene Bewaffnung hatten oder andere Quellen der Macht, also „soft-power".

Die Phase der pristine states in der Andenzivilisation war allerdings lange vor der Herrschaft der Inka. Sie begann wahrscheinlich in Caral, zur Zeit des Baus der ägyptischen Pyramiden Caral entstand ohne nachweisbare Kriege.

Diese Vorgangsweise, die Staatengründung in grauer Vorzeit zu suchen, entspricht jedoch dem Raketenparadigma, das aus Diamonds Modell hergeleitet wurde, da *pristine states* Staaten in Gesellschaften sind, die zuvor niemals Staatlichkeit hatten.

Wie im Rest des Buches dargestellt, ist diese Vorgehensweise der Suche nach dem ursprünglichen Staat nach dem Raketenparadigma wegen der mittelalterlichen klimatischen Anomalie unzulässig; polemisch ausgedrückt, hätte diese Störung die antriebslose Rakete aus der Bahn geworfen. Das Analogon zur Beschleunigung der Rakete durch Massenverlust ist die Arbeitskraft einer höheren Bevölkerungszahl. Dieses bekannte Argument Esther Boserups gegen Malthus stößt an die Grenzen der ökologischen Tragfähigkeit eines Gebietes. Diese sind *variabel,* da sie von der Nettoprimärproduktion für die Erbringbarkeit von Ökosystemdienstleistungen der Kulturlandschaft an die menschliche Gesellschaft abhängen. Für die Zeit der mittelalterlichen klimatischen Anomalie in Amerika ist davon auszugehen, dass die Menschen von vorne beginnen mussten, wie im Folgenden dargestellt, woraus sich die Grundkonzeption der gesamten Studie herleitet: Das Inkareich als Ergebnis angewandter Biopolitik als *imperial soft-power tool.*

# Überblick über die Kulturpflanzen- und Kulturentwicklung in den Anden

Das klassische Schema der peruanischen Stratigraphie ist in nachstehender Tabelle (Tab.11) nach dem Weltsystemansatz wieder gegeben:

Tab. 11 : Datierung der Horizonte als Weltsysteme

| Daten | Periode | Core Politics (Geschichte) |
|---|---|---|
| 1438-1532 | Später Horizont | Inka, Zentrum Cusco |
| 1000-1438 | Late Intermediate (Intermedio Tardio) | Repräsentativ: Chimú im Norden, Chachapoyas mit der Festungsstadt Kuelap in den Amazonas-Anden im Norden, diverse Bergfestungen und Häuptlingstümer in den zentralen Anden ("hill-fort chiefdoms" wie Wanka, Chanka, Quechua) |
| 600-1000 AD | Middle Horizon | Reiche: Wari mit dem Zentrum in der Nähe von Ayacucho und Tiahuanacu in Bolivien für das Tiwanakureich |
| 100-600 AD | Early Intermediate (int. temp) | Moche, Nazca |
| 800-100 | Early Horizon | Chavin |
| 1800-800 | Initial (Formative) | Coastal Valleys |
| 3000-1800 | Late Preceramic | Coastal Valleys |

Quelle. La Lone (2000:70)

Dieses übliche Schema ist: Chavín, benannt nach dem Fundort Chavin de Huantar, gefolgt vom Intermedio Temprano, wo es keinen definitiven Horizon gibt. Darauf folgte der Mittelhorizont. Dieser „Middle Horizon" wird in der Standardliteratur 'Tiwacu-Wari' bezeichnet, nach der Ruinenstadt von Tiahuanacu in Bolivien in der Nähe des Titicacasees.

Zu dieser Anlage gehört das berühmte Sonnentor, sowie nach dem Fundort Huari. An der Grenze der beiden Imperien zueinander liegt Acamama - der Ort, der seit der Inkazeit Cuzco ist. Dann folgt das Intermedio Tardio, kein Horizon, sondern es lassen sich verschiedene Regionalstile und vorallem Festungsstädte feststellen, zuletzt kommt der Inka – Horizont.

117

Der Chavin-Horizont dauerte zirka von 1200 - 300 v. Chr; gefolgt vom Intermedio Temprano (*Early Intermediate Period*). Darauf folgt das Tiwanaku-Wari (*Middle Horizon*), es dauerte von 500 bis 1000 n. Chr. Dem folgte das *Intermedio Tardio*, die *Late Intermediate Period* bis zu den Eroberungen der Inka, die den *Horizonte tardio* oder *Late Horizon* hinterließen. Wann das *Intermedio Tardio* endete und der Inkahorizont begann, ist noch zu präzisieren. Diese Abfolge archäologischer Kulturen entspricht nach herrschender Lehre der Entwicklung nach dem Abschluss des ursprünglichen Prozesses der Kulturpflanzenentwicklung, also der Phase der „full agriculture". Als Phase der „incipient agriculture", also der beginnenden Landwirtschaft gliederte sich vor der Entdeckung von Caral-Supe, der ältesten Stadt der neuen Welt noch vor dem ersten Horizont wie in nachstehender Tabelle (Tab. 12) folgendermaßen:

Tab. 12 Entwicklung der incipient agriculture (Auszug)

| Ort und Jahr | Kulturpflanzen |
|---|---|
| -1500<br>1800<br>Kotosh(AN)<br>Ocucaje (CS) | Stachelannone (Annona cherimola)-Gemüsefrucht ähnlich der Bohne (Canavalia sp), Limabone (phasoleus lunatus) zwei Pfefferarten, Patate (Iponmonea batatas)- Ollucu (Ullucus tuberosus)- Oca(oxalis tuberosa)-Kartoffel entweder als solanum tuberosum oder Solanum stenotomum) |
| 2000 Asia (CC) | Zwischen 2000 und 1500 verbreitete sich die Keramik |
| 2500<br>Cabeza Larga (CS)<br>Küstenkulturen | Zuckerrohr (canna sp.)-Kalebasse (Lagenaria siceraria)-Avocadobirne (Persea americana)- Erdnuß (Arachis hypogaea)-Pacay (Inga feuilei)- Yucca (Manihot esculenta) -Guave (psidium guajaba)- amerikanischer Pfeffer- zwei Kürbisarten, Lúcumo(Pouteria lucuma)- Baumwolle (Gossypium barbadense)-Zuckerrohr (Canna edulis) |
| -4000<br>Huaca Prieta (CN) Mito, | Mais, Baumwolle,Es herrscht keine Einigkeit über die Frage, wann der Mais domestiziert wurde. |
| 5000<br>Ayacucho (AS) Arenal (CC) | Beginn der neolithischen Revolution:<br>Mais (Zea mays), Limabohne (Phaseolus lunatus)- Kürbis (Cucurbita sp) |
| -8000<br>Andenhochland<br>Paján (CN),<br>Telemachay,... | Oca (oxalis sp.)-Pfeffer (Capsicum cf. chinense)- Olluco (Ullucus tuberosus)- Pacay (inga sp.)- Lúcumo (Pouteria cf. lucuma),-Bohne (Phaseolus vulgaris) |
| -10000<br>Guitarrero (AN)<br>Ayacucho (AS) | Erste Spuren der Kulturpflanzen bzw. Versuche der Landwirtschaft. |

Quellen: Dollfus in Morlon (1996:11-29),Bonavia (1991).

Abkürzungen: AC =Andes centrales (Zentralanden);AN = Andes del Norte (Nordanden);AS = Andes del Sur (Südanden); CC = Costa central (Mittelküste); CN = Costa Norte (Nordküste) CS = Costa Sur (Südküste).

Wir erkennen aus dieser Tabelle (Tab. 12) zwei Dinge: Eine Explosion pflanzenbaulicher Aktivitäten im Andenhochland und dass Kulturen umso komplexer werden, je höher sie geographisch liegen. Dieser Trend hatte sich nach dem Intermedio Tardio, der sogenannten „Mittelalterlichen Warmperiode" derart massiv durchgesetzt, dass der Entwicklungsvorsprung Nordperus verloren war[238]. Infolge dessen ist die Viabilität der gesamten landwirtschaftlichen Entwickung davon abhängig, dass die Arbeitsrentabilität, also Ernte pro aufgewendeter Arbeitsstunde in Kilokalorien entsprechend hoch ist, sodass die Menschen hinreichend mehr Kilokalorien Nahrung für ihre Arbeit einnehmen, als sie für die Produktion aufwänden, wie in Tabelle (Tab. 13) berechnet:

Tab. 13  Arbeitsaufwand für die Feldarbeit

| Aktivitäten | Männer in kcal /min | Frauen kcal/min |
|---|---|---|
| Bewachung der Ernte | 2,114 | |
| Ernte der Cañihua | 2,114 | 2,1 |
| Ernte der Quinoa | 2,718 | 4,5 |
| Marsch 3km | 2,416 | |
| Rituale | 5,134 | |
| Dreschen der Quinoa | 4,832 | |
| Kartoffelernte | 5,436 | |
| Marsch 5km | 5,889 | |
| Quinoasaat | 7,55 | |
| Kartoffelsaat | 7,55 | |
| Pflügen auf Camellones | 8,154 | |
| Pflügen der Felder | 10,57 | |
| Dünger | | 5,4 |
| Arbeit mit der Taccla | | 4,2 |

Quelle: Morlon, Bourlliaud, Réau, Hervé (1996:52)

Kurze Nachberechnungen aufgrund des Nährwertes von Quinoa haben ergeben, dass an dieser Tabelle etwas nicht stimmen kann, da ein negativer Ertrag pro Minute herauskommt, allerdings wurde hier in Arbeitsaufwand gemessen in kcal pro Minute gerechnet, wobei dem die Nahrungsaufnahme in kcal pro 100 Gramm steht (Hurtado Fuertes 2000:252ff). Dies ist ein deutliches Dimensionierungsproblem, da kcal/min die Dimension Zeit haben und kcal/kg die Dimension Masse. So lange der Aufwand für die Bestellung der Felder in kcal / Fläche, der Hektarertrag und die Energiedichte (essbare Kcal/Ha) nicht bekannt sind, ist dieses Dimensionsproblem unlösbar, die Daten daher

---

238  Das Chimúreich hatte wahrscheinlich nach seiner Gründung keine besonderen Innovationen hervor gebracht, allerdings wurde behauptet, dass das Inkareich und das Chimureich zeitgleich gegründet wurden. Die chronologische Datierung des Chimorreiches in der Art von Rowe ist nicht möglich (Cordy Collins, Moseley eds. 1990)

polemisch, um den Wiederaufbau der Andenagrikultur als Wunschtraum darzustellen. Das Gegenargument ist die Irish Potatoe Famine. Da es weder Kulturpflanzenvielfalt, noch wissenschaftliche Landwirtschaft in Irland gegeben hatte, ist die *Irish Potato famine* die Nullhypothese zu den Vavilovzentren[239]: Kinealy (2006) stellt ausführlich diese Katastrophe dar, deren biologischer Grund die negativen Folgen der Inzucht war, welche die Kartoffeln für allerlei Krankheiten anfällig machte. Die tödlichste ist die Braunfäule *(late potato blight)*. Diese wurde durch einen Pilz ausgelöst, *Phytophthora infestans*, der sich wie Feuer im Stroh verbreitete, dadurch die Nahrungsmittelknappheit auslösend[240]. Die Kartoffel hatte bereits vorher einen Bevölkerungsanstieg erzeugt, der mit Brotgetreide nicht ernährt werden konnte[241]. Ausfälle der Kartoffelernte waren bereits Ende des 18. Jahrhunderts verzeichnet. Sie waren das logische Ergebnis der Kartoffelmonokultur[242], die in den Anden vermieden wurde. Damit kommen wir zu der Krisenzeit des Intermedio Tardio und der mittelalterlichen Klimaanomalie:

Die bekanntesten Kulturen der Intermedios, der horizontlosen Zeit, oder, um einen Eurozentrismus zu verwenden, der beiden 'Mittelalter' des peruanischen Altertums, sind für das erste Mittelalter, das Intermedio temprano, die Kulturen von Moche und Nasca, letztere bekannt für ihre Ritzzeichnungen, erstere bekannt für ihre erotischen Keramiken. Für das zweite Mittelalter, das Intermedio Tardio haben wir an der Nordküste das Reich von Chimú oder Chimor. Die Hauptstadt von Chimu war Chan-Chan, die Schlangenstadt, heute in der Nähe von Trujillo. Die Chimus sind, wie bereits erwähnt auf Balsaflößen aus Ecuador gekommen. Das muß, archäologisch gesehen, um 1020 AD passiert sein. Diese Fragen werden ein einem Symposiumsband diskutiert (Cordy Collins, Moseley (eds) (1990).

---

239 Hobhouse (2006:246-258) stellt die irische Tragödie als das Ergebnis der irischen politischen Kultur als solche dar, die es verhinderte, dass ein damals „moderner" Staat wie das normannische England sich entwickeln konnte, weil Rinder das Rückgrat des einheimischen Nahrungsmittelsystems darstellten. Allerdings ist in der gesamten Kulturanthropologie kein einziger Fall eines indigenen Staates bekannt, der ohne solide ackerbauliche Grundlagen entstanden wäre. Die Kartoffel setzte sich in Irland unter chaotischen Bedingungen einer frühneuzeitlichen britischen Kolonialherrschaft durch, da sie gleichsam als Freund der damals drangsalierten Iren kam.

240 Gómez-Alpizar, Carbone, Beagle Ristaino, (2007), Goodwin,Cohen,Fry (1994)

241 Hobhouse (2006:276), dies ist der Energiedichte der Kartoffeln in eßbaren Kilokalorien pro Kilogramm geschuldet

242 Diese Missernten und der daraus resultierende Hunger war eine kumulierende Katastrophe, die Periode regelmäßig wiederkehrender Mißernten begann bereits im 18. Jahrhundet.

# Traditionelle Agrarsysteme für die Zukunft unserer Nahrung.

Der wirkliche Reichtum des Inkareiches war die Kulturpflanzendiversität, deren wichtigster Vertreter ist der Kartoffel (*solanum tuberosum* spp.).

Heute ist Kartoffel ein „staple-food", eine Grundnahrungsmittelpflanze, die in den Anden kultiviert wurde. Ausgehend von der Annahme, dass bäuerliche Verwandten und alte Sorten genetische Eigenschaften besitzen, welche im Zuge der Entwicklung der modernen, weltmarkttauglichen Sorten verloren gegangen sind, aber modernen Sorten vor Krankheiten durch Überzüchtung schützen, und ihre Anpassung an veränderte ökologische Bedingungen ermöglichen, suchte Vavilov die vernachlässigten genetischen Verwandten in den Gebieten, wo die Landwirtschaft auf der Basis bestimmter heute als Grundnahrungsmittel dienender Kulturpflanzen enstand. In seinem berühmten Vortrag (Vavilov 1931) erklärt Vavilov sein Konzept, welches im Folgenden genau dargestellt wird, um die Rolle des kulturellen Erbes des Inkareiches für die Menschheit im 21. Jahrhundert deutlich zu machen. Trotzdem ist zu betonen, dass die Vavilovzentren, welche Vavilov festgelegt hatte, dem Stand der autochthonen Kulturpflanzenentwicklung zu seiner Zeit, also in den 1920er Jahren reflektiert, sodass sich seit dem Beginn der Landwirtschaft wesentliche Veränderungen ergeben haben, siehe die nachstehende Landkarte (Fig.5).

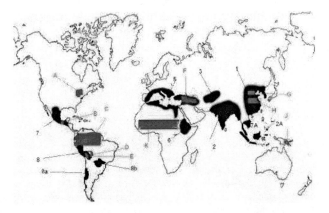

Fig. 5: Die Vavilovzentren nach den Forschungen Nicolaj Ivanovich Vavilovs und Nachfolger (Harlan 1971) in schwarzer Farbe auf die heute bekannten Ursprungsgebiete der Kulturpflanzen in grau kopiert. Quelle: Wikipaedia, aber die arabische Nummerierung der Zentren ist nach Vavilov (1931) und Harlan (1971) umgestellt worden, die Startgebiete der Landwirtschaft (A-J) nach Smith (2006, Fig.1).

Diese Karte (Fig.5) erlaubt die Definition von aktiven, passiven und auf-
gegebenen Vavilovzentren, da diese mit den Ursprungsgebieten (A-J)
abgeglichen sind: In (A) Nordamerika ist der Prozess der Domestikation
aufbauend auf Sonnenblumen (BP 4800) und Chenopodiae, die in den Anden
eine wichtige Rolle als Kulturpflanzen spielen, aufgegeben wurde[243].

Aus (B), dem Domestikationsgebiet des Mais (zea mays) um BP 7000, der
Neuwelt-Bohne (phaseolus vulgaris) (BP 4000) und dem Squash entstand das
Vavilovzentrum Nr. 7, das Agrikulturareal Mesoamerikas, welches die
mesoamerikanischen Hochkulturen hervor gebracht hatte.

Die Domestikationserfolge im Gebiet zwischen der ecuadorianischen und
nordperuanischen Pazifikküste und dem Amazonasgebiet (C) mit Yams,
Baumwolle und Süßkartoffel (Ipanema Batata) BP 6000 wurden später zur
Grundlage der nordperuanischen Zivilisationen, wobei manche, wie Donald
Lathrap das ecuadorianische Valdivia (BP 5000, archäologisch ca AD -3500)
als neu-weltliches Sumer darstellen. Von dort sei eine Art Initialzündung zur
amerikanischen Hochkulturentwicklung nach Mesoamerika und Peru
ausgegangen. Dabei ist natürlich die Frage zu stellen, wie dies technisch ablief.
In (D) der Gegend um den Titicacasee wurde die Kartoffel (solanum
tuberosum), sowie die Bitterkartoffel aus der Urform solanum stenototum um
7000 B.P. Entwickelt; die Quinoa um 5000 B.P.; an den (E) anliegenden
Andenostabhängen um den Ursprung des Rio Madeira enstand um 8000 B.P. der
Maniok (cassava, manihot esculenta) Diese drei Ursprungsgebiete
verschmolzen daher zum Vavilovzentrum Nr. 8, dem Zentralen Andenraum. In
der „alten Welt" war der Vorreiter in (F) Mesopotamien, wo sehr früh die Domestikation begann, dies betrifft Emmer und Einkorn, aus denen das moderne
Brotgetreide gezüchtet wurde. Seit 10000 B.P., entstand das flüssige Brot,
genannt Bier, als die Gerste domestiziert wurde. China hatte zwei Ur-
sprungszentren, (G) am Huangho, dem „Gelben Fluß" mit Hirse um 8000 BP,
und in Südchina am Yangzi (H) mit Reis (orzya sativa) zur selben Zeit.
Neuguinea (J) beteiligte sich mit Yams, Taro und Bananen um 7000 B.P. und in
Afrika entstand der relativ breite Domestikationsgürtel relativ spät (Sorghum,
4000 B.P. Perlmillet (eine Hirseart) 3000 B.P., afrikanischer Reis 2000 B.P.)
(siehe oben, Fig.5). Dies sind also Diamonds Raketentreibladungen (S. 5ff).

Brush (2004) reduziert die Anzahl der „echten" Vavilovzentren auf Nord-
china, Mesopotamien, Mesoamerika und die Andenzentren. Im Verlauf seiner
Analysen eröffnet er die Möglichkeit, Vavilovzentren nicht phytogeographisch,
sondern vom Standpunkt der heute aktuellen Systemtheorie zu definieren, um
von einer gesellschaftlichen Einbettung der Kulturpflanzendiversität auszugehen, sonst könnten Vavilovzentren nicht fusionieren.

---

243    In der Naturwissenschaft wird nach BP datiert, before present, wobei Present meist mit
       1950 angenommen wird. In den historischen Wissenschaften wird mit AD ("Anno
       Domini" i.e. christliche Ära) datiert.

Demzufolge ist das komplette Crop Management System einschließlich der Praktiken des Saatguttausches darzustellen, dazu bedarf es einer Kriterientafel für Vavilovzentren, wie sie im Folgenden mitsamt vorläufigen Kritierien ihrer Bestimmung in der folgenden Tabelle (Tab.14) hergeleitet werden:

Tab. 14 Aktive, passive und aufgegebene Vavilovzentren

|   |   | Kriterium | Beispiel |
|---|---|---|---|
| 1 | Aktives Vavilovz. | Diversitätsmanagement | Anden |
| 2 | Passives Vavilovz. | Diversität | Ostanatolien |
| 3 | Totes Vavilovz. | Auswilderung | Nordamerika (?) |

Quelle: Brush (2004)

Die (1) Aktiven Vavilovzentren sind landwirtschaftliche Systeme, in denen die Sortendiversität und die Entwicklung neuer Sorten soziale Praxis ist und soziale Relevanz hat (Plachetka, Muñoz 2009). Hingegen sind (2)passive Vavilovzentren jene, in denen es zwar Sortendiversität einer bestimmten Sorte gibt, deren Entwicklung jedoch unterbleibt, sowie keine soziale Bedeutung der Sortendiversität feststellbar ist. (3) Tote oder aufgegebene Vavilovzentren sind nun solche, in denen sich niemand mehr um die autochthon entwickelten Kulturpflanzen kümmert und die daher beginnen, auszuwildern.

Anläßlich des Harlansymposiums (Damania et al. 1998) zum Thema der Kulturpflanzendiversität zeigte sich die Notwendigkeit, das Konzept Vavilovs neu zu bewerten: Die Gebiete der ursprünglichen Kulturpflanzenentwicklung und Kulturpflanzendiversität beschränken sich zunächst auf die tropischen Gebirgsgürtel. Diese sind im geographischen Gürtel zwischen dem südlichen Wendekreis (Wendekreis des Steinbocks, 23 ° 28' S) und etwa 45° nördlicher Breite in der alten Welt und dem nördlichen Wendekreis (Wendekreis des Krebses) in der neuen Welt. Es ist nicht bekannt, warum sich diese Diversität der Kulturpflanzen nur dort entwickelt hatte, aber geographisch korrespondieren die Vavilovzentren mit den anthropologischen Dimensionen der Geschichte Amerikas nach der europäischen Invasion, die der brasilianische Kulturanthropologe Darcy Ribeiro wegen des regional unterschiedlichen Verlaufes der Kolonialgeschichte als spezifische Konfigurationstypen (Tab. 15), dargestellt hatte, deren Definitionskriterien für empirische Untersuchungen explizit zu machen sind:

Tab. 15 : Konfigurationen nach Darcy Ribeiro

|   | Konfigurationstyp | Fallstudie Ribeiros |
|---|---|---|
| 1 | Pueblos testimonios | Mexiko, Anden |
| 2 | Pueblos nuevos | Brasilien, [Paraguay][244] |
| 3 | Pueblos transplantados | Argentinien, USA ... |

---

244  Nicht von Ribeiro exemplifiziert, siehe aber Kahle (1962), Plachetka (1999)

Die Kriterien zur empirischen Überprüfung dieser Konfigurationen sind etwas schwierig darzustellen, da Ribeiro auf sozialgeschichtliche Prozesse Bezug nimmt[245]. Das Kriterium für die (1) *pueblos testimonios* entspricht einer Bevölkerung als kulturelle Nachfahren beispielsweise der Inka, ohne vollständigen Zugang zur Moderne, teilweise in sogenannten Regiones de Refugio ihre Kultur aus Armut erhielten (Villena Aguirre 1987). Im Falle von (2) *pueblos nuevos* beispielsweise in der ersten Republik Paraguay, waren Mischehen wegen des citizenship der Indigenen gesetzlich vorgeschrieben[246]. Im Fall der (3) *pueblos transplantados* ist die Lage der indigenen Bauern hoffnungslos, auch durch den „ökologischen Imperialismus" (Cosby 1986), der grob gesprochen, in zwei Stoßrichtungen lief: Produktionskolonien für „cash crops", beispielsweise Zucker und Siedlungskolonien für europäische Auswanderer. Hängen daher diese Konfigurationen mit dem Aktivitätsniveau von Vavilovzentren zusammen?

## Indizien für Vavilovkulturen

Die nichtmarktwirtschaftlichen Formen der Produktion beruhen auf dem sozialen und kulturellem Kapital, das in erster Linie auf ökonomische und soziale Netzwerke zählt[247]. Ab der Regierungszeit Inka Pachacuteks wurde die Reziprozität nach dem gängigen Geschichtsbild auf staatliche Ebene eingeführt[248], allerdings sind Begriffe wie "Reziprozität" sozialwissenschaftliche Schlagwörter ohne Berücksichtigung entsprechender technische Infrastruktur. Das Andengebiet, welches vom Inkareich vereinigt wurde, ist ein derartiges Vavilovzentrum unter anderem für Kartoffeln (*solanum tuberosum* spp), Quinoa (*Chenopodium quinoa)*, Süßkartoffel (*Ipomoea batatas*) usw und seltsamer Weise auch Mais (*zea mays*). Die Vielfalt an Kartoffelsorten und ihre entsprechende Pflege durch multicropping[249] stellt die Genreserven der Kartoffel dar, da Pflanzenzucht durch Einkreuzen geschieht – und dazu sind die passenden Partnerpflanzen vonnöten.

---

245 Die folgenden Kriterien entstammen Plachetka (1998), aufbauend auf Kahle (1962), siehe Anm.246.

246 Die Verfassung der ersten Republik Paraguay war derjenigen der römischen Republik nachempfunden. Die Ehefähigkeit (connubium) galt als qualifizierender Bestandteil der Staatsbürgerschaft der römischen Bürgerinnen und Bürger (cives romanus) und damit waren Mestizen und Indigene ebenfalls Vollbürger, nur musste dies auch stattfinden, sonst wäre deren Vollbürgerschaft inhaltslos.

247 Mayer et.al. (2002), Muñoz Villar (2008). Dies betrifft die Fragen vor allem nach dem sozialen Kapital

248 Rostworowski (1999:57-79). Zur Finanzierbarkeit des Ganzen siehe D'Altroy, Earle (1985) wo Mais als „special purpose money" behandelt wird, sowie D'Altroy, Earle (1992a).

249 Dies bedeutet, dass nie eine einzige Sorte an einem Feld ausgesät wird

Für Maniok (*manihot esculenta C.*) beginnen gerade die Forschungen in Südbrasilien, da er dort ein kleines Vavilovzentrum hat[250]. Maniok stellt den Ersatz für die Kartoffel in tropischen Tieflagen als Grundnahrungsmittel dar. Maniok wurde ursprünglich in periodisch trockenen Gebieten gezüchtet[251]. Hängen Vavilovzentren mit komplexen Gesellschaften und ursprünglicher Staatenbildung zusammen? Folgende Faktoren, die zur Staatenbildung geführt haben, sind akzeptiert: (a) Veränderungen der Siedlungsformen, (b) Monumentale Architektur für die Vertreter des Staatsapparates, (c) Bevölkerungswachstum, (d) Intensivierung der Landwirtschaft, (e) Interaktion zwischen den regionalen Eliten[252]. Aus diesem Grund wird der Begriff *Empire* vom Begriff *Staat* getrennt: Ein Empire ist ein Weltsystem, das einer zentralen Autorität untersteht. Ob dieses Weltsystem sich aus Häuptlingstümern oder Staaten zusammensetzt, ist V. Gordon Childes (1936) Darstellung der Kulturpflanzendomestikation als neolithische Revolution zufolge gleichgültig: Entscheidend ist der Erfolg der neolithischen Wissenschaften. Deren erhalten gebliebene Ergebnisse gilt es nun darzustellen.

# Der Agrarkalender der staatlichen und bäuerlichen Landwirtschaft im Inkareich

Die Erhöhung der Effizienz landwirtschaftlicher Aktivitäten hängt in erster Linie davon ab, ob sie rechtzeitig stattfinden. Der Zusammenstellung des Forschungsstandes durch Bauer, Dearborn (2003) zufolge ist die Entwicklung der inkaischen Astronomie auf die Erfordernisse der Landwirtschaft entstanden. Aufgrund der Arbeiten von Bauer, Dearborn (2003) wird hier der Inkakalender aufgrund der vorhandenen Quellen dargestellt[253]. Zur Nachmessung dienen archäologische Stätten der *„urban agriculture"* welche nachgemessen werden können[254]. Das bekannteste inkaische Meßinstrument ist die Inti Watana, die meist als „der Platz, an dem die Sonne angebunden wird" übersetzt wird, aber Wata heißt auch Jahr auf Quechua, daher taucht der Begriff „Jahresuhr" auf.

---

250  Nassar (2003:215), der auf das Harlan-Symposium in Alleppo aufbaut (Damania et.al. 1998)

251  Die einzige Kartoffelsorte, die in warmen Höhenlagen der Tropen kultiviert werden könnte, ist Solanum Hygrothermicum, allerdings ist diese Varietät gerade im Aussterben begriffen.

252  Bauer, Covey (2002), Covey (2003) und die dort zitierte Literatur

253  Eine etwas exzentrische Sicht ist die Arbeit von Ibarra Grasso (1982), der von den Angaben der „crónistas" über den Inkakalender und den astronomischen Beobachtungen, die notwendig waren, um ihn zu erstellen, auf das eindrucksvollste Monument der bolivianischen Hochkultur von Tiwanaku, die Acapana in Tihuanacu rückschloß.

254  Dies hängt von ihrem Erhaltungszustand ab.

Eine Inti Watana ist im allgemeinen ein Gnomon (Schattenwerfer) auf einem horizontalen Tisch, auf den die Sonne den Schatten wirft. Aus Präzisionsgründen ist dies ein exakt geschnittener Steinquader, sodass die Grenzlinie zwischen Sonne und Schatten der Indikator ist. In Pisaq, im sogenannten „Heiligen Tal der Inka" und in Machu Picchu sind solche Inti watana erhalten, wobei der Gomon in Pisaq nicht mehr heil ist.

Das Sonnenjahr der Inka begann mit der Sonnenwende und dauerte 12 Monate, es gibt allerdings Hinweise darauf, dass gewisse Zeremonien anlässlich der Tag- und Nachtgleiche abgehalten wurden. Die Sonnengänge wurden auf der Inti Watana vermutlich als Kurven aufgezeichnet, im Fall des Sonnendurchganges durch den Zenith in Ecuador (Quito) durch das Zentrum des kreisförmigen Tisches der Inti Watana während der Tag- und Nachtgleiche ist belegt (Bauer, Dearborn 2003:65), sodass eine moderne Bussole mit Peilvorrichtung als Inti Watana verwendet werden kann, um das Prinzip zu verstehen: Moderne Bussolen haben einen Deckel mit einem Schlitz als Korn und einem Faden, sowie eine ausklappbare Kimme mit einem Loch, in dem eine Linse ist, um die Himmelsrichtung des angepeilten Objekts, beispielsweise einen Berggipfel von der Kompassrose ablesen zu können, die sich, an der Magnetnadel befestigt, mit dieser mitdreht. Um nun die Position der Sonne über den Horizont feststellen zu können, wird die Bussole aufgeklappt in die Sonne gestellt, sodass der Schatten des Fadens im Korn genau durch die Nabe der Kompassrose fällt, sodass er automatisch die Himmelsrichtung der Position der Sonne zu einer bestimmten Uhrzeit anzeigt. Dies ist der Sonnenstand. Die Deklination der Sonne, definiert als Winkel, den die Sonne zum Zenith einschließt, der örtlich als Verlängerung eines Lotes in den Himmel festzustellen ist, wird für gewöhnlich mit einem Sextanten gemessen. Dem Chronisten Sarmiento de Gamboa zufolge (cap. 30) verwendeten die Inka ein sogenanntes „Astrolab", bestehend aus zwei Messstangen mit Löchern am oberen Ende, die funktionierten, wie der in der europäischen Seefahrt jener Zeit üblich gewesene Jakobsstab. Dieser erlaubt eine Messung der Photoperiode (Sonnenscheindauer) mittels eines Streckenmaßes.

In Ermangelung von sowohl Magnetkompassen als auch der Sichtbarkeit des Polarsterns im Norden sind daher die Eckpunkte der Inka-Kompassrose die Punkte des Sonnenaufganges und -unterganges zu den Sonnenwenden, diese dienen als Jahreseckpunkte.

Die Äquinoktien, das sind die Tag- und Nachtgleichen, wurden ebenfalls beobachtet, wobei es dabei um den Saatkalender ging[255]. Die Inti Watana war für den alltäglichen Gebrauch eine hinreichend genau gehende Sonnenuhr, die allerdings als „reloj añual" in den Quellen[256] bezeichnet wird. Die Eineichung der Inti Watana erfolgte über ein Instrument, das als „Astrolab" von Sarmiento

---

255     Bauer, Dearborn (2003:67), allerdings nicht derart explizit wie im Folgenden.
256     z.B. Sarmiento cap.30 (in beiden Editionen)

bezeichnet wurde und an den frühneuzeitlichen Jakobsstab erinnert. Dieser „Jakobsstab" bestand in erster Linie aus den zwei erwähnten Messstäben, als „*varas de medir*" bezeichnet, die oben Löcher zur Sonnenbeobachtung als Art Lochlinsen haben. Diese Lochlinsen bündeln die Sonnenstrahlen auf sandigem Untergrund, sodass die Sonnengänge gemessen wurden, indem die beiden Lochlinsen an den oberen Enden der Messstäbe das Sonnenlicht auf Sand bündelten und damit die Wanderung des Lichtfleckes im Sand aufgezeichnet werden konnte.

Die Sonnenscheindauer wird durch die Länge des Weges, den der Lichtfleck oder der Schatten von Sonnenaufgang bis Sonnenuntergang zurücklegt messbar, sodass Zeit als Streckenmaß angebbar wird. Diese Linienmuster, die dadurch entstanden und sich jedes Jahr wiederholten (*rodeo solar*), wurden als Grundlage für die Planung der Terrassenfelder für die „urban agriculture" der Inka verwendet. Dementsprechend wäre dies mit dem jeweiligen Reifegrad der Feldfrüchte zu parallelisieren, woraus die optimale Architektur der Terrassenfelder sich ergab (Sarmiento Cap.30). Der Chronist Guaman Poma de Ayala erlaubt die Rekonstruktion sowohl des Kalenders der Aristokraten, als auch den der bäuerlichen Aktivitäten mit Mais als „leading crop"[257].

Es folgt eine Aufarbeitung des Festkalenders oder Staatskalenders, mit der entsprechenden Quellenstelle am Beginn in Listenform. Dieser folgt die tabellarische Zusammenstellung des Agrarkalenders (Tab.16). Nun zum Kalender der staatlichen Feste und des kultischen, also protowissenschaftlichen Maisbaus (Bauer 1992b), der hier als Liste mit dem Nachweis der jeweiligen Quellenstelle angeführt wird:

- W.P. 237[239]: Jänner, Capac Raymi und Camay quilla. Es werden Prozessionen zum Sonnentempel abgehalten, mit Opfern und Bußübungen.
- W.P. 238[240]-239 [241]: Februar: Paucar waray, hatun pucuy: Hier erwähnt Guaman Poma die Regenzeit, aber auch mangelnde Nahrungsmittelverfügbarkeit, es werden Gold- und Silberobjekte den Göttern (Sonne, Mond und den waqa willcas, regionalen übernatürlichen Wesenheiten geopfert.
- W.P. 241 [243] März: pacha pucuy: Weltreife: Hier werden wieder Opfer und Zeremonien, insbesondere von den walla wiza conde wiza, der Oberpriester, der sonst als

---

257 Bei Mais wäre es für der Erhöhung der Nettoabsorbtionsrate und damit des Nährwertes in essbaren Kilokalorien pro Metertonne Ernte empfehlenswert, ab der Milchreife für eine maximale Tag -Nacht-Temperaturamplitude zu sorgen und daher die Terrassenfelder derart zu planen, dass dies zum Zeitpunkt des Erreichens der Milchreife je nach Vegetationsperiode der gewählten Sorte die Pflanzen der Sonne maximal ausgesetzt sind, sodass es in ihrer Umgebung sehr warm wird, um das Temperaturgefälle der Lufttemperatur (Delta T) zur Nachttemperatur zu maximieren. Auf diese Fragen war bei der Planung der Terrassenfelder für die urbane Agrikultur besonders zu achten, obwohl für die tatsächliche Durchführbarkeit dieser Optimierungserfordernisse keine direkten historischen Belege bis dato gefunden wurde, wobei nach ihnen vermutlich noch nicht gesucht wurde.

Willaq Umu oder Willca Umu, Haupt der Heiligen[258] wiedergegeben wird. Es beginnt die Ente von llullu papa (Frühkartoffeln) und michica sara (Frühmais), da es in den Anden üblich ist, unterschiedliche Sorten zu unterschiedlichen Zeitpunkten zu säen und zu ernten, sowie yuyos, nicht spezifizierte Wasserpflanzen, welche anscheinend die eiserne Reserve zur Nahrungsversorgung darstellten.

- WP. 243 [245] April: Inti Raymi, Quilla: Dieser Monat ist nach dem Sonnenfest benannt, das anscheinend zur Tag- und Nachtgleiche stattgefunden hatte, zu diesem Fest wurden die Armen zu Festen auf Staatskosten eingeladen und es wurden öffentliche Spiele abgehalten, Standesunterschiede ausgeschaltet, der Inka trifft sich mit seinen entfernten Verwandten und alle feiern, ob „reich" oder „arm": Das Maisbier (chicha) ist fertig. Diese Darstellung Guaman Poma de Ayalas wird der Tourismusdirektion des heutigen Cuscos nicht gefallen, da heute das Inti Raymi, eigentlich der Nationalfeiertag des Inkareiches am 24. Juni (also nach der Sonnenwende) gefeiert wird. Wir werden aber sehen, dass die Tag- und Nachtgleiche mehr Sinn ergibt.

- WP 245 [247] Mai: Aymoray quilla: Dies ist der Erntemonat. Amoray bedeutet Ernte, erinnert aber stark an Moray, dem Kulturpflanzenlaboratorium der Inka. Die Ernte war eine festliche Angelegenheit, die Ernte wurde in cullanas (Fässern), Chauas (Scheunen), Piuras (Maisbehälter) entsprechend festlich eingelagert. Nach der Ernte wurden alle kommunalen Lager von Staatsfunktionären[259] inspiziert und diejenigen bestraft, die keine ordentliche Rechnung gelegt hatten. Auch diese Angabe bei Guaman Poma ist doppeldeutig, da der Ernteertrag nicht berechnet werden kann, ehe die Ernte eingefahren ist, es sei denn, wie dies Earls (1989) andeutet, dass die Inka Methoden hatten, den Ernteertrag vorherzuberechnen und damit diejenigen bestraften, welche dies für eine Region zu erledigen hatten und dies falsch berechneten. Dies müßten die Leiter des für ein Gebiet zuständigen Agrarobservatoriums gewesen sein, sodass von mehreren Moray-ähnlichen Anlagen im Inkareich auszugehen ist.

- W.P. 247[249] Juni: Cusqui Quilla, der Monat des Suchens: In diesem Monat wird ein moderates Inti Raymi gefeiert (wahrscheinlich die Sonnenwende als Jahreseckpunkt) und die Tocriqucs, die Guaman Poma analog zur spanischen Kolonialverwaltung mit corregidores parallelisiert und Richter besuchen die Siedlungen, die allerdings auch dafür zu sorgen hatten, dass die Bevölkerung einander hilft und genug Subsistenzmittel haben, auch die Waisen und sozial Schwachen ihre Felder bekommen, da in den Dörfern hier Landneuverteilung stattfand.

- W.P. 248 [250] – W.P. 249 [251]: Juli: Chacra ricuy, Chacra cunacwi chava varqum quilla: Dies war der Monat der Landinspektion und Landumverteilung. Hier wurden aus volksgesundheitlichen Gründen alle möglichen Brandopfer, Reinigungen usw. durchgeführt. Die Aussaat begann und die Felder wurden gereinigt und gedüngt. Es begann besseres Wetter („temple" bedeutet eigentlich Mesoklima), aber auch Krankheiten.

---

258    Leider ist das einzige Belegstück für willqa Umu: Heiliger Kopf nur das sogenannte „Dominico I" - Manuskript des Quechuadramas Ollantay.

259    Guaman Poma schreibt „se visitan", wörtlich: man besucht. Aber wer wird das wohl sein?

- W.P. 251 [252] – W.P. 252 [253]: August: Chacra iapui quilla. Dies ist der Pflugmonat, wo rituell mit der Chaquitaccla der Boden umgebrochen wird. Die Chaquitaccla ist das andine Trittgrabscheit, eigentlich ein weiter entwickelter Grabstock. Der Inka begann rituell damit, sodass unter Triumphgesängen gepflügt wird (huayllis) und die Landbevölkerung wurde von den staatlichen Autoritäten zur „Minga" herangezogen, ein Frondienst. Während dieser Zeit aßen alle gemeinsam und die Teilnehmer an den Frondiensten wurden zu Festmählern und Umtrunk eingeladen. Dann wird die Aussaat begonnen, teilweise bis Jänner, nach Maßgabe der Inti Watana, den lokalen Sonnengängen und den lokalen klimatischen Gegenheiten. Es gab viel Fleisch und wenig Früchte, sowie keine yuyos mehr. An dieser Stelle gibt Guaman Poma zu verstehen, dass die Sonnenuhren je nach lokalen Gegebenheiten die Saatzeitpunkte anzeigen, dies erforderte ihre Eineichung je nach den lokalen Vegetationsperioden. Ergo muss es regionale Pflanzgärten gegeben haben, um die Sonnenuhren einzueichen.
- W.P. 252 [254] – W.P. 253 [255]: September: Coya Raymi Quilla: Das Fest der Kaisern. Dieser Monat war den Frauen vorbehalten, wobei es im Inkareich genug Frauen in Machtpositionen (capac warmi) gab, wie ñustas (Prinzessinnen), pallas (Edelfrauen), awi (Bäuerinnen) und capac omis (weibliche Häuptlinge der Aymaras) und wayros. Über diesen Monat der Frauen erzählt Guaman Poma nichts Genaues, aber die Männer hatten in militärischer Adjustierung die Krankheiten zu bekämpfen, wie taqui oncoy (die Tanzkrankheit, die allerdings nach der Eroberung als Art Revitalisierungsbewegung aufgetreten ist), sara oncoy (Maiskrankheit), pucyo oncoy (Krankheiten, die in Wasserleitungen ihren Ursprung hatten), chirapa oncuy usw.
- W.P. 254 [256] – W.P. 255 [257]: Oktober: Uma raymi quilla: Monat der Wasserfeste. Hier wird mit Opfern und sehr komplexen Zeremonien zum Runa Camaq (Beseeler oder Schöpfer der Menschen) um Wasser gebetet. Der Hintergrund ist, dass die ITCZ im Anmarsch ist oder dies zu mindestens sein sollte.
- W.P. 256 [258] – W.P. 257 [259] November: Aya Marcay quilla. Monat der Verstorbenen. Hier werden zum Totengedenken die Mumien aus ihren Gräbern geholt und gefüttert, damit sie an den Festivitäten zum Totengedenken teilnehmen können. Die Vorstellung einer Party mit Mumien, die im Partyraum sitzen, die Guaman Poma hier erweckt, erscheint etwas bizarr. Die Initiationsriten für die Kinder werden durchgeführt, wie das rutuchico, das Ritual des ersten Haarschnitts bei den Kindern, ab der, falls überhaupt, die Lebensjahre gezählt wurden (es ist leider möglich, dass jüngere Kinder mitunter geopfert worden waren), die Mädchen wurden mit der quicocu initiiert, und ab der ersten Menstruation und Sonnenkultfrauen ins Acclawasi geschickt.
- W.P. 259 [261] Dezember: Capac Inti Raymi: hier wurden wieder entsprechende Zeremonien und Feste zu Ehren des Sonnengottes Inti abgehalten

Hier könnten Expertinnen und Experten durch Textabgleich überprüfen, ob der Kalender tatsächlich 12 Monate hatte oder weniger, da die Darstellungen der Monate November, Dezember und Jänner Wiederholungen beinhalten. Da es auch den bäuerlichen Agrarkalender gibt, ist grundsätzlich von zwei

Kalendersystemen auszugehen[260]: Ein Kalendersystem für den protowissenschaftlichen Landbau und ein Kalender für den bäuerlichen Landbau. Letzterer wird in Tabellenform (Tab.16) gebracht, um bei zukünftigen Forschungen den Azimut der Sonne aufgrund der Inti Watana, in der in weiterer Folge dargestellten Weise eintragen zu können.

Tab. 16  Der Agrarkalender rekonstruiert nach Guaman Poma de Ayala

| Folio und Monat | Aktivitäten nach Guaman Poma |
|---|---|
| 1131     [1141] Januar: Capac Raymi und Camay Quilla (Brachemonat) | Starke Regenfälle, so dass die jungen Mais und Kartoffeln gegessen werden. Die Menschen spinnen und weben zusammen. Es gibt einen Mangel an Nahrungsmitteln, weil die Saatperiode abgeschlossen ist. |
| 1134 [1144]-1135 [1145] Februar: Paucar Varay, hatun pucuy quilla Refemonat chacmacuy qilla | Graben und "Pflügen" mit dem chaquitaccla (in historischen Texten: taccla) die Andenspaten. Mais oder Weizen [sic!] oder Kartoffeln werden gesät. Die Bauern sagen chacmacuy qilla diesem Monat. Ab diesem Monat werden bis März Früchte aus den Ebenen transportiert und die Bauern haben die kaiserlichen Magazine (Qollca)zu bewachen. In diesen Monat führen die Flüsse viel Wasser. Kartoffeln werden für die Dorfgemeinschaft, die Kirche und die armen Menschen gepflanzt. Die Bewässerungskanäle werden gereinigt, ebenso die Straßen und die manantiales. Zarap Tuta Caway Mitan ist die typische Tätigkeit. Der maiz (Zara) muß nächtens bewacht werden |
| 1137[1147] März: Pacha Pucuy Qilla – Monat der Weltenreifung. Volkstümliche Bezeichnung : Chaupi Pucuy quilla | Während dieses Monats pflegte der Inka Beamten in alle Dörfer zu senden, um die Nahrung zu rationalisieren. Dies war eine Notwendigkeit, um zu vermeiden, dass alles aufgegessen wird, sodass später Hunger herrscht. Die Bauern nennen diesen Monat Chaupi Pucuy quilla – der halbreife Monat. In diesem Monat gibt es genug Lebensmittel zu günstigen Preisen ("porque uarato ay") und die Hirten mit ihren Lamas kommen aus ihren Hochlandzonen. |

(Fortsetzung)

| | |
|---|---|
| 1140 [1150] April: Inca Raimi, camay quilla | Dieser Monat heißt Zara caruay, Reifung der Mais (zara = Mais) oder zizay quilla (Monat der Blumen). In den Niederungen, in den Ebenen ist der Wein billig und das Essen ist in diesem Monat teuer, in den |

---

260  Dieser Festkalender ist auf den europäischen Kalender kalibriert, mit seinen 12 Monaten. Guaman Poma beruft sich jedoch auf einheimische Experten, denen zufolge die Woche der Inka 10 Tage hatte und das Monat ergo 3 Wochen, dies sind 30 Tage. Sie wußten auch, dass die Sonne „auf einem höheren Grad als der Mond" stand, sodass sie Mondfinsternisse ängstigte (W.P. 235 [237]). Nach dem Dezimalprinzip der Inka, wäre im Grunde ein Jahr á 10 Monate zu erwarten. Da aber Monat Quilla bedeutet, Mond, ist mit einem Sonnenjahr á 12 Mondmonaten zu rechnen, dies hatte zu sehr umfangreichen Diskussionen geführt.

| | |
|---|---|
| Volkstümliche Bezeichnung z ara caruay | Hochländern ist das Essen billig. Diebstahl ist trotzdem ein schwerwiegendes Problem. |
| 1143 [1153] Mai Hatun Cusqui, Amoray quilla, Volkstümlich: calchay, zara arcuy, zara tipi, zara muchay quilla. | Dies ist der Monat der Maisernte und der Maisentkernung. Die Maiskörner werden in Tonkrügen gelagert, um zu Bier (chicha) verarbeitet zu werden. Die Selektionskritieren für Mais sind, allin zara: "guter Mais" i.e. hochwertiger Mais, muho zara: Saatgut, chusu zara: leere Maiskolben, huto zara: kleiner Mais. Jeder dieser Maissorten wird eigens gelagert, in seiner spezifischen chulluna (Faß), chauay (Lager) und collca (Silo). Im Mai werden Blumen gekocht, um Farben zu gewinnen und Stoff für das gemeinschaftliche Lagerhaus (sapsi) gewoben. Babies, die zu diesem Zeitpunkt geboren wurden, sind gut genährt. |
| 1146 [1156] Juni: Haucay Cusqui Quilla volkstümlich : Chuño moraya zaroy qilla. | Der Kartoffelmonat. Kartoffel werden ausgesäät, ebenso oca, ullucu. Chuño wird ebenfalls hergestellt, ebenso wie cocoba (das als unbekannt bezeichnet wird), Tamos und andere gefriergetrocknete und daher lagerfähige Kartoffelprodukte, besonders moaraya. Das dehydrierte Kartoffelpulver ist Grundnahrungsmittel das ganze Jahr hindurch, zusammen mit ullucu, mashua, und Quinoa. Damit werden die Gemeindearbeiten im Rahmen der minga (Kollektivarbeit) remuneriert. Das Pulver aus diesen Früchten wird in piuras und cullunas gelagert (Lagerbehälter). |
| 1149 [1159] July: Chacra conacuy quilla. volkstümlich: Amoray quilla (month of harvest). | In diesem Monat wird sowohl die Ernte als auch die gefriergetrockneten Früchte eingelagert, auch yuyo, eine eßbare Wasserpflanze. In Guaman Pomas Zeit vor 1615 herrschte Überfluss an Hühnern und Schweinen. Diese dienten als Düngerlieferanten, der Mist wird auf die Felder getragen. Die Brunnen und cochas, künstliche Lagunen, die als Zisternen dienen, werden gesäubert und die Bewässerung wird für den Frühmais gestarte (michica zara) und Kleinkartoffeln (chaucha papa) oder Frühkartoffeln (mauay papa).Das Land wird umverteilt. |
| 1152 [1162] August: Chacra Iapuy Quilla : Monat des Umgrabens | Dies ist der Monat der Aussaat von Mais und frühen Frühkartoffeln der Sorte chaucha Papa. Aussaat ist ab dem Tag des Santiago Mayor (25. Juli nach Guaman Pomas Kalender), in Cusco wird die Aussaat früher begonnen. Dies ist auch der Monat des neuen Weins - was Betrunkene als Folge hat.Die Felder werden rituell umgepflügt, begleitet mit Triumphliedern. Dies nennt man Haylli Chacra yapuycuy Pacha. |
| 1155[1165] September: Coya Raymi quilla popular : zara tarpuy quilla | Dies ist der Monat für die Saat von Mais und Frühkartoffeln. Weizen wird auch gesät, weil - wie Guaman Poma sagt - der Wind aus dem nördlichen Meer kommt. Wieder ist Hungersnot erwähnt, aber im Zusammenhang mit der Anwesenheit der katholischen Kirche, nicht derjenige der Inkas. |
| 1158[1168] Octobre: Oma Raymi Quilla | Die Vögel müssen von den Feldern vertrieben werden und während der Inkazeit gab es öffentliche Mahlzeiten. |

| 1161 [1171] November: Aia marcai Quilla, volkstümlich yacu uanay quilla – Monat der Wasserknappheit. | Dies ist das Zeit der Totengedenken, die Felder müssen bewässert werden (chacra carpay) und Gemüse wird gepflanzt. |
|---|---|
| 1164[1174] Dezember: Capac Inti Raymi Quilla | Die Regenzeit beginnt und Kartoffeln, oca, quinua, Weizen und Mais wird gesäät. Guaman Poma sagt, dass die Feuchtigkeit viele Krankheiten produziert, so dass die warmen Tälern (Yungas) für die Hochlandbewohner unzugänglich sind. Dies deutet darauf hin, dass die Spanier eine Menge Viren und andere Mikroben eingeschleppt hatten, die Virigin Soil Epidemien auslösen. Dazu zählen europäische Schnupfenviren. |

Bemerkungen zu Januar und Februar: Zire papa and capo papa sind Kartoffelvarietäten, die heutzutage bereits verloren gegangen ist. Die erwähnte Nahrungsmittelknappheit führte zu Spekulationen über die Insuffizienz der andinen Agrartechnologie. Dies ist der Grundtenor des Sammelbandes von Morlon (1996). Nun hatte Guaman Poma zu wenig Ahnung von den ökologischen Zonen und deren Parallelbewirtschaftung. Wir haben die Auswirkungen der spanischen Eroberung zu prüfen. Dies betrifft insbesondere den Kulturwandel nach der Eroberung, vor allem hinichtlich des Verlustes vieler Erkenntnisse der anspruchsvollen staatlichen landwirtschaftlichen Technologien durch die spanische Besatzung. Daher sind vor allem die "visitas" (spanische Berichte über die indigenen Gemeinschaften) zu analysieren.

Kommentar zu März Das Wechselspiel zwischen "sapsis" (kommunale Einlagen) und Q'ollcas (Regierungs-Einlagen) diente als Puffer, um die Nahrungsmittelverknappung zu vermeiden, diese resilienzgewährenden Einrichtungen wurde von den Spaniern ruiniert. Der junge Mais musste gegen Vögel, Füchse (atoq) und andere tierische Räuber bewacht werden. Daher ziehen die Kinder mit Trommeln und ähnlichen Lärminstrumenten einher. Diese Praxis ist jetzt in voller sozialer Erosion in Peru (Hilda Arauco, persönliche Mitteilung).

Kommentar zu April: Es ist durchaus möglich, dass der Diebstahl von Mais auch während Herrschaft der Inka begangen wurde, obwohl das idyllische Bild des Inka-Reiches von Garcilaso de la Vega dagegen sprechen würde. Wieso ausgerechnet in den Hochländern die Lebensmittel billig ist, dürfte mit Maissorten zu tun haben, die bereits geerntet werden können.

Kommentar zu Mai: Die übliche Erklärung für den Namen Moray nach Earls wird von amoray quilla, Erntemonat hergeleitet. Auf der Südhemisphäre ist es nun Herbst. Kommentar zu Juni: Moraya ist ein hochwertiges Kartoffelpulver, in der Regel für Geschenke. Guaman Poma macht keinen

Unterschied zwischen Süßkartoffeln und bitteren Kartoffeln (*papas amargadas*), die nur in Form von chuño genießbar sind. Chuño wird in großen Höhen durch die Tag-Nacht Amplitude gefriergetrocktnet, zerstampft und unter Umständen in Säcken in Fließwasser ausgewaschen, es wird als Kartoffelsuppe gegessen, die einzige in sehr großen Höhen zubereitbare Speise, da dort Wasser bereits bei ca 80°C kocht und damit nichts mehr weichgekocht werden kann.

Kommentar zu Juli: Die Wiederholung der Bezeichnung Amoray quilla könnte auf den vorinkaischen Kalender zurückzuführen sein, der auf der Vegetationsperiode für Knollenfrüchte basiert.

Insgesamt erweckt die explizite Darstellung des Kalenders nach Guaman Poma den Eindruck, dass mehrere Kalendersysteme gleichsam übereinander kopiert wurden, sodass ein älteres Kalendersystem, welches reformiert wurde, wie dies der Anonymus (1906) dargestellt hatte, deshalb nicht verschwand.

Bauer, Dearborn (2003:48-49) stellten nun die Tafel der Kalendermonate nach Betanzos, dem Anónimo, Fernández, Cristobal del Molina, Polo de Ondegardo und Guaman Poma zusammen. Dabei ergaben sich Überschneidungen, welche mehrerer Kalendersysteme anzeigen dürften, allerdings wurde bei Guaman Poma die Trennung zwischen dem Festkalender und dem Agrarkalender eben nicht vorgenommen.

Vielmehr wird das Kalendersystem der Inka in dem Grundlagenwerk von Bauer und Dearborn (2003) als überaus komplex dargestellt, da es Quellenhinweise auf einen Mondkalender und andere auf einen Sonnenkalender, sowie einem siderischen Kalender, also einen Kalender nach Sternen gibt. Wir können hier nicht den logischen Konsequenzen der Einführung der dritten Dimension in diesen logischen Argumentationsraum weiter folgen, die sich allerdings aus den unterschiedlichen Saatzyklen je nach ökologischer Höhenstufe ergeben, da dieses Thema ein Nebenthema der Frage nach den aktiven Vavilovzentren darstellt, die als solche erst einmal dargestellt werden müssen.

# Die Fallstudie „Oberes Mantarotal": Ein „aktives Vavilovzentrum"

Die heutigen Stadt Huancayo (12°01'S, 75°14'W) ist die moderne Hauptstadt der Departamento Junín östlich östlich von Lima auf 3271 m Seehöhe gelegen. Sie liegt heute in der Mitte der Quechua-Zone, deren führende Feldfrucht Mais ist. Die Inka hatten dort ein Verwaltungszentrum wie Hatun Xauxa mit einer enormen Menge an Speicher kaiserlichen Einrichtungen[261] gebaut. Das Mantarotal gilt als Biodiversitätshotspot für Kartoffeln (*solanum tuberosum*), sodass die Universidad Naciónal del Centro del Perú in Huancayo ursprünglich gegründet worden war, um die dortigen traditionellen Bauern zu unterstützen.

Dementsprechend werden dort auch Bauerngemeinden wie die Gemeinde Qillcas, ca 100 km nordwestlich von Huancayo als Partner in Projekte des Kulturpflanzendiversitätserhaltes in situ einbezogen. Normalerweise dauert eine ethnologische Befundung einer andinen Bauerngemeinde zirka eine Woche.

Die Bauerngemeinde Qillcas im Oberen Mantaro-Tal, etwa 29 km nordöstlich von Huancayo in einem Seitental gelegen, ist jedoch Mitglied eines agrikulturanthropologischen Projektes zum Erhalt der Kulturpflanzendiversität der Kartoffel und auch des Prozesses der Kulturpflanzenevolution der Kartoffel in situ, das bedeutet, innerhalb der Systeme traditioneller Landnutzungssysteme.

Um das Zentrum des Dorfes mit der Rimaypampa bilden sich sogenannte Anexos, Satellitengemeinden: Die Dorfgemeinde nutzt einen bestimmten ökologischen Höhengradienten aus, um eine große Palette von Feldfrüchten zu kultivieren, wie Mais in der Talsohle und die Kartoffelvarietäten an den Hängen bis zu 4000 m Seehöhe aufwärts. Dies entspricht der indigenen Klassifizierung von Suni und Puna (siehe die Tafel der ökologischen Stockwerke, Tab.7). Dies ist die praktische Durchführung des sogenannten „verticalismo", also der simultanen Bewirtschaftung einer Reihe von ökologischen Stockwerken („pisos ecologicos"), sodass die Dorfgemeinschaft  Komplimentärgüter unter Standortoptimierung produziert. Diese werden unter den lokalen Siedlungen (anexos) getauscht. Daher war das Dorfparlament, die *rimaypampa* die wichtigste Institution, allerdings eine konfliktträchtige Einrichtung. Die Puna wird sozial als grenzwertiges Gebiet eingeschätzt wird, wo einiges erlaubt ist, das ansonsten als sozial geächtet gilt: Der Spruch: "Auf der Alm, da gibt es keine Sünde" ist auch aus den Alpen bekannt. Wie viele andere traditionelle, andine Gemeinden ist auch Quillcas von sezessionistischen Tendenzen geplagt, da die optimale Ausnutzung von Standortvorteilen für den Markt nicht unbedingt gleichbedeutend mit der optimalen Ausnutzung für das gemeinsame Dorfsozialprodukt ist. Dies kann zu massiven Konflikten betreffs der Ressourcen führen, sodass aufgrund sozialer Probleme sich einzelne Ortsteile abspalten können, wie in

---

261 D'Altroy, Earle 1992a: 184, deren Ansatz dem der Energieskalierung entspricht.

Quillcas, wobei die Rebellen soziopolitisch intelligent vorgegangen waren: Sie hatten eine Frau zu ihrem Bürgermeister gemacht, sodass die Zentralautoritäten diese wegen Auflagen von Entwickungsprogrammen bezüglich des Gender-Mainstreamings nicht entthronen konnten. Bei diesem Projekt in Quillcas und zwar im Separatistenannex, arbeitete der Anthropologe Freder Arredondo von der Universidad Naciónal del Centro del Peru mit. Daher wurde aufgrund der bisherigen Erfahrungen im Jahre 2005 ein Fragebogen angewendet, um die Wechselwirkungen zwischen Sozialsystem und Kulturpflanzendiversität beschreiben zu können.

Dazu gibt es Standardfragen, die auf der agrikulturanthropologischen Interpretation einer Reihe ethnologischer Standardwerke zur wissenschaftlichen Begründung spezifischer Formen des crop -managements fußen (siehe Tab. 17): Dieser Fragebogen wurde dankenswerter Weise von Prof. Freder Arredondo (Huancayo), am Kongress "die Ethnologie angesichts des heutigen Perus" 2005 zur Verfügung gestellt.

Angewendet wurde der nun folgende Fragebogen in den Gebieten Quillcas, Juli am Titicacasee und in der Dorfgemeinschaft „Aymara". Im Grenzgebiet zwischen dem Departament Huancayo und Huancavelica, in das uns der Herausgeber der Fachzeitschrift Tikpa Pachapaq, Juan Carlos Condor Ames 2009 zeigte, sind die alten bäuerlichen Strukturen noch einigermaßen intakt.

Deshalb konzentrieren sich die Forschungen von Juan Carlos Cóndor auf Heiratsstrategien zur simultanen Nutzung der unterschiedlichen ökologischen Zonen, um, wie es die konventionelle Ethnologie erwartet, durch Ausheiraten aus der eigenen Bezugsgruppe zu fremden Tauschkreisen Zugang zu finden. In der Nähe von Juli wurde dies von Aymaras als grob materialistisch denunziiert, allerdings dachte wahrscheinlich niemand an die Unauflöslichkeit der Ehe.

Dazu kommt noch der andine Brauch des servinacuy, der Ehe auf Probe, der mitunter als die schlechthin andine Ehe gilt. Nun sind die Anden ziemlich stark missioniert worden. Da jene Jesuiten, welche eine kulturadäquate Mission vertraten, nach Paraguay exiliert wurden, wo sie entweder Erfolg hatten oder in den Kochtöpfen der dort einheimischen Anthropophagen landeten, war damit vom religionspolitischen Standpunkt für die Kirche alles zu gewinnen und nichts zu verlieren, waren doch die „Linksjesuiten" in jedem Fall entsorgt.

In Peru war kein Platz für Gutmenschen, mit Zwangsmitteln, der Fronarbeit wurden die Silberbergwerke vor allem in Potosí ausgebeutet. Dies war das ökonomische Fundament der spanischen Weltmacht, die am Rande eines Staatsbankrottes entlang schrammte und ihre Anleihen umschulden musste. Der Befundungsbogen folgt nächste Seite.

Tab. 17 : Der sozialwissenschaftliche Fragebogen zum indigenen crop management

| Thema | Frage | Grund |
|---|---|---|
| 1.Produktion | Welche Sorten werden kultiviertwie ist der indigene Name"? | Lokale Varietäten (genetische Biodiversität) |
| 2. Distribution | Für wen wird produziert? | |
| | Welche Sorte wird produziert für verwandtschaftliche Verpflichtungen Gemeindeverpflichtungen Den Markt? Sakrale Zwecke (Opfer) | Dies ist ein erster Schritt zur Entzifferung der farmer based selection criteria |
| 3. Ort: | Wo wird produziert ? | |
| | Bodenauswahl- Auswahl des Saatgutes, Fruchtwechselsysteme | Optimale Ausnützung der diversen ökologischen Standortvorteile |
| 4. Zeit: | Wann wird produziert | |
| | Termin der Aussaat aufgrund von Sternenbeobachtung und Tierbeobachtung | Koordination der einzelnen Vegetationsperioden an einem Berghang, diverse Tabus im Zusammenhang mit den Mondphasen |
| 5. Lagerung | Wo und wie wird gelagert | |
| | Frage- wo werden die geernteten Kartoffel gelagert und was wird zur Konservierung getan | Vom ethnologischen Standpunkt aus ist dies ein Schlüssel zur andinen Rationalität |
| 6. Saatguttausch | Frage- welche Sorten getauscht werden (Gastgeschenke- Hochzeiten usw). | Verhinderung der Erschöpfung des eigenen Gen-Pools |
| | Frage- welche Sorten aus sozialen Gründen eigens gezüchtet werden? | „soziales Kapital"; Rückwirkung kultureller Vorstellungen auf die Kulturpflanzendiversität |
| 7. Umweltwissen | Welche Apus (Berge) werden verehrt? | Hydrographie des Anbaugebietes vor allem wenn unter nivalem Regime |
| 8.Agrartechnologie | Frage bezüglich agrarischer Objekte | Ertragssteigerung durch Mobilisierung lokaler Ressourcen |

Zum Punkt 2: Die Distribution, also für wen produziert wurde, basiert wissenschaftlich auf Sahlins Modell der „Steinzeitökonomie" (Sahlins 1974), der strukturalen Anthropologie von Lévi-Strauss (1949), dazu kommen noch die peruanische Werke von Ossio (1980), Ossio/Medina(1985), Billie Isbell (2005), dem deutschen Ethnologen Heinrich Cunow ([1890-91]), sowie Ortiz

Rescaniere (1993). Zum Punkt 3. Ort: Wo wird produziert: Wesentlich ist die lokale Bodenklassifikation nach Bodenfarbe im indigenen Denksystem (Tapia 1996). Punkt 4 ist selbsterklärend. Zum Punkt 5: Kulturelle Tradierung des Wissens: Diese Fragestellung wird auf den Werken von Ortiz Rescaniere (1989) aufgebaut. Zum Punkt 6: Austausch der Germplasmen: Dies entspricht Malinowskis Analyse des des Kula-Austausches als Beispiel der Reziprozität, meint Prof. Arredondo. Zum Punkt 7: Das Umweltwissen und daraus resultierende Agrartechnologie in Peru wurde von John Earls (1989) einer modernen Analyse zugänglich gemacht.

Dieser Fragebogen wurde nicht nur in Quillcas, sondern auch am Titicacasee und bei einer kurzfristigen Fahrt 2009 angewendet. Diese führte in das Grenzgebiet der Provinz Junin und Huancavelica, südöstlich von Huancayo im September 2009, etwa in die Gegend um 12°19' S. 75° 00' 89'', auf ca 4165 Meter Seehöhe, in der es keine modernen Strassen gibt. Für die indigenen Bodenklassifikationssysteme wurde nach Mario Tapia von in der nachstehenden Tabelle (Tab.18) ausgearbeiteten Schema ausgegangen:

Tab. 18 Indigene Bodentaxonomie

| Quechua | Übersetzung / Erklärung | Kommentare |
|---|---|---|
| Position | Klassifikation | |
| Puna allpa | Erde unter Frostgefahr in der Puna | Korrespondiert mit der Standardklasifikation |
| Qheswa allpa Yunga allpa | Erde in der Quechua zone und der "heißen" Yunga zone | |
| Mikroklimatische Klassifikationskriterien | | |
| Chiri allpa | Kalte Erde | Erde für Felderwechsel (=layma shifting cultivaton) in den Zonen Suni und Puna. |
| Qoñiallpa | Heiße Erde | Bedarf künstlicher Bewässerung in der Quechuazone |
| Bedarf an Bodenverbesserung als Klassifikationskriterium | | |
| (mana) qarpaqñiyoq allpa | (nicht) bewässerte Erde | Zone Quechua |
| Ch'aki allpa | Trockene Erde | |
| Api Allpa | Feuchte Erde | Bedarf Drainagesysteme |
| Walla allpa | Schwimmende Erde (wallay: schwimmen) | Böden in den 'quebradas' müssen einer Drainage unterzogen werden. |
| Topographie | | |
| wayq'oallpa | Quebrada: feuchte, fruchtbare Erde | wayku bedeutet „Quebrada", die drainagiert werden muss. |
| Pampa allpa | Ebener Boden | |
| Qhata allpa | Simples Land | Sehr steil |
| Moqho allpa | Nacktes Land(?) | Land Berghängen |

| P'ukru allpa | wörtlich: Land in Löchern | Tiefes Land, z.B. in Dolinen. |
|---|---|---|
| Bodenfarbe | | |
| Yana allpa | Schwarze Erde | Besonders in der Puna |
| Puka allpa oder muyuy allpa | Rote Erde | Qualitativ hochwertig in der Quechua Zone. |
| Challa allpa | Gelberde | kaum fruchtbar |
| Q'ello allpa | | Land ohne Steine, Felsen usw. |
| Yuraq allpa | weißes Land | steril[262] |
| Zusammensetzung der Erde / Ackerkrume | | |
| Ch'ila allpa | Hartes Land | Dieses harte Land ist kaum pflügbar und verlangt sehr viele Bracheperioden |
| Aqoq allpa | | Erde mit Schotter am Flußufer |
| Llank'i allpa | | Sandige Erde |
| Qoñi allpa | allin allpa, misk'i allpa | Warm, süß, guter Boden, der hohe Ernten verspricht |
| Hatun allpa | Hauptland, bestes Land | optimal |
| Chiri allpa | Kaltes Land | Schwarzerde ohne Salinität ist frostresistent |
| Q'ara allpa | Hautland | Land mit sehr dünner Humusschicht |

Quelle: Tapia (1996:31f)

Die Bodenklassifikationen im Bereich des Titicacasees[263] ist nach um einiges komplexer und impliziert auch Indikatorpflanzen (Stanish 2003:34).

Dieser Bereich ist von besonderem Interesse, als Kernbereich der älteren Tiwanacu-Zivilisation und Zentrum der Domestikation der Kartoffel. Nach der Prüfung unseres Fragebogens bezüglich der Fruchtfolge auf Kartoffeln gehört das Seeufer traditionell zur lokalen Suni, während in der Puna nur Felderwechselwirtschaft (*barbecho sectoral*) möglich ist. Die Suni, zwischen 3.800 und 4.000 Meter über dem Meeresspiegel, stellt nach Stanish (ebd.) die obere Grenze der Landwirtschaft auf dieser Breite dar, obwohl manche Kartoffelsorten, besonders bitter, Kartoffeln in der Puna kultiviert werden können. Der See produziert aufgrund seiner Wärmerückhaltefähigkeit allerdings

---

262 Dies wirft ganz andere Fragen zum Begriff "yuraq accla" auf, sterile Sonnenjungfrau, an sich ein Pleonasmus

263 Stanish (2003:35). Im Gefolge der Untersuchungen von Harry Tschopik in den 1940er und 1950er Jahren folgende Landnutzung Kategorien durchgeführt werden (1) Talsohlenfelder, (2) Seeuferfelder, (3) in Felder in Hanglagen, (4) Die flache Pampa. Dabei wureden die camellones als künstliche Hochfelder erst von späteren Gelehrten beschrieben. Wir haben Beweise gefunden, dass Erikson experimentellen camellones in Huatta das Ergebnis der angewandten Archäologie und nicht von lebendigen Traditionen wurden. Dies ist der anerkannten Stand der Technik; „es gibt keine indigenen Verwendung von Hochfelderagrikutur heute und dies erklärt Tschopik das Schweigen über diese Technik" (Stanish 2003:37).

einen eigenen Temperaturgradienten, sodass derzeit (2006) Maisanbau im Vormarsch ist. Die Klassifikation der Geographen sind, wie Stanish (2003:35) betont, nicht für die landwirtschaftliche Forschung entwickelt worden, obwohl die Suni / Puna Unterscheidung nach Pulgar Vidal eine gute erste Näherung an die Symbiose zwischen Bodenbau und Herdenwirtschaft auf der Basis von Kameliden (Llama, Alpaca) darstellt.

Die in der Literatur dargestellten Ansichten wurden empirisch teilweise überprüft, die Ergebnisse in Quillcas waren überraschend und mussten aufgrund ihres Überraschungsgehaltes beglaubigt und publiziert werden (Plachetka, Muñoz 2009:20). Zunächst wurden die Kartoffeln skizziert und die indigenen Bezeichnungen erhoben. Danach wurde nach ihrer sozialen Bedeutung gefragt. Bekannt ist weithin die Klassifikation der „papas de mesa" (Kartoffeln für den Esstisch) und die „papas regalos" (Geschenkkartoffeln). Die Frage Nr. 6 (Tab.17) nach der Züchtung spezieller Sorten fand eine überraschende Lösung: Während des Karnevals bombardieren einander Mädchen und Jungen mit den hochgiftigen sexuellen Blütenständen der Kartoffeln und machen dann in den blühenden Kartoffelfeldern Liebe, um damit die sporadische Einkreuzung der Kartoffeln, die Häufigkeit der Mutation und die Diversität zu erhöhen, nachdem sie über und über mit Pollen bedeckt sind.

Das Problem, dass asexuell vermehrte Knollen schlechte Ernten bringen, ist bekannt, das Ergebnis wird als „ermüdete Kartoffeln" bezeichnet. Dies dürfte in Peru recht rasch geschehen sein, da die indigenen Bauern nämlich mehrere Sorten durcheinander auf einem Feld anpflanzen („multicropping"), um den Schädlingsdruck abzuwehren.Gelagert wird im Haus, zusammen mit muña, einer Pflanze, aus der aromatischer Tee bereitet werden kann, dessen Aromen aber Kartoffelmotten und Kartoffelfliegen abhält. Die Regeln des Saatguttausches wurden auch im Centro Educativo Rural Palermo in Juli erfragt, das Ergebnis war je nach Temperament der Befragten, breites oder verlegenes Grinsen.

Das Thema Saatguttausch dürfte in Peru unter manchen indigenen Bauern eher ein Rotlichtthema darstellen, würde allerdings ganz gut zu der sonst merk-würdigen Bestimmung im chinesischen Taoismus passen, dass sexuelle Enthaltsamkeit den Regeln dieser Religion widerspricht. Chinesische Weise würden dies mit den Verdrängungsprodukten erklären, welche den Durchfluss der Qi-Kraft („chi-Kraft") stören, allerdings gehört China ebenfalls zu den Vavilovzentren, wohingegen die westlichen monotheistischen Religionen aus der Wüste stammen (Robinet 1995).

Das archäologische Upper Mantaro Valley Project (UMRAP) im oberem Mantarotal, wo Huancayo liegt, umfasst nur einen Bruchteil der Gebiete der Wankas: Es umfaßt eine Fläche von etwa 25 km (NW nach SO) von 43 km (NO-SW) (D'Altroy 1992:26). Der Rio Mantaro ist die wichtigste Entwässerung der Region, er fließt in südlicher Richtung durch die Berge und ergießt sich sich aus einer engen Schlucht südlich des modernen Jauja. Das obere Mantarotal ist daher eine Art Kessel. Im Zuge UMRAPs wurden insgesamt 1992 Lagerhallen mit einer geschätzten Speicherkapazität von 123716 m³ identifiziert. Die Anordnung der Silos erinnert an das System der Logistik der europäischen Städte im Eisenbahnzeitalter, mit den Hauptbahnhöfen und den Lagerhallen der einzelnen Firmen an Nebenbahnen nahe der Stadt.

Von diesem „Umschlagsbahnhof" für das bisher angenommene Fernverkehrswesen der Inka sind fast alle vorhandenen ökologischen Zonen auf den umliegenden Berghängen in einem Umkreis von 5-10 km (D'Altroy / Earle 1992a: 185) erreichbar. Aufgrund dieses Projektes ist die Grundlage der vorinkaischen Nahrungsmittelsysteme bekannt, sodass wir auf die wichtigsten Nahrungsmittelpflanzen unter den zahlreichen, welche in der maßgeblichen Publikation des National Research Councils der USA beschrieben sind, näher eingehen (NRC 1989):

## Tarwi

Tarwi:    Botanischer Name: Lupinus mutabilis. Familie: Leguminosae (*Fabaceae*) Sonstige Namen: Quechua: tarwi Aymara: Tauri Spanisch: altramuz (Spanien), chocho (Ecuador und nördliches Peru), tarhui (Süd-Peru und Bolivien), chuchus Muti (Bolivien) Englisch: tarwi, Pearl Lupine, Andenlupine

Herkunft: Diese Lupine wurde vor mehr als 1500 Jahren domestiziert als eine eine signifikante Proteinquelle für die Nahrungsmittelversorgung. Sie ist ein Motiv auf alten und modernen Keramik-und Webarbeiten.

Beschreibung:

Tarwi ist eine einjährige Pflanze, sie wächst zwischen 1 bis 2,5 m hoch, mit einem hohlen, stark verzweigten Stängel und einer kurzen Pfahlwurzel. Die auffälligen, bunten Blüten sind violett bis blau (jeweils mit einem gelblichen Fleck) gehalten und wachsen hoch über dem fingerförmigen Blättern.

Um bestäubende Insekten anzulocken, senden die Blumen einen Honigduft aus. Die behaarten, 5-10 cm langen Schoten sind abgeflacht, etwa 2 cm breit und enthalten 2 bis 6 (oder mehr) eiförmige Samen, die zwischen 0,6 bis 1,0 cm breit sind. Diese Samen enthalten mehr als 40 Prozent Protein, dem Proteingehalt von Erbsen, Bohnen, Sojabohnen, Erdnüssen entsprechend oder übertreffend, welche die weltweit führende Eiweißpflanzen sind. Darüber hinaus enthalten die Samen fast 20 Prozent Öl, so viel wie Sojabohnen und mehrere andere Ölpflanzen. Die Ernährung im Hochland weist nur wenig Protein und Kalorien und Eiweiß auf, sodass die Qualität und der hohe Ölgehalt von tarwi von doppelten Nährwert ist. Der langwierige Prozess des Waschens der Samen zwecks Entbitterung hatte die Einführung von Tarwi in die Bereiche außerhalb der Anden behindert. Tarwi ist in der Lage, etwa 400 kg Stickstoff pro Hektar zu binden. Ein Großteil der stickstoffhaltigen Ware bleibt im Boden und steht Folgekulturen zur Verfügung. Wegen der hohen Preise für Kunstdünger im

Verhältnis zum bäuerlichen Einkommensniveau und knappen Naturdünger wäre Tarwi von wesentlicher Bedeutung in Fruchtfolge-Systemen. Wie die meisten andinen Kulturpflanzen ist Tarwi robust und anpassungsfähig, er verträgt Frost, Dürre, ein breites Spektrum an Bodenarten, und Schädlinge. Seine feinhäutigen Samen keimen rasch, produzieren kräftige, schnell wachsende Keimlinge. Vegetatives Wachstum setzt sich während der Vegetationsperiode durch und die Pflanzen werden durch auffällige Blüten gekrönt, meist bleiben sie jedoch unter 1 m hoch. Am Ende der Saison tragen sie viele Hülsen. Jede Schote enthält die bohnenartigen Samen, die weiß, gesprenkelt, gefleckt oder schwarz sind.

## Ullucu (ullucus tuberosus)

Spanisch: papa lisa, Englisch: ulluco, melloco, Botanischer Name: Ullucus tuberosus Caldas, Famile Basellaceae.

Es gibt viele Variationen trotz nicht bekannter Art der Samenbildung.

Herkunft: Ulluco ist ein vollständig domestizierte Pflanze. Sie ist oft in präkolumbianischen Kunst vertreten, und Knollen sind in 4250 Jahre alten Ruinen an den peruanischen Küsten gefunden worden, weit entfernt von dem Gebiet, in dem es derzeit wächst.

Da Wildformen (z. B. Ullucus tuberosus subsp. Aborigineus Brücher) in Peru, Bolivien und den Norden Argentiniens auftreten, ist Ullucu eine Pflanze mit einem lupenreinen Vavilovzentrum. Die Früchte sind meist von traubenähnlicher Gestalt, mit langen Internodien und rötlichen Stängeln. Ihre weißen, rosa, oder violetten Knollen sind etwa so groß wie Erbsen, bitterer als die der domestizierten Sorten.

Ullucu und Oca (Oxalis tuberosa) gehören zu den wenigen Pflanzen, bei denen die ursprüngliche Domestikation in den Gebieten ihrer höchsten Biodiversität stattfand. Sie wurde anscheinend genau zu diesem Zweck gezüchtet, wie auch etliche andere der Pflanzen, deren Entwicklung Brack Egg (2002) dargesellt hatte. Ulluco ist eine niedrig wachsende Pflanze[264]. Alle Teile sind saftig und schleimig. Auf langen Blattstielen aus dem winkligen Stamm wachsen herzförmige Blätter, deren Farbe von der Kultivation der Pflanze abhängt, auch weisen kultivierte Varietäten einen Domestikationsgradienten auf. Die Pflanze bildet Knollen auf langen Ablegern sowohl unter als auch über dem Boden. Die meisten Knollen entstehen unter der Erde aus der Masse der faserigen Wurzeln, deren Enden sich verdicken. Die Knolle ist dünn und weich, mit unscheinbaren Blüten. Bewirtschaftete Knollen können länglich (2-15 cm)

---

264  Ulluco ist eine gute Quelle von Kohlenhydraten. Frische Knollen haben rund 85 Prozent Feuchtigkeit, 14 Prozent Stärke und Zucker, und 1-2 Prozent Eiweiß und einen ungewöhnlich hohen Gehalt an Vitamin C; 23 mg pro 100 g Frischgewicht. Sie enthalten fast kein Fett und keine kaum Fasern. Es gibt erhebliche Unterschiede in der Ernährung, besonders im Eiweißgehalt, der 15 Prozent Trockengewicht ausmachen kann. Die Blätter enthalten 12 Prozent Eiweiß gemessen am Trockengewicht (NRC 1989).

oder gekrümmt sein. Einige Sorten im Süden Kolumbiens sind so groß wie normale Kartoffel. In vielen Bereichen des Andenhochlandes ist ulluco (*Ullucus tuberosus*) ein Grundnahrungsmittel, teilweise die vorherrschende Hackfrucht. Obwohl er wenig moderne agronomische Aufmerksamkeit erregt hat, ist ulluco von den Spaniern begeistert angenommen worden. Ullucu hat in der ökologischen Zone der Suni angebaut zu werden, ihnen ist die Puna zu kalt. In der Titicaca-Region wird er in der Nähe des Sees angebaut, um die Wirkung des Sees als Wärmespeicher zu nutzen.Ackerbau: Das Einpflanzen von kleinen Knollen führt meist zu Ablegern (asexuelle Prokreation). So ist die Pflanze auch leicht durch Stecklinge oder Stücke der Knolle vermehrbar, ohne besonderer Behandlung. Die Knollen keimen leichter, wenn die Temperaturen oberhalb von etwa 18° C liegen. Die Pflanze ist photoperiodenempfindlich, verkürzt sich die Tageslänge, beginnen Ableger aus dem Stamm wachsen, um dann Knollen an ihren Enden zu entwickeln. Dieser Prozess kann auf jeder Ebene auf den Stamm auftreten, und *ulluco* fängt an, sich zu erden, um Ablegeknollen zu entwickeln. Die Sorten haben unterschiedliche Reifeperioden. Der Wachstumszyklus oszilliert zwischen 5 Monaten und 8 Monaten: Über 3750 m. Seehöhe ist 6-8 Monate der Median der Reifezeit. Ulluco-Knollen werden von Hand gegraben, weil die Knollen gegen Quetschungen empfindlich sind.Voll mechanisierte Erntesysteme wurden noch nicht entwickelt. Geerntet werden durchschnittlich 9,5 Tonnen pro Hektar unter traditionellen Bedingungen. Die größten Knollen, aus Kolumbien, kann faustgroß sein, aber andernorts sind tendenziell kleiner als die Größe eines Eies. Die Knollen werden fast das ganze Jahr über in den Anden eingelagert.

Auf Trockengewichtsbasis erhalten 100 g Knollen 364-381 Kalorien, 10-16 g Eiweiß, 72 bis 75 g Kohlenhydrate, 4-6 g Ballaststoffe, 3-5 g Soda und 0,6-1,4 g Fett. Allerdings gibt es große Unterschiede zwischen den Pflanzen in ihren jeweiligen Anbaugebieten. Ullucuknollen werden am besten im Dunkeln aufbewahrt. Wenn der Sonne ausgesetzt, verblassen die Farben und weil Stammzellen in den Knollen sind, beginnen sie zu grünen. Die meisten Krankheiten sind spezifisch. In den Anden werden sie als Zwischenfrucht mit Kartoffeln kultiviert, weil es keine gegenseitige Ansteckung mit Pathogenen gibt. Ulluco, wie er heute produziert wird, hat in der Regel geringere Erträge als Kartoffel, aber es erscheint unwahrscheinlich, dass dies ständig so bleibt. Geerntet werden 10 oder 15 Tonnen pro Hektar, und in höheren Lagen kann es gleich oder übertreffen die Ernteerträge. Virenfreies Saatgut und verbesserte Anbaubedingungen sollten die Ertragsobergrenzen heben. Die Knollen haben einen hohen Wassergehalt und können nicht gut gebraten werden. Außerdem schrumpfen sie mehr als oca oder Kartoffeln beim Kochen. Weil alle Ullucuknollen mit Viren befallen sind, ist gründliche Säuberung und Quarantäne obligatorisch. Dies führt zu mangelnder Verfügbarkeit und Variabilität des Keimplasmas.

Umweltbedingungen: Tageslänge von 10 bis 13,5 Stunden sind für jene Sorten nötig, die am häufigsten in den zentralen Anden angebaut werden. Dennoch wird eine Ullucuvarietät im Norden Argentiniens bei 27° südlicher Breite angebaut, und es ist wahrscheinlich, dass Sonnenscheinstunden-neutrale Varietäten an solchen Orten gefunden werden können. Betreffs des Niederschlages gelten die Feuchtigkeitsanforderungen als unbekannt, aber wahrscheinlich im Bereich von 800-1.400 mm während der Vegetationszeit in den Anden. Wichtig sind mittlere bis große Höhen von Venezuela bis Chile. In Kanada kann Ullucu auch auf Meereshöhe wachsen, ebenso in England und Finnland. Niedrige Temperaturen sind essentiell. Die Pflanze gedeiht gut in den kühlen, feuchten Bedingungen und ist frostbeständig. Obwohl sie unter hohen Lichtintensitäten gedeihen, produzieren Ullucupflanzen in heißen Klimazonen nur schlecht Knollen. Diese Pflanze toleriert eine breite Palette von Bodenverhältnissen, aber sie gedeiht am besten in einem fruchtbaren, gut entwässerten Lehmboden mit einem pH-Wert zwischen 5,5 und 6,5. Dieser erhebliche Unterschiede kann ein Hinweis auf ulluco innewohnende Vielfalt sein. Anbaugrenzen variieren je nach Breite und Lage. In Ecuador wird die Produktion auf Höhen zwischen 3000 und 3500 m konzentriert, während die maximale Anbauobergrenze auf 3700 m liegt. Im Zentralhochland von Peru gibt es Mischkulturen von ulluco, oca, und Kartoffeln bei etwa 4.000 m nach den örtlichen Fruchtfolgegepflogenheiten.

Mashwa (Tropaeolum tuberosum):

Botanischer Name Tropaeolum tuberosum, Familie Tropaeolaceae (Familie der Kapuzinerkresse) Quechua: Mashua, Anu, apiñu, Apina-mama, Yanaoca (schwarzer oca) Aymara:
Isau, issanu.Spanisch: Mashua (oder maxua), mashuar, Anu, añu (Peru); isaño, isañu, apilla (Bolivien); ysaño (Südamerika).
Englisch: Mashua, Anu.
Ursprünge: Mashua ist seit dem Altertum kultiviert. Die Ursprungspflanze ist ungewiss. Einige Tentakel-Typen sind in feuchten, bewaldeten, buschigen Gebieten auf rund 3.000 m Seehöhe in Peru und Ecuador vorzufinden, sie können Vertreter der ursprünglichen Typen sein. Mashua ist eine mehrjährige, krautige, semiprostrate Kletterpflanze gelegentlich bis über 2 m Höhe. Sie hat kreisrunde, schildförmige, 3 - bis 5-lappige Blätter und sich windende Stämme, diese heften sich an andere Pflanzen durch taktile Blattstiele an. Kleiner als die Gartenkapuzinerkresse (*Tropaeolum majus*), ist sie die knollige Kapuziner-kresse. Mashua ist die viertwichtigste Hackfrucht nach Kartoffel, oca, und ulluco. Als winterharte Pflanze stellt sie in den ärmsten Regionen, für welche Pestizide und Düngemittel zu kostspielig ist, die vorherrschende Hackfrucht. Die Knollen können in nahezu jedem Land der Anden auf den Märkten gekauft

werden. Mashua ist eng mit der Gartenkapuzinerkresse in den meisten gemäßigten Zonen in Zusammenhang zu bringen.

Diese beiden Pflanzen werden oft gemeinsam in den Andengärten, einerseits wegen ihrer essbaren Knollen, andererseits wegen der hübschen Blumen, angebaut. Unter den andinen Knollenfrüchten ist Mashua eine unkomplizierte Pflanze, meist resistent gegen Kälte. Darüber hinaus stößt sie vielen Insekten, Nematoden und andere Krankheitserreger ab, wodurch sie als Zwischenfrucht eine wertvolle Pflanze ist. Trotz der Produktivität, Schädlingsresistenz, und Popularität ist Mashua nicht allgemein kommerzialisiert. Die Knollen, etwa von der Größe der kleinen Kartoffeln, sind karrottenförmig. Roh verzehrt, haben einige einen Geschmack nach Pfeffer und erinnern an heißen Radieschen. Doch beim Kochen verliert Mashua diese Schärfe. Gekochte Mashua wird als Zuspeise zu anderen Lebensmitteln verwendet. Beliebt sind Mashuasuppen. Wie oca, Maca, ulluco und bitteren Kartoffeln, kann Mashua Lebensmittel in Höhenlagen bieten. Diese frosttolerante Pflanze wird in kleinen Parzellen in Hanglage angebaut, vor allem auf alten Terrassen, in kühlen und feuchten Hochtälern von Argentinien, Kolumbien, Ecuador, Peru und Bolivien. In Peru wächst jedes Jahr auf 4000 Hektar Mashua.

Photoperiode: Die Pflanze scheint einen 12-Stunden-Tag für die Knollenbildung zu benötigen. Niederschlag: Starke Regenfälle sind erforderlich, in heimischen Bereich zwischen 700 und 1600 mm. Sie scheint in nebligen und trüben Wetter zu gedeihen. Höhenlage. Mashua wächst am besten zwischen 2400 und 4300 m über dem Meeresspiegel entlang der Anden. Jedoch dürfe Höhe nicht ein derart wichtiger Faktor sein, angesichts ihrer Produktivität in Kanada, England und Neuseeland. Mashua ist unbeeinflusst von niedrigen Temperaturen um die 4°C. In vielen Teilen ihres Verbreitungsgebietes ist sie regelmäßig leichten Frösten ausgesetzt. Wahrscheinlich endet die Temperaturtoleranz bei 20 ° C.

Mashua wächst in den Böden mit einem pH Wert von 5,3 bis 7,5. Während sie tolerant gegenüber alkalischen Bedingungen ist, führt man sie am besten in fruchtbaren, organischen Böden. Gute Drainage bremst den Befall mit Bodenpilzen. Damit wird das Exzerpt aus dem Bericht (NRC 1989) beendet.

# Geographische und agronomische Zonierung auf der Ebene der einzelnen Bauerndörfer

Im Gegensatz zur makroskopischen Zonierung nach Pulgar Vidal untersuchte Mayer (1985) die einzelnen Produktionszonen in einem Tal, in dem die Dörfer der Indigenen sind. Dabei sind grundsätzlich die einzelnen „Familien" (unidades domésticas) anzusprechen, dann die Ebene der Dorfgemeinschaft, der sogenannten „grúpo étnico" oder „señorío", wobei von den Besitzverhältnissen auszugehen ist. Idealtypischer Weise werden die einzelnen Feldfrüchte dort kultiviert, wo sie die besten ökologischen Bedingungen vorfinden, dies hat zum Begriff des „contról vertical" geführt. Dies erwies sich aber, Mayer (1996) zufolge, beeinflussbar durch die Kulturführung in den einzelnen anthropogeographischen Höhenschichten.

Dadurch entstehen Kulturlandschaften als Produktionszonen. Daher sind die einzelnen Modelle der Landschaftsnutzung idealtypisch in (i) kompakte Dorfgemeinschaften, (ii) Archipele und (iii) interregionale Austauschnetzwerke unterteilbar. Im Falle von (i) kompakten Dorfgemeinschaften, sind sämtliche Produktionszonen entlang eines Höhentransektes vom Dorf bequem erreich- und bestellbar. Im Falle von (ii) Archipelen ist von peripheren Zentren auszugehen, die Mitglieder der einzelnen Dorfgemeinschaft bewirtschaften die einzelnen „Inseln" des jeweiligen „Archipels"durch temporäres Auspendeln oder permanente Ansiedlung („periphäre Zentren"), vergleichbar den Almhütten in der alpinen Alpwirtschaft.

Im Falle von (iii) interregionalen Netzwerken werden Tauschringe zwischen einzelnen Dorfgemeinschaften errichtet. Hierbei ist jedoch davon auszugehen, dass diese sogenannten „ethnischen Gruppen" nichts mit den in der alten Welt als solche bezeichneten Gruppen zu tun haben. Der jeweilige Agrarkalender auf der Ebene der Bauerndörfer wird heutzutage durch die „fiesta patronal" definiert, das ist das Kirchenfest des jeweiligen Schutzheiligen, welcher den ethnogenetischen Kulturheros der jeweiligen Gruppen im Zuge der Christianisierung ersetzt hat. Die entsprechenden Produktionsentscheidungen fallen auf der Rimaypampa, dies ist das Pendant zur griechischen Agora, wo aber alle teilnehmen und den Arbeitskalender festlegen.

# Der „Geschenkkartoffel": Der Nexus zwischen Kulturpflanzendiversität und Sozioökonomie in den Anden

Guaman Poma (W.P. 69 [69]) geht auf die Feldfrüchte der sogenannten „purun runa" ein. Damit bezeichnet er die Landbevölkerung. Leider müssen seine Worte in seinem Spanisch wiedergegeben werden: „de como tenían bastimiento de comida y rregalos de mays, *zara*, says maneras y de papas, turmas de la tierra de tres maneras, oca,[*oxalis tuberosa*] rabanillos, ullucu [*ullucus tuberosus*], mastuerzos, *año* [*tropealeum tuberosum*], mashua (dasselbe, NRC 1989:68) raúrano falso, quinua [chenopodium quinoa, NRC 1989:149]...". Im Folgenden führt er weiter auch einige wesentliche Feldfrüchte der yunga an. Die Verhältnisse jedoch in der Chala an der Pazifikküste, sowie in der Rupa-Rupa und Omagua kennt er kaum. Für die Ökozonen, die er kennt, listet er hier allerdings ein komplettes Inventar an Nahrungsmittelpflanzen auf und beginnt zu moralisieren. Diese spezifischen Inventare an den Feldfrüchten der Zone Quechua und der Suni-Zone, die Guaman Poma anscheinend zusammen wirft, sowie der yunga-Zone, die er explizit nennt, provozieren geradezu die Schlussfolgerung, dass die genannten „*[a]bastiamiento de ... rregalos de mays ... de papas* (solanum tuberosum spp)" auf Varietäten zu Geschenkzwecken im Rahmen des Saatguttausches hinweisen. Diesen hatten wir am 28. August 2005 gemeinsam mit Prof. Freder Areedondo, der ein Agrikulturanthropologe ist, in Quillcas in der Nähe von Huancayo erfragt. Die Gemeinde Quillcas hat verschiedene „anexos", das sind Filialgemeinden, jede mit ihrer eigenen Verwaltung, allerdings sind die Inkaterrassen von PRONAMARCH und nicht von den Inka errichtet worden. Dies ist das *Programa Mundial del Manejo de Cuencas Hidriográficas* (Globales Program zum Management der Einzugsgebiete von Wasserquellen) welches Inkaterrassen zum Erhalt von Quellschutzgebieten einsetzt. Die besuchte Filialgemeinde ist Cocpar, in der lokalen Sunizone gelegen und auf Kartoffel spezialisiert, sowie separatistisch, da mit den Entscheidungen im Hauptort die Menschen in Cocpar nicht einverstanden waren und daraufhin um ihr prinzipielles Wohlwollen darzulegen, die Frau des Dorfschullehrers zur ihrer Bürgermeisterin gewählt hatten. An Mais wurden 180 nicht genau spezifizierte Varietäten kultiviert, die von der Organisation Yanapa gepflegt werden, die Präsidentin war im Jahre 2005 Dr. Maria Escura Ollas. Dieser Mais wird mit Bohnen (vermutlich vicia fava, also Altweltbohnen und nicht faseolus lunatus, Neuweltbohnen) in Fruchtwechsel kultiviert, von denen 80 Varietäten existieren, Saattermin ist der 26. Oktober.

Allerdings ist das Interesse an Mais in dieser Gemeinde enden wollend gewesen, da Cocpar sich auf Kartoffel (solanum tuberosum spp.) spezialisiert hatte, von welchen papas amargas (papa luki oder papa ruki), Bitterkartoffeln kultiviert werden. Die Produktion des andinen Kartoffelpulvers, Chuño dient auch zur Entfernung der in den Knollen enthaltenen Blausäure (Cyanhydroacidum).

Dieser Gefriertrocknungsprozess findet in dieser Gemeinde am Besten im Mai oder Juni statt, wenn der Winter beginnt, um die maximale Tag-Nacht-Temperaturamplitude auszunutzen. Die sogenannten Süßkartoffeln (*solanum tuberosum* und nicht *Ipoanema batata*) werden in schwarze Sorten (*yana pap*a), farbige oder rote Sorten (puca papa) und Weißkartoffeln eingeteilt (*yuraq papa*). Die Kartoffeln werden in Fruchtfolge in den üblichen siebenjährigen Zyklus kultiviert. Es wird dreimal gesät und dreimal geerntet, nämlich die Frühkartoffeln, die Haupternte (*hatun tarpuy*) und die Späternte. Gelagert wird gemeinsam mit einer Pflanze, aus der Tee gemacht werden kann, Muña, da diese die Kartoffelmotten und ähnliche Schädlinge abhält.

Nun fanden wir dort explizit jene Geschenkkartoffeln, die extra für Sozialbeziehungen auf Gegenseitigkeit kultiviert werden. Grundsätzlich gibt es (1) Großkartoffel (papa larga), als Geschenk bei Hochzeiten, meistens für die Braut, (2) Papa corneta (Trompetenkartoffeln) als Geschenk, (3) Weißkartoffel Typ „wayru" (Wind) mit drei Untervarietäten: schwarz, rot und weiß und (4) Rundkartoffeln mit 136 Varietäten, die allerdings auf Biodiversitätsmessen gezeigt werden sowie 20-30 Varietäten, die jede Familie für den Hausgebrauch verwendet. Dies sind alles *Solanae tuberosae*, keine Bitterkartoffeln. Im diesbezüglichen Projektbericht wurden die Zeichnungen aus dem Feldprotokoll eingescannt wiedergegeben[265].

Allerdings gibt es erhebliche Zweifel, ob wirklich alle sozialen Funktionen der Kartoffel erhoben werden konnten. Erfasst wurden die Phänotypen: (1) Chuchipisma (zum Essen), (2) Trompetenkartoffel (Geschenkkartoffel für Gemeinschaftsarbeit), (3) Die Weiße Windkartoffel, etwa 80 mm lang, dient ebenfalls als Geschenkkartoffel aber anscheinend nicht für den Fall, dass die jungen Leute, die geheiratet hatten und denen die Gemeinschaft ein Haus gebaut hat, sich damit erkenntlich zeigen, dazu dient die Trompetenkartoffel.

Die indigenen Varietäten der Bitterkartoffeln sind: Papa chiri (kalte Kartoffeln), die in der Puna kultiviert werden mit einer Länge von 40 mm, mit zwei Untervarietäten, eine für Chuño, wobei dies meist eine Kartoffelsuppe ist und die andere ist die papa mauna, die für Kartoffelpüree verwendet wird, das süß ist. Kartoffeln werden anscheinend nicht planvoll gezüchtet, Inzucht wird allerdings mit einerseits (a) logischen und andererseits (b) gemein-schaftsstiftenden Mitteln bekämpft.

---

265 Endbericht an die Österreichische Akademie der Wissenschaften, Langfassung, S. 86-89 (Ausdruck im Archiv der Akademie).

Erstens (a) durch multicropping, das bedeutet, das immer mehrere Sorten auf einem Feld angepflanzt werden, zufällige Einkreuzungen, sodass neue Variationen entstehen, sind erwünscht. Zweitens (b) spielen die sexuellen Blütenstände (Samenkapseln) der Kartoffel eine gewisse Rolle bei der Anbahnung von Schäferstündchen während des Karnevals im blühenden Katroffelfeld: Der städtische Brauch, einander mit Wasserbomben zu bewerfen betrifft im ländlichen Raum die „bombillas" der Kartoffeln. Burschen und Mädchen sind nun nach solchen Scherzkämpfen über und über mit diesen sexuellen Samen bedeckt. Ungeduscht geht's ab in die Kartoffelfelder, um dort die genetische Bandbreite der Kartoffeln durch menschliche Liebesspiele zu verbreitern, da sie bei ihrem Treiben dort massiv die sexuellen Blütenstände mit den Pollen bestäuben.

In der klassischen Ethnologie taucht bei solchen Zusammenhängen gerne die Frage nach der Verwandtschaft auf.

# Zusammenhänge zwischen Kartoffelbiodiversität und indigener Verwandtschaft

Derzeit ist ein Brennpunkt der Forschung in Huancayo der Zusammenhang zwischen Heiratsverhalten und den Standorten der diversen Siedlungen in den ökologischen Zonen. Guaman Poma erzählt eine interessante Vorgeschichte zur Entstehung des Inkareiches, die halbmythisch ist und aus angeblich vier „generaciónes" besteht, nämlich den (i) Vari Viracocha Runa, (ii) Viracocha Runa, (iii) Purun Runa und (iv) Auca Runa. Es ist in der Vergangenheit viel Tinte geflossen, um das System der indigenen Verwandtschaft in den Anden – und dasjenige der Inka zu verstehen, da andere Kulturen auch andere Verwandtschaftssysteme haben. Espinoza Sorriano[266] geht bodenständig von den Verwandtschaftsbezeichnungen aus. Hier ist besonders wichtig zu betonen, dass im Inkareich Genderaspekte *über* der Verwandtschaftssysteme gestanden haben dürfen.

Derartige Systeme sind überaus selten und machen daher die ethnohistorische Bestimmung von Heiratsregeln, die in manchen Gesellschaften sozial anerkannt sind (etwa die Cousinenheirat in islamischen Ländern) extrem schwierig, da möglicherweise nach Dingen gesucht wird, die es in der Form vielleicht nicht gegeben hat.

---

266  Espinoza Sorriano (1997:124-5). Auf die Diskussionen in der Ethnohistorie soll hier nicht weiter eingegangen werden. Markham (1864) scheint unvollständig zu sein.

Tab. 19  Verwandtschaftstaxonomie in Quechua

| Entfernte Verwandte: | caru ayllo (entfernte Gruppe) |
|---|---|
| Ur-Urgroßväter (Tartaabuelos) | Machuypan machu: Der Großvater des Großvaters |
| Ur-Urgroßmütter (Tartaabuela) | Payapa payan: Die Oma der Oma |
| Urgroßvater (Bisabuelo) | Yayapa machu |
| Urgroßmutter (Bisabuela) | Mamapa payan |
| Vater (padre) | Yaya (tayta) |
| Mama (madre*) | Mama |
| Sohn des Vaters | churi |
| Tochter des Vaters | ususin |
| Enkel(in) | Hahua |
| Urenkeln | Huilica |
| Ur-Urenkel | Chupuyu |
| Seitenverwandten der Kernfamilie, Elterngeneration | |
| Onkel (Bruder des Vaters) | Yaya |
| Tante (Schwester des Vaters) | Caca |
| Tante (Schwester der Mutter) | Mama (auch Rantin-mama, comadre)* |
| Seitenverwandten gleicher Generation wie der Sprecher / die Sprecherin | |
| Bruder eines Mannes | Huauque |
| Bruder einer Frau | Tura |
| Schwester eines Mannes | Pana |
| Schwester einer Frau | ñaña |
| Neffe (Sobrino) des Mannes | Concha |
| Neffe (sobrino) der Frau | Mulla |

Quelle: Espinoza Sorriano (1997)

Die mit Asterisk (*) bezeichneten Termini sind problematisch, weil „madre" in Peru ein Tabuwort ist: Mama ist richtig. Auch könnte die „rituelle Verwandtschaft" eine Weiterentwicklung der katholischen Einrichtung des Taufpaten sein. Primos (Cousins) werden je nach Grad betrachtet: (1) Sisipa huauque, Sispa pana (weiblich), (2) Ccaylla huauque, Ccaylla pana (3) Caru hauque, Caru pana (4) Sispa pana, Sispa tura (5) Ccayllu tura, ccayllu ñaña (6)Caru tura, Caru ñaña. Diese Darstellung ist etwas schematisch. Einerseits immer noch die Kategorie des „ayllus" eine Rolle.

Andererseits verlangt die Kategorie des „rimanacuys" und die „rituelle Verwandtschaft" eine Überprüfung. Jede *Llaqta* oder Siedlung ist in zwei „*sayas*" gemäß des Dualsystems (moieties) aufgeteilt, meistens nach der Kategorie „oben-unten", also Hanan Saya und Hurin Saya. Dieses Dualprinzip galt auch für die Inkahauptstadt Cuzco. Eine etwas rätselhaftere Kategorie ist das „rimanacuy" sowie das copadrazgo.

Die sozioökonomischen Verhältnisse, die Guaman Poma den „purun runa" zuschreibt, einschließlich seiner Bemerkungen zum Verwandtschaftssystem[267], dienen ihm hauptsächlich dazu, auf die Polemiken seiner Zeit über den Ursprung der Menschen in der Neuen Welt einzugehen[268].

Damit tritt er den Theorien entgegen, die Indigenen Amerikas würden von den verlorenen Stämmen Israels abstammen (obwohl es an anderer Stelle, wie auch bei Fernando Montesinos (1644) heißt, vom biblischen Noah abstammen, das ist allerdings bei einer weltumspannenden Sintflut, von der die Bibel erzählt, logisch). Dieses Argument baut darauf auf, dass die andinen Verwandtschaftssysteme nichts mit den jüdischen Verwandtschaftssystemen zu tun haben, folgerichtig konnten diese Theorien nicht stimmen.

Damit verlassen wir das unter Fachethnologen lang diskutierte Thema der andinen Verwandtschaftsorganisation und wenden uns der Rekonstruktion der Resilienz, also dem Untergang und Wiederaufbau der Andenzivilisation während der mittelalterlichen klimatischen Anomalie zu.

---

267   W.P. 67[67])
268   W.P. 60[60])

# Der amerikanische Weltuntergang und das Reich, das aus der Kälte kam

Nachdem wir uns nun mit dem Inkareich und seinen Erben auf der Basis des Nahrungsmittelsystems und Umweltmanagements auseinander gesetzt hatten, kommt nun die eingangs erwähnte Geschichte des amerikanischen „Weltuntergangs": Die sogenannte Mittelalterliche Warmperiode, welche ab ungefähr zur Jahrhundertwende des 10. bis 11. Jahrhunderts zu dominoartigen Zusammenbrüchen der amerikanischen Hochkulturen geführt hatte, und dem ihr folgenden Aufstieg der Inka, die Resilienzstrategien hatten. Daher wird erstens das Konzept der paläoökologischen Quellen vorgestellt und zweitens von der „Samaipataexpedition" berichtet, die zu den Meilensteinen dieses historischen Dramas von Untergangs und Auferstehung führte:

Lonnie Thompson mit seinen Eiskernen am Quellcaya-Gipfel korrellierte die Entwicklung kultureller Systeme mit den Klimaveränderungen. Die Ergebnisse sind mit anderen archäologischen Untersuchungen ohne paläo-ökologische Studien konsistent[269]. Es ist davon auszugehen, dass die ökologischen Stockwerke nach Pulgar Vidal, sich aufgrund insbesondere der sogenannten „Mittelalterlichen Warmperiode", besser gesagt, mittelalterlichen klimatischen Anomalie, sich verschoben. Diese Verschiebungen sind durch paläoökologische Befundungen identifizierbar und datierbar. Daher wurde das traditionelle Nahrungsmittelsystem beschrieben und analysiert. Dies betrifft die Landwirtschaft der einheimischen Nahrungsmittelpflanzen, da diese die Indikatorenpflanzen für die ökologischen Stockwerke sind. Das Problem dabei ist selbstverständlich, dass aufgrund des Wasserbedarfs der Pflanzen die geographische Position der ökologischen Stockwerke in der Vergangenheit nur annähernd angezeigt wird, da Pflanzen, die zwar Wärme lieben und im Zeitalter der Globalen Erwärmung in höheren Lagen vorkommen könnten, dort wegen Wassermangel nicht vorkommen können. Dazu kommt beim Inkareich die Schwierigkeit der langen Nord-Süd-Ausdehnung.

Grundsätzlich sind für die Bestimmung der Lebensbedingungen für Pflanzen, insbesondere für Kulturpflanzen folgende Gradienten heranzuziehen: (1) Clear Sky Radiation Gradient (Globalstrahlung) an der Oberfläche in Wattsekunden pro Quadratmeter[270], (2) Niederschlagsgradient in Millimeter Niederschlag (3) Luftdruck in Millibar (4) Temperaturgradient in Grad Celsius („centigrade"), sowie (5) Luftfeuchtigkeit, wobei das Defizit relevant ist:

---

269 Shimada et.al. 1991, aufbauend auf Thompsons Eiskernbohrungen.

270 Solaratlanten geben die Sonnenstunden (Photoperioden) an und weniger genauer die eingestrahlten Kilowattstunden pro Quadratmeter. Siehe beispielsweise den Solaratlas von Peru: Atlas de Energía Solar del Perú (2003).

Sattdunst als Funktion der Temperatur minus tatsächlicher Luftfeuchtigkeit, (wobei Earls das Wasserdampfvolumen in Millibar angibt), (6) Evapotranspiration, dies ist der Vorgang, über dem die Pflanze Wasser zieht und ist daher eine abgeleitete Größe.

Holdridge hatte ein Modell der „Lebenszonen" entwickelt, das ausschließlich auf der Biotemperatur aufgebaut und relativ simpel ist. Das Klassifikationskriterium von Holdridge ist in Tab. 20 wiedergegeben: Eine im Jahresmittel 1,5°C unterschreitende Biotemperatur entspricht entweder der polaren Region, oder der Gletscherzone (nival altitude range) auf Bergen. Von 6°-12°C entspricht sie entweder der kalt-temperierten Zone oder der montanen Höhenstufen auf Bergen usw.

Mit einem durchschnittlichen Temperaturgradienten von –6°C / 1000m ist die Situation auf den Breitenkreisen komplexer als bei ökologischen Höhenstufen auf Bergen, eben wegen der ungleichmäßigen Verteilung der Landmassen (Earls 2005)[271].

Tab. 20: Die Life-Zones nach Holdridge sowohl in der geographischen Breite und als auch auf Bergen als "ökologische Stockwerke" (schematisch) definiert durch Evapotranspiration

| Mean annual biotemp. (Tbio°C) | Latitude Regions | Altitude "pisos" | Mean annual ETP(mm) |
|---|---|---|---|
| <1.5 | Polar | Nival | < 88 |
| 1.5 to 3 | Subpolar | Alpine | 88 to 177 |
| 3 to 6 | Boreal | Subalpine | 177 to 354 |
| 6 to 12 | Cold temperate | Montane | 354 to 707 |
| 12 to *16/17 | Temperate Low | Montane | 707 to 972 |
| *16/17 to 24 | Subtropical | Premontane | 972 to 1414 |
| > 24 | Tropical | | > 1414 |

Quelle: Earls (2005).

Biome sind hingegen sind Bioformationen, das bedeutet, Großlebensräume von spezifischen Pflanzen und Tieren. Sie wiederholen sich entlang eines Höhengradienten im Unterschied zu den Lebenszonen nicht, da alle Gradienten hiefür heranzuziehen sind. Diese Biome sind beispielsweise: (1) Tropischer Regenwald, (2) Saisonaler tropischer Regenwald oder Savanne, (3) Waldland oder Buschland, (4) Temporäres Grasland oder Wüste, (5) Boreales Waldland, (6) subtropische Wüste, (7) gemäßigter Regenwald, (8) subtropischer

---

271 Bei dem Solargradienten von Earls (2006) ist davon auszugehen, dass er 14°-15°C kcals als Einheit verwendet hatte. Die Solarkonstante ist 1982 auf 1367 W/m² oder 1367 Joules pro Quadratmetersekunden festgelegt

Tockenwald (9) Tundra, (10) Alpingebiete, (11) polarer Eispanzer (Turchin et.al. 2006: 220, Fig.1). Diese Biome hängen von mehreren Faktoren ab, wie dem Breitengrad und der Seehöhe. Historische Imperien und moderner Staaten hatten sich meist entlang dieser Biome ausgedehnt (Turchin et.al. 2006), an den Grenzen der Biome waren diese Imperien mit kostspieligen Widerstand konfrontiert. Dies wurde statistisch über den Breitengradindex[272] errechnet. Das Inkareich mit seinem Breitengradindex von –1.139 steht einzig da, von Turchin et.al. (2006) mit Schweigen übergangen: Saatgutentwicklung und Bioressourcenmanagement als Anpassungsfunktion des Empires der Inka an fremde Biome musste folgerichtig rentabel gemacht werden[273], ein weiteres naturwissenschaftliches Indiz dafür, dass das Inkareich vollkommen anders als die üblicher Weise bekannten Imperien funktioniert hatte, widrigenfalls der „biomische Widerstand" gegen seine Expansion enorm gewesen wäre, auch wenn dies nur Biomide sein dürften (vgl. hier: S.39f):

Das neue System Antonio Brack Eggs[274] aufbauend auf Ökoregionen weist jene als Biomide anzusprechende Regionen aus, die allerdings untereinander Genfluß ermöglichen. Da sich allerdings die Landnutzungsformen und daher die lokalen soziöökonomischen Konfigurationen den Möglichkeiten dieser Biomide entsprechen müssen, sind die Anden Perus ein außergewöhnlicher Fall einer Biosphärenregion, zu der ursprünglich entsprechende linguistische und sonstige Heterogenität korrespondiert hätte. Dies behaupteten die Inka, vereinheitlicht zu haben. Biosphärenregionen sind Analoga zu Vavilovzentren diesmal für die nicht domestizierte Flora und Fauna angesprochen wer-den: Als „biodiversity hot spots" reproduzieren sie die Biosphäre. Biosphärenregion werden durch (a) intraspezifische Diversität oder ($\alpha$)- Diversität, (b) interspezfische Diversität oder ($\beta$)-Diversität und einer Diversität der Habitate definiert, zwischen denen Genaustausch möglich ist.

---

272  Die genannten Weltsystemtheoretiker (Turchin et.al. 2006) errechneten das Verhältnis der geographischen Ausdehnung von historischen Weltreichen aus Index = (O-W)/(N-S). O-W: Längste Ost-West-Ausdehnung, N-S: Längste Nord-Süd-Ausdehnung, und kamen über die logarithmische Transformation (um Zahlen <0 zu vermeiden) zu einem „Breitengradindex" der historischen Weltreiche, der in der überwiegenden Mehrzahl positiv ist. Daher werden die Kosten imperialer Expansion außerhalb des Heimat-Bioms überproportional hoch. Turchin et.al. (2006:225) beziehen sich auf das kaiserliche China, ursprüngliches Biom der saisonale Trockenwald war, von dem aber im heutigen China nicht viel übrig ist, die Expansion in andere Biome wie dem alpinen Biom Tibet und dem tropischen Regenwald Südostasiens war ressourcenintensiv und damit kostspielig. Daher dehnten sich Imperien stärker in Ost-West-Richtung aus, als in Nord-Süd Richtung.

273  Für gewöhnlich wird die Entstehung der modernen Wissenschaft mit der „kopernikanischen Revolution" in Europa angesetzt. Die kulturtechnischen Versuchslaboratorien der Inka sind eine relativ moderne Entdeckung (Hurtado Fuertes 2000)

274  Brack, Mendiola (E-Book): http://www.peruecologico.com.pe/libro.htm,

# Das Wetterphänomen „El Niño ENSO" und die Vavilovzentren

Die überwiegende Mehrzahl der Vavilovzentren mit einer beträchtlichen Anzahl an autochthon entwickelten Kulturpflanzen liegen im Einschlaggebiet der gefürchteten und wenig verstandenen Wetteranomalie ENSO mit katastrophalen Auswirkungen auch am asiatischen Gegenufer (Ost- Südost- und Südasien durch die Telekonnektion zwischen dem ENSO und den Monsunwinden). Es wäre sehr schön, wenn die Stärke der ENSO –Ereignisse etwas mit der Globalen Erwärmung zu tun hätten. Diesbezügliche Aussagen sind allerdings umstritten[275], allerdings ist nicht jeder ENSO-Ausbruch von Bedeutung. Aus der Sicht der Risikoforschung gilt jedoch der Grundsatz, wo keine Menschen sind, dort ist auch kein Risiko, da Risiko die Schadenshöhe multipliziert mit der Eintrittswahrscheinlichkeit des Schadens ist. Dieser Schaden kann wiederum als Ergebnis der Schadensanfälligkeit beispielsweise eines sozioökonomischen oder sozioökologischen Systems sein, also dessen Vulnerabilität. Das Gegenteil von Vulnerabilität ist daher die Resilienz des entsprechenden Systems. Daher sind jene ENSO-Ereignisse von Interesse, welche die Ökologie oder die Gesellschaft oder beides in ihren Einschlagsgebieten nachhaltig verändert hatten, vielleicht auch in Zusammenarbeit mit anderen Stressoren, welchen diese Systeme ausgesetzt waren. In einem solchen Falle sprechen wir hier von „Mega- El Niño-ENSOs". Die Impaktzonen der Mega-El Niño-ENSOs sind folgende: (i) China, (ii). Indien wegen der Telekonnektion zwischen dem Monsun und dem ENSO, (iii) Indonesien, (iv) Ost- und Südafrika (mit dem äthiopischen Vavilovzentrum Nr. 6), (v) Brasilien, besonders der Sertão, (vi) Die Zentralanden in Peru und Bolivien, (vii) Das Amazonasbecken, (viii) Mexiko und Zentralamerika) (ix) die submesoamerikanischen Gegenden in den heutigen USA, (x) Das Missisippital, (xi) Vielleicht Europa, aber nur sehr peripher (Schneechaos in den Alpen).

Diese Impaktzonen korrelieren mit den Vavilovzentren in China, Indien, Äthiopien, den Anden und Mesoamerika (Mexiko). Nun ist Davis ein Historiker, dessen Quellen in der Klimaforschung "proxy-Daten" heißen, sie erlauben aber eine Korrelation zwischen der Häufigkeit und des Einschlages der Mega-ENSOs.

Die Mächtigkeit des Einschlages definiert sich durch Naturkatastrophen, Hungersnöte usw. Davis (2009) entwickelte daher eine Skala von 1-5: 1 ist moderat, 2 ist weniger moderat, 3 ist stark, 4 ist beträchtlich, 5 ist Katastrophe (Davis ([2001] 2004:274). "La Niña" hatte Davis nicht quantifiziert. In statistischer Form ist dies von Plachetka, Pietsch (2009) in dargestellt worden (Fig.6).

---

275    http://www.enso.info/enso-lexikon/lexikon.html#globale_erwaermung (6. Sept. 2010)

154

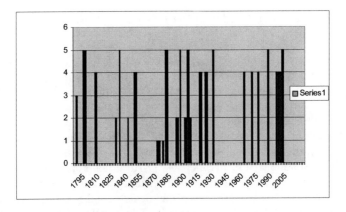

Fig. 6 Impakt der Mega-ENSOs während (a) dem Ende der Kleinen Eiszeit und (b) dem Beginn der globalen Erwärmung, die kalendarisch seit den 1980ern angesetzt wird (Davis 2001). "Series 1", also die y-Achse ist die Mächtigkeit der Impacts, die x-Achse ist die Zeitachse in Jahreszahlen AD.

Die Mega-Ensos sind daher kalendarisch "rechtzeitig" zum Ende der LIA, der kleinen Eiszeit ausgebrochen. Es ist daher davon auszugehen, dass ähnliche Mega-ENSOs am Beginn der Mittelalterlichen Klimaanomalie MCA (Medieval Climatic Anomaly) ausgebrochen sind, wenn es sich dabei um eine globale Anomalie in Gestalt globaler Erwärmung handelt. Nach Davis ([2001] 2005:240-1) hat es am Beginn der mittelalterlichen Warmperiode mindestens einen überschweren ENSO gegeben, der sich niemals wiederholt hatte. Er legte den Amazonasurwald derart trocken, dass dieser großflächig brannte. Die Verteilung der archäologischen *Terra Preta* (oder: *terra preta antropogênica*) und das Datum der Aufgabe der TPA, welches durch die eingearbeitete Keramik möglich ist, müsste daher zeigen, dass es in den Amazonasgebieten um 1000 eine kulturelle Umwälzung gegeben haben könnte, als Konsequenz der Trockenheit mitsamt ihren Waldbränden.

## Der Threshold der Resilienz

Ursprünglich kam der Begriff Resilienz aus der Psychologie, aber die Resilience Alliance entwickelte erhebliche Konzepte zur systematischen Darstellung resilienter Systeme. Für die Kulturanthropologie wäre natürlich die Verknüpfung zwischen dem Resilienzansatz und dem Weltsystemansatz von Interesse (Gotts 2007). Abgesehen von der handelsüblichen Definition aus dem

Konversationslexikon, dem zufolge die Resilienz die Fähigkeit eines Systems, Störungen von außen zu kompensieren, ist Resilienz ein systemtheoretischer Ansatz, der hier bereits mehrfach skizziert wurde: Über die Weltsystemanalyse könnte er auch in die Sozialwissenschaften eindringen[276]:

Resilienz als Fähigkeit eines komplexen Systems auf Störungen von außerhalb zu reagieren, hängt vom Threshold (Schwellenwert) des Systems, also dessen Anpassungsfähigkeit ab, sowie dem Verlauf seines evolutionären Pfades im Phasenraum. Der Phasenraum ist der Raum der Möglichkeiten, nach dem sich der evolutionäre Pfad entwickeln kann. Ist seine Abbildung ein topologisch geschlossenes Ganzes, zeigt sich ein Attraktor. Dies ist an sich höhere Mathematik, die bei Ökosystemmodellierungen zur Anwendung kommt, spielt aber eine enorme Rolle im Falle der Sukzessionsfolgen von Ökosystemen, wenn sie sich nach einer Störung wieder aufbauen, nämlich zunächst aufgrund von Pionierpflanzen, dies sind r-Selektoren, die sich rasch vermehren, aber damit z.b. die Biomasse für die nachfolgenden langlebigeren K-Selektoren bereitstellen. Auf diese Weise baut sich das Ökosystem, beispielsweise ein Wald wieder auf, ehe er ein Klimaxsystem wird, wenn zu viele alte Bäume den jungen Bäumen das Wasser entziehen und aufgrund eines gegebenen, von der Globalstrahlung definierten Sonnenenergieeintrages ihnen das Licht wegnehmen. Dies führt bei Wäldern meistens zum „Punkt Omega". Der *Textbook showcase* der Resilience-Alliance für diese „kreative Zerstörung" am Punkt Omega ist der Waldbrand aufgrund des angesammelten Totholzes abgestorbener Bäume. Dieser schafft Platz für die nächste Generation. Dies hängt vom jeweiligen Großlebensraum (Biom) ab, der durch die Mitglieder des Lebensraumes zum Zeitpunkt der Klimaxvegetation definierbar ist.

Die Selbstreproduktionsfähigkeit der Biome ist (i) vom Vorhandensein eines „biodiversity hotspots" abhängig, den Genreserven, die sich ständig weiter entwickeln. Der Sinn ist, dass neue und angepaßte Informationen (in der DNA codiert) zur Verfügung gestellt werden, um das Ökosystem wieder aufzubauen[277].

Daher hängt (ii) von den Landnutzungsmustern der endogenen Bevölkerung eines Bioms ab, ob ein Vector Alpha möglich ist. Dies heißt, ob eine Lösung gefunden wird, die einen Neustart gangbar (viabel) macht. Es ist davon

---

276  Gotts (2007), Walker et.al. (2004), Redman (2005:72) argumentieren, dass die bisherigen Theorien dem Stil der 1970er Jahre entsprechen und daher durch den Resilienzansatz ersetzt werden, da dieser die Stasis vermeidet.

277  Hames (2007:177-190). Bei Kulturpflanzen sind dies die Vavilovzentren. Kulturpflanzen sind allerdings von menschlicher Pflege abhängig, auch von der Kulturlandschaft als „fitness region", da Kulturlandschaften weniger komplex sind, als „pristne" oder Naturlandschaften beziehungsweise aufgegebene Kulturlandschaften. Dies führte zu der Kritik am Konzept des sogenannten „ökologisch edlen Wilden", der nach Odum (1999) sich den natürlichen Energie- und Stoffflüssen angepasst haben soll, dies allerdings nicht hatte.

auszugehen[278], dass (i) der Biodiversity hotspot und (ii) entsprechendes Bioressourcen- und Umweltmanagement der endogenen Bevölkerung in Koevolution die „Vavilovzentren" als „Vavilovkulturen" mitsamt dem evolutionären Triebfedern in Gang halten, den einen oder anderen zwischenzeitigen Kollaps von Zivilisationen aufgrund des sogenannten „environmental overshot" durchaus in Rechnung gestellt.

Dabei sind folgende Elemente der Panarchie des Systems zu antizipieren (1) Eine Vielfalt an metastabilen Regimen, das bedeutet, derartige Systeme haben mehrere Zustände, die für sie Gleichgewichtszustände sind. (2) Die Bedeutung episodischer Veränderungen: Systeme mit multiplen Gleichgewichtszuständen könnten rasch zwischen diesen oszillieren, wenn kritische Schwellenwerte überschritten werden. Außerdem verfügen diese Systeme über Hysteresis, das bedeutet, eine endogene Geschichte[279] oder eine Art Gedächtnis, (3) Resilienz als Systemeigenschaft, definiert als die Größe der Störung, die diese Systeme aushalten (Robustheit), (4) Eine Mannigfaltigkeit an unterschiedlichen Skalen, mit Interaktionen zwischen dieser Skalierungen.

Dies betrifft sozio-ökologische Systeme, weshalb Vavilovzentren auf der Ebene sozioökologischer Systeme behandelt werden, nicht auf der Ebene der Genetik. Diese panarchischen Bedingungen betreffen sozusagen die Lageparameter des Systems, nun kommen wir zu den dynamischen Verhaltenselementen des Systems, die (a) die vier Phasen des Anpassungszyklus im Phasenraum, der das Verhalten des evolutionären Pfades auf diesen Phasenraum als Raum der Möglichkeiten abbildet. Die sind die Phasen (r) Exploration, (b) Konsolidierung, (c) Versteinerung und „Punkt Omega" und Vector Alpha. Die (b) Panarchie unter den Anpassungszyklen hängt von der Hierarchie unter den Amplituden der Anpassungszyklen ab, sodass die raschen Anpassungszyklen von den langsameren gebremst werden. Damit kann es aber zu Revolutionen kommen. Ähnliches kann den Weltsystemen widerfahren, die Knapp (1999) hinsichtlich der inhärenten positiven und negativen Feedbacks dergestalt dargestellt hatte, dass Resilienzanalysen plausibel angesetzt werden können. Weltsysteme *ermöglichen* durch ihre Eigenschaft als Medium, um Informationen und Güter auszutauschen, grundsätzlich koevolutionäre Entwicklungen unter ihren Mitgliedern. Allerdings *garantieren* sie **keine** koevolutäre Entwicklung; aufgrund des möglichen Machtdifferentials unter den Mitgliedseinheiten in einem Weltsystem als hinreichende Bedingung (Knapp 1999).

---

278  Dies bedeutet, dass die Fallstudien im Best-Seller Collapse von Jared Diamond (2005) im Grunde nur einen einzigen Punkt im Anpassungszyklus beschreiben: Gesellschaften, welche den Punkt Omega aufgrund ihres sozioökologischen Systems erreicht hatten und dann entweder untergingen oder den Vector Alpha fanden.

279  Endogene Geschichte ist beispielsweise Hysteresis, also das Fortdauern der Wirkung nach dem Wegfall der Ursache. Exogene Geschichte ist das, was Historiker erkennen und darstellen können.

Da die meisten Vavilovzentren, verstanden als Agrikulturareale in den Einschlagsgebieten der großen El Niño ENSOs liegen, ist die Kulturpflanzendiversität als Methode zu verstehen, diese Resilienz zu erhöhen (Plachetka, Muñoz 2009). Dieses Imperativ ist durch den jüngst bekannt gewordenen Völkermord in Indien des 19. Jahrhunderts als Kolateralschaden aufgezwungener Modernisierung deutlich geworden.

# Auf den Spuren der „Mittelalterlichen Klimatischen Anomalie" durch die zentralen Anden

Zwischen dem Untergang des Wari-Reiches und des Tiwanakureiches in Peru und der Entstehung des Inkareiches durchlief die Andenzivilisation eine Periode des „Intermedio Tardio" oder der „späten Zwischenzeit". Diese Periode fiel mit der Mittelalterlichen Klimatischen Anomalie (MCA) zusammen. Unsere Aufgabe bestand darin, herauszufinden, wie Nahrungsmittelsysteme auf den Klimawandel reagieren.

Daher planten wir, die *survey study* aufbauend auf die etwas heterodoxen Theorien Albert Meyers[280], der in Samaipata Grabungen durchgeführt hatte. Wir besuchten im Jahre 2006 jene archäologische Stätten, die seiner Meinung nach die Existenz und Verbreitung präimperialer Inka nach belegten, deren typische Bauwerke zu Skulpturen bearbeitete Steine gewesen seien. Die von Albert Meyers (2002) angeführten Stätten außerhalb Cuscos sind zunächst der Felsen Manco Capacs auf Isla del Sol (die Sonneninsel) am Titicacasee, sowie der „Inkagalgen" auf der Halbinsel Copacabana im Titicacasee. Die nächste Station ist der Felsen El Fuerte del Samaipata, also der Felsen der Inka in Bolivien und, Max Uhle zufolge (Meyers 2002), Spuren im Collcatal sowie die behauenen Felsen im derzeitigen Parque arqueológico de Sacsayhuaman oberhalb von Cusco, wie Qenco.

Nach dieser Maßgabe wurde die Survey-Study des Jahres 2006 aufbauend auf die Angaben von Albert Meyers (2002) geplant (Tab. 21), ohne allerdings die gesamten damit postulierten Implikationen entsprechend zu berücksichtigen, da wir zwischen der Faktenlage und der Diskurse der Interpretation dieser Fakten exakt unterschieden, schließlich hatten wir die Zeitreihen der Klimageschichte zwecks Lokal-augenschein der entsprechenden archäologischen „aspects" im Gepäck. Der Rechercheansatz wird in nachstehender Tabelle (Tab.21) explizit dargestellt.

---

280 Das grundlegende Paper, nach dem geplant wurde, war Meyers (2002), ausgerechnet in einer Festschrift für Franklin Pease erschienen.

Tab. 21 Die Planung Survey study 2006 in stratigraphischer Ordnung nach der angenommenen Entwicklung des Überganges vom Mittelhorizont zum Inkareich

| Nr. | Ort | Datierung und archäologischer Horizont | Literaturreferenzen |
|---|---|---|---|
| 1 | Piquillaqta | 600-1000 AD :Mittelhorizont | Bauer, Covey (2002) |
| 2 | Sonnen- und Mondinsel im Titicacasee | 1100(?): Heiliger Felsen, an dem angeblich Manco Capac und Mamma Occlo gelandet sein sollen. | Bauer, Stanish (2003), Markham (1871b), der dies als exklusive Überlieferung der Priester der Andenzivilisation darstellt. |
| 3 | Samaipata | Intermedio Tardío Präimperiale Inka | Meyers (2002) |
| 4 | Moray | Beginn der imperialen Steinmetzarbeit der Inka für Terrassenagrikultur | Earls (1989) |
| 5 | Yanque, Collca valley | Intermedio Tardío | Hinweise beim Quellenautor Guaman Poma de Ayala[281], Treacy (1994) |
| 6 | Tipón | Ca 1400 ? Horizonte tardío | Bauer, Covey (2002) |

(Die Zusammenfassung der Ortsbestimmungen und relevanten Beobachungen ist in Tab. 25)

Die Survey study wurde unter zwei Gesichtspunkten geplant: (1) Die schriftlichen Quellen als Richtschnur wurden durch die paläoökologischen Proxies ersetzt, die ihrerseits zu den schriftlichen Standardquellen in Beziehung gesetzt und gegengeprüft wurden. Die ökologischen Proxy-Daten wurden als „master sequence", das bedeutet als Richtschnur eingesetzt, weil die Datierungen der Herrschaftsdauer der einzelnen Inka, wie erwähnt, in keiner Weise fest stehen. Die (2) entsprechenden Bauten, Artefakte und sonstigen archäologischen Stätten werden unter dem Gesichtspunkt des anzunehmenden Zustandes der Umwelt zu dem Zeitpunkt begutachtet, zu dem sie gängigen Datierungen zufolge gebaut wurden[282].

Um nun einer Interpretationsinflation entgegen zu wirken, wurden (3) Kultische und religiöse Erklärungen für die Funktion dieser Anlagen als unzulässig erklärt. Der Grund für diese etwas radikale Vorgehensweise liegt darin begründet, dass sich bereits namhafte Archäologen über die kultische

---

281 Guaman Poma (W.P. 89 [89]) schreibt Arequipa und die "Collaguas" dem capitán von Yahuar Huacac Inka zu (W.P. 156[158]).

282 Hier gibt es quellenunabhängige archäologische Datierungsmethoden.

Interpretation Leihgabe aus der Rumpelkammer der metaphysischen Allzweck-ersatzteilen für die Reparatur eines ansonsten lückenhaften Erklärungsmodells angesichts sonst kaum interpretierbare Artefakte mokieren[283].

## Arequipa und das Collcatal

Am 4. Mai 2006 präsentierte John Earls in Lima sein Buch (Earls 2006) über das andine Agrarsystem als Beispiel für wissensbasierte Niedrigenergiesysteme. Seit nicht allzu langer Zeit gibt es nun eine direkte Landverbindung zwischen der alten Inkahauptstadt Cusco und der Küstenstadt Nasca, der Ort der berühmten Nascalinien, die systematisch von Maria Reiche erforscht worden waren. Aber wir hatten Cusco bereits vorher mehrmals besucht[284], sodass wir direkt auf dem Wege nach Puno erst Arequipa ansteuerten. Arequipa ist der Ausgangspunkt in das Collcatal, wo sich Verwaltungseinheiten aus vorspanischer Zeit erhalten hatten. Dieses Tal war bis zur Ankunft der Massenmodernisierung derart abgelegen, dass die Shippee-Johnson Expedition, die mit Flugzeugen in den 1920er Jahren Peru erforschte, andeutete, sie hätte dieses vergessene Tal entdeckt. Natürlich waren die spanischen Kolonial-beamten ebenfalls präsent, verschwanden allerdings nach der Unabhängigkeit Perus. Die Shippee – Johnson- Expedition[285] sollte Luftbildaufnahmen mit Flugzeugen in Peru machen. Deren Maultierkarawanen für schwierige Teilstrecken, beladen mit den zerlegten Flugzeugen, gäben ein herrliches Bild für Abenteuerfilme. In Yamque identifizierten wir jene runden Maisfelder, von deren ExistenzJohn Treacy, der eine agrargeographische Aufnahme der Terrassen von Coporaque im Collcatal durchgeführt hatte. Von Standpunkt der Anwesenheit von frontier-mitimaes war von diesen Terrassenfeldern als „zweites Moray" auszugehen,um den Maisbau dort zu intensivieren, konsequenter Weise war die Suchenach einer morayänlichen Einrichtung aufgrund autochtoner Sorten motivierbar[286].

---

283   „Ein alter Witz unter Archäologen besagt dass alles, was die moderne Archäologie nicht versteht, kultisch sei" (La Lone 2000:71). Daher verwarfen wir die archäo-logischen Interpretationsschemata und bauten unseren Interpretationsrahmen auf die zu diesem Zeitpunkt bereits erfolgte und ausgewertete Befragung über das indigene Nahrungsmittelsystem in Qillcas, in der Nähe von Huancayo im September 2005 auf, sowie auf die Ergebnisse der Survey Study mit Wilfried Hartl im August 2005, die das agrartechnische Versuchslaboratorium der Inka, Moray umfasste, sowie einen Besuch bei der Aymará-NGO Pez de Oro und das Centro de Educación Rural in einem Ort in der Nähe von Juli, genannt Palermo.

284   Mit Wilfried Hartl im Jahre 2005, mit Prof. Muñoz bereits im Juli 2006 wegen des zu drehenden Filmes.

285   Shippe (1932), es existieren weitere, mir nicht zugängliche Publikationen

286   Persönliche Mitteilung J. Earls an Wilfried Hartl, August 2005

In Yamque identifizierten wir jene runden Maisfelder, deren Existenz John Treacy, der eine agrargeographische Aufnahme der Terrassen von Coporaque im Collcatal durchgeführt hatte, berichtete. Von Standpunkt der Anwesenheit von frontier-mitimaes war von diesen Terrassenfeldern als zweites Moray auszugehen, um den Maisbau dort zu intensivieren, konsequenter Weise war die Suche nach einer morayänlichen Einrichtung aufgrund autochtoner Sorten motiviert. John Earls konnte die Beschaffenheit dieses zweiten Morays nach den Angaben Treacys aus dem Gedächtnis derart genau skizzieren, dass ein paar indigene Kelnerinnen aus dem Collcatal, die in Arequipa arbeiteten, sie identifizieren konnten. Mit einer Indigena, Anacé fanden wir die fragliche Anlage. Nähere Informationen hätten wir nur dadurch bekommen können, dass wir uns an die dortigen, sehr ehrwürdigen Autoritäten, die yacucamayuqs, das sind die Wassermanager gewandt hätten. Dies hätte einen tage- bis wochenlangen sozialen Anpassungsprozeß in der Gegend erfordert, vor allem im Jahre 2007[287]. Das nachstehende Foto in Fig. 7 ist nur eine der Aufnahmen der Fahrten von 2006 und im Februar 2007:

Fig. 7 Das Pendant zu Moray im Collcatal

Die Interpretation dieser Aufnahmen wurden 2006 von Anacé und ihrer Verwandten vorgenommen. Die Längsausdehnung dieser Anlage beträgt beiläufig 500 Meter Durchmesser, sie öffnet sich konkav nach Norden.

Die Sektoren in diesem runden Terrassenfeld hängen anzunehmender Weise mit einem anzunehmender Weise steilen Klimagradienten vom Aussaattermin ab, der für jenden Sektor variiert. Mittels der Wuchshöhe des Mais und der Bestimmung des Sektors mittels Kompasses der jeweilige Sektor dieser in der

---

287   Siehe die Chronologie der Nachforschungen inTab.6,

Längsausdehnung etwa 500 Meter langen Anlage, die sich konkav nach Norden öffnet, bestimmbar ist. Die Anlage wurde sichtlich geplant. Im Ostsektor sind unter einem Felsvorsprung Reste von Ritzungen identifziert worden, welche den Westsektor abbildeten[288]. Das Collcatal wurde von den Collaguas und Cabanas besiedelt, zwei unterschiedliche „ethnische Gruppen", die sich als Solche in Peru durch Tracht und Bräuche („costumbres") definieren. Um 1450 gelten sie als dem Inkareich inkorporiert. Es gibt auf den Terrassenfeldern von Coporaque endogene Maissorten, die rituell genutzt werden. Die Collaguas waren vielleicht frühe Mitimaes (Julien 2003:77-78).

## Puno- Die Sprachgrenze zwischen Quechua und Aymara

Die Gegend um Puno, am Titicacasee gehört bereits zum Aymará-Gebiet. m Gegensatz zu Cusco ist Puno keine vorspanische Stadt, dafür allerdings an der Grenze zwischen Quechua und Aymaras. Puno wurde erst im Jahre 1688 gegründet, ist auf 3827 m Seehöhe an einer Bucht im Titicacasee gelegen, auf dem nach wie vor die Urus auf schwimmenden Schilfinseln wohnen und mit ihren „Lancias", Motorbooten den Tourismusverkehr zu den Quechuas auf den Inseln Amantani und Taquile betreiben. Nun suchten wir Victor von der Aymará-NGO „Pez de Oro". Diese NGO widmete sich der Wiederbelebung des literarisch-kulturellen Erbes der Gruppe Orcopata um Gamaliel Churrata, Autor des Romans Pez de Oro, einem interkulturell-avantguardistischen Roman der Indigenisten Punos darstellte. Die Aymarás haben ihre eigenen Traditionen, die auf diese Kultur rekurrieren und auf welche Gamaliel Churrata mit seinem surrealistischen Roman Pez de Oro als Mitglied der Gruppe Orcopata zurückgriff, deren literarische Wiederbelebung das Ziel der NGO Pez de Oro ist. Über Amantani ging es nach Capachica, um das berühmte Experiment von Clark Erikson in Huatta zu suchen.

Camellónes sind Hochfelder, die von Bewässerungsgräben umgeben sind. Das Wasser heizt sich in der starken Sonne unter Tags auf und gibt die Wärme des Nachts ab. Die Camellones in Capachica waren schlampig bearbeitet, auf drei Seiten von einem trocken gefallenen, durchlaufenden Wassergraben umgeben, sodass Wilfried Hartl scherzhaft mit Kennerblick von Studentenexperimenten sprach.

Wieso wurden allerdings die originären Camellónes aufgegeben – und zwar schon sofort nach dem Untergang des Tiwanakureiches?

---

288 Von Richard Kromp, der die Expertenentsendung filmte und plant, daraus eine Dokumentation zu machen.

# Befragungen zur Fruchtfolge der Aymara-Bauern

Am 7. Mai 2006 fuhren wir wieder zu der Schule ländlicher Bildung nach Palermo in Juli, wo ich die Fachgespräche, die Wilfried Hartl und ich im August dort geführt hatten, nach dem im September 2005 validierten Fragebogen wiederholte. Die Fruchtfolge war (1) Kartoffel, (2) Quinoa, (3) Gerste, (4) Brache und danach wurde das Feld gewechselt. Im Gegensatz zur vollen Fruchtwechselwirtschaft von (1) Kartoffel, (2) einer Leguminose oder etwa Quinoa, (3) Oca, (4) Ulluco, (5) mashua, Tarwi, meistens jedoch Gerste, (6) Brache, war hier das Phänomen der unterbrochenen Fruchtfolge zu beobachten[289]. Der Bauer Julio las den kurzen Bericht quer durch, interessierte sich allerdings besonders für den Fragebogen und wollte ihn schon ausfüllen, dann aber überkam ihn der Drang, zu erzählen. So erzählte er von den Bitterkartoffeln, die zu Kartoffelpulver gefriergetrocknet werden müssen, um die Blausäure zu entfernen. Dieses Chuño genannte Pulver, das extrem haltbar ist und zu Kartoffelsuppe verarbeitet wird, hat verschiedene Qualitätsgrade. Die indigenen Sorten nennen sich chiriimilla, quonipa, wayrus (Windkartoffel), sowie imilla blanca, das sind normale Kartoffeln (*Solanum tuberosum spp.*) und ch'eska. Allerdings war über die wichtigste Erkenntnis aus Quillcas nichts herauszubekommen: Die Funktion jeder einzelnen Varietät für die Sozialbeziehungen[290].

In Juli war das Thema Kartoffel- und Saatguttausch eher ein Thema, das zu anzüglichen Kommentaren reizte, die allerdings weniger klar waren, wie in Qillcas der Zusammenhang zwischen sexuellen Abenteuern und Saatgutverbesserung während des Karnevals. Die halbverfallenen jesuitischen Kirchengebäude in Julí, dem „Rom" der Anden verbaten wohl derartige Erzählungen, sodass ich mir in einem nächsten Schritt das Verwandtschaftssystem der Aymará-Bauern genauer ansah, als Indikator, ob die alte Kultur noch präsent war.

---

289 Mein Kontaktmann Julio ist ein gebildeter Bauer, der, ehe er bereit war, Fragen zu beantworten, den Zwischenbericht an die österreichische Akademie der Wissenschaften aus dem Jahre 2005 durch las. Dieser war zwar auf englisch verfasst, aber quechuasprachige Indigene, die gebildet sind, können meist auch sehr gut englisch. Derartige Episoden sollte der Ethnologe, der seine Ergebnisse präsentiert, besser verschweigen, weil Indigene, die erst einmal die Qualität der sie betreffenden Ethnographien kontrollieren, könnten dem westlichen Monopol auf Wissenschaftlichkeit nicht entsprechen.

290 In Qillcas wurde zwischen Varietäten unterschieden, die als Tischkartoffeln und Geschenkkartoffeln dienen. So saß ich in Qillcas mit Block und Bleistift und zeichnete Kartoffelsorten, die mit den Erläuterungen der indigenen Landwirte versehen wurden.

Dies war eine etwas schwierige Frage, nach einigem Hin- und Her kam folgende Liste an indigenen Bezeichnungen für die Generationen heraus:

-2: achachilla (Urgroßvater), awicha (Urgroßmutter)

-1 auqui

0 (Generation „EGO") und Brüder: Jilaja

0: Schwestern: mullaquaja

+1 (Kind): wawa[291]

Jede Bauerngemeinde besteht darauf, dass die Ehepartnerin oder der Ehepartner aus einer anderen Gemeinde stammt, wie mir Julio und seine Freunde bestätigten, die dazu nötige *ars amandi* war wohl Opfer der starken Schatten der Kirchen in der Missionsstadt Juli.

Im Grenzgebiet zwischen dem Departament Huancayo und Huancavelica, in das uns der Herausgeber der Fachzeitschrift Tikpa Pachapaq, Juan Carlos Condor Ames 2009 zeigte, sind die alten bäuerlichen Strukturen noch einigermaßen intakt.

Deshalb finden dort Heiraten zwischen den Bewohnern einzelner ökologischer Stockwerke statt. In diesem aktiven Vavilovzentrum für Kartoffel hatten die Indigenen ihren eigenen Kommentar zur damaligen Finanzkrise gezüchtet: Nach dem die Werte, aus denen der Dow-Jones Index an der New Yorker Börse errechnet wird, „blue chips" heißen, entwickelten sie „blue-chip papas", also „blue-chip" Kartoffeln, die auf jeden Fall Nährwert haben und obwohl die Indigenen dort Quechua sprechen, nennen sie ihre neue Sorte selbst „blue-chip papas", soviel Englisch ist bekannt. Die eingangs beschriebene ökologischen Zonierung nach Pulgar Vidal (siehe Tab.7) gilt für den peruanischen Großraum, nicht für die diversen „cuencas" der einzelnen Gemeinden. Auf der Ebene der Bauerngemeinden werden die Felder je nach ökologischen Zonen bewirtschaftet, die von den Bauern auf ihrer Rimaypampa, dem Pendant der Agora, der griechischen Demokratie, beschlossen werden. Aus diesem Grund hat jede Gemeinde eine Kerngemeinde und „anexos", Filialgemeinden. In den beobachteten Fällen, das ist Qillcas, dann die Gemeinden am Ufer des Titicacasees und Yanque im Collcatal umfasst die „chórê", also das bewirtschaftete Land um die Gemeinde mindestens drei Höhenstufen, die Maiszone, die Suni, also die Kartoffelzone und die Puna, für die Bitterkartoffeln.

Die übliche geographische Zonierung gilt in der Gegend um den Titicacasee nicht, da der See seinen eigenen Wärmegradient erzeugt. Nach dem Besuch in Palermo interviewte ich die Schwiegermutter Victors. Sie hatte ihre Felder nahe am Seeufer. Sie war Professorin an der Universidad San Anrtonio Abad in

---

291 Feldtagebuch 2006:4r

Cusco. Ihre Fruchtfolge war (1) Kartoffel, (2) Bohnen, (3) Quinua, (4) Gerste oder Weizen, (5) Brache, (6) Tarwi, (7) wieder Kartoffel.

Sie bestätigte, dass bei siebenjähriger Fruchtfolge keine Krankheiten ausbrechen und beklagte sich, dass die Landwirtschaft in dieser Höhe sich nicht auszahle und es durchaus passiert, dass die „Kartoffeln ermüden".

Dies ist der andine Ausdruck für jenes Phänomen, das für die irische Kartoffelkatastrophe verantwortlich war, nämlich inzuchtbedingte Schwäche.

Der Temperaturgradient des Sees führt zu eincr Übergangszone zwischen der Suni und der Puna, in welcher die Kulturführung von einem Mittelding zwischen Fruchtfolge und Felderwechselwirtschaft abhängig ist. Die Lagerung der Kartoffel erfolgt im eigenen Haus, zusammen mit Muña, jenem Gewächs, das in dieser Gegend die Coca ersetzt. Dieses Gewächs hält Schädlinge ab. Nun erfolgten diese Interviews mit Julio auf dem Gelände der Fortbildungs- institution, da sowohl das Kartoffelzentrum in Lima, als auch die katholische Kirche sich bemühten, die Bauern zu ökologischen Landwirten auszubilden, dies hat auch Kostengründe: Kunstdünger und Herbizide kosten Geld und schmälern das Haushaltseinkommen der Bauern zusätzlich, außerdem bekommen Bauern kaum Kredite[292].

Die kleinen Landwirte benötigen daher dringend Nebenerwerbseinkommen und hier hatte sich im Jahre 2007 hinter der Inkastadt Pisac der Biodiversitätspark der Kartoffel präsentiert: Die dortigen Indigenen machten aus der Tatsache, dass sie ein Vavilovzentrum betreiben, eine Touristenattraktion. Zurück in Puno besuchten wir nochmals die Casa del Corregidor, wo Wilfried Hartl und ich bereits 2005 vorgestellt wurden. Die Casa del Corregidor ist in erster Linie ein sehr angenehm eingerichtetes Kaffeehaus mit Fachbibliothek, das zu einem Kulturzentrum ausgebaut werden soll, in der Nähe des Hauptplatzes gelegen.

---

292 Der Wiederaufbau der vor- spanischen Systeme hatte sich allerdings bereits 2005, als Wilfried Hartl und ich gemeinsam mit Victor, der Landschulmeister von Beruf ist, als schwierig dargestellt, da in dem Nest, in dem Victors Schule stand, wir einen Ladenbesitzer begrüßten, dessen Laden eimerweise Agrargifte feil bot. Viele peruanische Kleinbauern schneiden die vorgeschriebene Fruchtrotation (rotación de cultivos) ab: Kartoffeln sind verkäuflich und bringen Geld, das vor allem für die Schulkinder gebraucht wird. Leider lauern in einem Vavilovzentrum die aufgrund der Jahrtausende langen Kulturpflanzenevolution coevoltierten Schädlinge und wer sich an die siebenjährige Fruchtfolge nicht hält, erhöht den Schädlingsdruck.

# Die Sonneninsel- die Insel Manco Capacs

Nach einem der Gründungsmythen über die Gründung der Hauptstadt des Inkareiches Cusco durch die ersten Inka sei das erste Inkapaar, Manco Capac und Mamma Occlo als Kinder der Sonne auf der Sonneninsel im Titicacasee gelandet, um den Menschen Zivilisation zu lehren. Dies war eine Legende, welche die Priester des Inkareiches erzählten. Clements Markham (1871b) unterscheidet zwischen der autochthonen Gründungslegende und denjenigen der inkaischen Geistlichkeit, die anscheinend eine Kontinuität zum Tiwanaku postulierte. Bauer, Stanish (2003) gehen auf diesen Aspekt leider nicht ein, arbeitete Markham doch ausschließlich mit schriftlichen Quellen.

Wir fuhren daher am 8. Mai 2006 von Puno zur Halbinsel Copacabana, ein bolivianisches Exarchat auf der peruanischen Seite des Titicacasees, sodass wir die Sonneninsel von der Ostseite her ansteuerten, am Südkap vorbei. Am Puerto Sur, dem Südhafen lag ein großes, traditionelles Schilfboot vor Anker, unser Boot lief Chayllabamba, den Nordhafen an, wo sich ein kleines Museum mit den Ergebnissen einiger archäologischer Unterwassercampagnen im Rahmen des französischen ORSTOM UMSAA – Projektes befindet. Diese hatte die ökologische Geschichte des Titicacasees zum Thema. Der Wasserspiegel des Sees ist variabel. Von diesem Museum ging es zu Fuß auf die Nordseite der Sonneninsel, die von großen Buchten geprägt war. Wir fanden ein umfriedetes Beet mit traditionellem Mais, der auf dieser Höhe heilig war. Der Weg zu jenem heiligen Felsen, auf dem Manco Capac und Mama Occlo gelandet sein sollen, kamen wir am Heiligtum von Tiwanaku vorbei, eine völlig verwitterte Opferstätte, deren zoomorphe Petroglyphen nur mit sehr viel Phantasie erkennbar sind, sie sollen einen Puma darstellen und ein Gesicht. Des Weiteren lief aus jeder Felskluft Wasser nach der Regenzeit. Der heilige Felsen war etwa W 288°N vom Titicacafelsen entfernt. Auf dem Wege dahin kamen wir an kleinen, umwallten Gärten mit Mais vorbei, die an den Hängen der Südkurve der nach Norden offenen Bucht mit der Längsachse W 100°O gelegen sind. Da im australen Sommer die Sonne durch den Süden geht und im Winter durch den Norden ist die Nordorientierung auffällig, auch bei dem sogenannten „zweiten Moray" im Collcatal. Beim Abstieg vom Bergrücken kamen wir an der heiligen Quelle der Inka vorbei, der Auslaufbrunnen der gesamten Insel, die als Grundwasserleiter fungierte. Die Inka faßten diese Quelle und legten entlang des recht starken Baches Treppenstufen an[293].

---

293 Frau Prof. Muñoz hatte bei einem sehr basalen Gemischtwarenladen unter dem Vorwand, etwas zu kaufen ihre üblichen soziologischen Fragen gestellt und dabei herausgefunden, dass diese Inkaanlage bis heute die Insel mit Trinkwasser versorgt, das Wasser wird mit Maultieren zu den einzelnen Haushalten transportiert, obwohl es sogar Pensionen für Touristen auf der Insel gibt.

Die Sonneninsel war über Jahrtausende ein wichtiger Wallfahrtsort für die Andenzivilisation, die Inka hatten den bestehenden Kult gleichsam ursurpiert (Bauer, Stanish 2003).

## La Paz und Tiahuanacu

Die Ergebnisse und Dokumente und die Teilnehmer des besagten ORSTOM UMSAA[294] – Projektes wären in La Paz zu finden gewesen. Als wir zum ersten Mal nach La Paz einfuhren, überkam uns das schaurige Gefühl, als wäre die ganze Stadt in einer riesigen Doline versunken. Auf steilen Straßen geht es zum Stadtzentrum abwärts. La Paz bedeutete eine gesundheitstechnische Zwangspause. In der Depandance des französischen *Institut Francaise des Études Andines* fanden wir eine Menge kleiner Heftchen über die Programme zum Wiederaufbau der andinen Agrartechnik, deren Publikation dem Erscheinen des Standardwerkes von Morlon, das wir bereits in Puno gefunden hatten, vorangegangen war, Kopien anzufertigen war allerdings verboten. Dennoch lag hier der Schlüssel zu der Frage, was bei den Wiederaufbauprojekten am Titicacasee schief gelaufen war. Zunächst fanden wir Kulturpflanzensteckbriefe der diploiden, triploiden, tetraploiden und pentaploiden Sorten der Kartoffel um den Titicacasee, sowie Hinweise auf indigene Sorten in Paraguay[295].

Das Schlüsseldokument für unser Ziel, Samaipata war „El Alcaya", die Samaipatachronik[296], gedruckt in der Martua Sammlung, die Grenzstreitigkeiten zwischen Peru und Bolivien entscheiden helfen sollten[297].

---

294 UMSAA steht für Universidad Mayor de San Andrés, dies ist die Universität von La Paz, mehr Glück hatten wir mit dem Instituto del Desarollo Rural. Gefunden wurden die Unterlagen in – Puno.

295 Diese sind in den Unterlagen des Projektes PIWA (Programma Interinstituciónal de Waru Waru) beschrieben. Abgesehen von diesen Heftchen fanden wir die „Kartoffelbibel" von Ochoa (2001), der zufolge bereits solanum stenototum als Ursprungssorte der Kartoffel identifiziert wurde, aber von endogenen Kartoffelsorten in Paraguay die Rede ist, die 1911 als Solanum guaraniticum bezeichnet wurden, sowie Kartoffelsorten des Chacos (Ochoa 2001:66-69). Dies war allerdings neu und etwaige Verbindungen zwischen dem Andenhochland und Paraguay ist im großen und ganzen unerforschte Geschichte, da die Geschichte des Andenostabfalles von Thierry Saignès bereits 1985 als die Geschichte eines Vergessens charakterisiert wurde (Saignès 1985).

296 Die älteste Erwähnung Samaipatas soll von José de Acosta stammen: "Il primo riferimento a Samaipata lo troviamo nella cronaca spagnola del padre José de Acosta, (1590). Il Religioso spiega, raccogliendo la tradizione orale dei nativi, che questi narrano che l'Inka Yupanqui pose il suo centro di potere nel sito, stabilendosi con un seguito di migliaia di mama qoyas (donne al servizio dell'Inca), sacerdoti e guerrieri. Tali avvenimenti accaddero nella seconda metà del XV secolo, secondo quel che racconta il cronista. Purtroppo non si sono trovati, fino ad ora, altri documenti coloniali sul sito di Samaipata" (Avilés 2002:08).

297 Die Relevanz dieser weithin unbekannten Dokumente stellte Saignès (1985) fest.

„El Alcaya" ist ein Bestandteil des Berichtes von Don Juan de Lizarazu über die Provinz Moxos[298]: Guancané, wie der Held der Samaipata-Geschichte bezeichnet wird, ist eine typische Guaraní-Aussprache für Condori. Das Inkareich war den Tupi-Guaraní als Reich von Candiré bekannt. Zunächst nahmen wir aber die Tempelanlage von Tiwanaku in Augenschein, um deren astronomische Orientierung nach dem Sonnenaufgang zur Tag- und Nachtgleiche festzustellen[299]. Weitere archäoastronomischen Untersuchungen Tiwanakus haben wenig Sinn: Für die Inka galt sie als Wirkungsstätte ihres Gottes Viracocha, der sie allerdings verließ, nachdem es bereits in Trümmer gefallen war (Betanzos Lib.I, cap.1).

## Samaipata

Der Weg nach Samaipata führte uns zunächst zur Stadt Cochabamba, wo wir im Nationalmuseum David Pereira trafen, um uns mit Informationen über die inkaische Frontier-Zone gegenüber den Guaranies zu versorgen. Von Cochabamba ging es über die sogenannte „neue Straße" nach Santa Cruz de la Sierra. Wir fuhren durch die Nacht und landeten in einem gigantischen Verkehrsstau mitten im Urwald. Diese neue Straße führt durch geologisch instabiles Gebiet und soll die Ebenen Ostboliviens mit dem Hochland verbinden, stellt aber ein Nadelöhr dar, da sie sich streckenweise auf einen Feldweg verengt[300]. Im Ort Samaipata hatten wir Glück, ausgerechnet im recht bequemen Lokal der „Roadrunners" diniert zu haben, da es Geschäftsbeziehungen zu unserem Quartier, der Finca „La Vispera" hatte[301] , so war die Fahrt hinauf zum Felsen „El Fuerte de Samaipata" rasch organisiert: Unsere Fahrt galt seit Cochabamba aufgrund einer eigenartigen Vorgeschichte aus dem Jahr 2000 als die lang erwartete österreichische Besuchsdelegation in Cochabamba[302]. Cochabamba ist die Partnerregion des Vulkanlandes in der Oststeiermark, wo

298  Martua Bd. 9(1): Moxos; S.124-133

299  Ibarra Grasso (1982), stellt die Kalassaya, den Tempel als gigantisches Observatorium vor. Über ein Tor, hinter dem eine Statue steht, sodass sie wie Kimme und Korn wirken, konnte der Sonnenaufgang bei der Tag- und Nachtgleiche beobachtet werden.

300  Dieser Abstieg von den Ostanden nach Santa Cruz de la Sierra dauerte geschätzt, zwölf Stunden, die Rückfahrt sollte quälender werden, nämlich über 24 Stunden dauern. Der Ort Samaipata ist die Sommerfrische der Handelsherren von Santa Cruz de la Sierra, allerdings erzählten schon die Fliegengitter an den Fenstern unserer Pension von den Verhältnissen in dieser Gegend während des Sommers, der in den Hochanden vom Regen geprägt ist.

301  Dieses Lokal mit angeschlossenen Tour Operators ist ein gemeinsames Unternehmen zweier Auswanderer, eines Deutschen und eines Österreichers aus Linz, die uns Boris Banzer vorstellten, der seiner eigenen Aussage zufolge bei dem Ausgrabungsprojekt von Albert Meyers mitgewirkt hätte.

302  Der Grazer Historiker Johann Lubienski war dem österreichischen Pendant Alexander von Humboldts auf der Spur, Taddäus Haenke, der letztendlich in Bolivien verschwand. Seinen Plan von Samaipata hatte er 1794 angelegt.

das globale Dorf Kirchbach liegt. Der sogenannte Fuerte de Samaipata ist ein langgezogener, behauener Felsen, auf dem neben parallelen Rinnen und einem Ringkanal, der, als wir ihn am 20. Mai 2006 besucht hatten, voll mit Wasser war, gekrönt von den Resten einer inkaischen Chinkana, eines spezifischen Hauses, sowie spanischer Unterstände und auf dem Dreikultureneck zwischen den amazonischen Chanés, den Chiriguanas, das sind Gruppen der Tupi-Guarani und der Provinz Caracara des Inkareiches darstellte. Um diesen mit Ringkanälen und Thronsitzen behauenen Felsen gibt es großzügige, aber zum Großteil nicht ausgegrabene Installationen und Maisterrassenfelder[303]. Im Nordwestsektor stießen wir auf den Auslaufbrunnen von Samaipata, dieser behauene Felsen war folglich ebenfalls ein künstlicher Grundwasserleiter.

Die schwer identifizierbaren Reste der präimperialen Killke-Keramik, gefolgt von Guarani-Keramik, auf welche imperiale Inkakeramik folgt, unterstützen die Angaben der Chronik von Samaipata, el Alcaya[304].

Daraus folgt: Die beiden politisch wichtigsten Maiszentren hatten die Funktion künstlicher Grundwasserleiter, dies entspricht der vorherrschenden Trockenheit während des Zeitalters der mittelalterlichen Klimaanomalie. Regenfallen waren daher eine logische Reaktion darauf, aber es stellt sich die Frage, wieso während dieser Trockenzeit ausgerechnet Mais kultiviert wurde, der viel Wasser benötigt. Mais ist eine C4-Pflanze, sodass die mesoamerikanische Strategie, Mais zusammen mit Bohnen anzupflanzen, trotz des Stickstoffeintrages in den Boden durch die Bohnen nicht ratsam gewesen wäre, weil Mais ohne künstliche Bewässerung den Bohnen das Wasser weggezogen hätte.

Die frühen Inka mussten daher sehr gute Gründe gehabt haben, um die zu Rettungsinseln ausgebauten heiligen Felsen ausgerechnet mit Mais zu bewirtschaften. Da bei intensiver Kartoffelkulturen der Schädlingsdruck überwiegt, wäre dies einer der möglichen Gründe. Vielleicht gab es aber noch andere.

---

303   Nach Boris Angaben soll der behauene Felsen 240 Meter lang sein und 55 Meter breit, in Ost-Westrichtung ausgerichtet. Seine Klüftungen sollen 250000 Liter Wasser speichern können. Was immer die Inka dort ursprünglich vor hatten, es soll eine inkaische Pucara 70 km westlich im Dorf San Luis geben und Boris bot auch ein paar neue Informationen über die Vergangenheit der Inka. So soll ein Heerführer der Vater des Inka Pachacuteks gewesen sein, nicht Viracocha Inka. (Feldtagebuch 2006:50r)

304   Alcaya zufolge diente „Sabaypata" (Samaipata) als Maisproduktionszentrum Grundlage für politische Allianzen mit Grigota, dem Herren einer Föderation am Fuße der Anden. Samaipata wäre danach von den Guarani erobert worden und musste von Cusco entsetzt werden. Diese Information von Alcaya ist Teil des Berichtes Juan de Lizarazus über Paititi, das seit Heckenberger (2003) mit den nunmehr identifizierten Amazonashochkulturen in Verbindung gebracht wird (Alcaya in Martua IV, S. 125-133).

# Die Eineichung des inkaischen Kalenders aufgrund von Messungen in Tipón und Piquillaqta

Tipón ist keine Stadt, sondern in erster Linie eine terrassierte Rinne an einer Bergflanke, in der drei Quellen entspringen, die allesamt gefasst und auf Terrassenfeldern umgeleitet wurden. Es kann als frühes Modell inkaischer ökologische Planung urbaner Räume gelten. Die Längsorientierung dieser eingefaßten natürlichen Rinne beträgt S 232° W. Am Kopfende ist diese terrassierte Rinne etwa 60 Meter breit, einige der Terrassenfelder springen hervor. Reste einer Anlage, die stark an die Hütten der Astronomen um die Sonnenuhr in Pisaq erinnert, liegen, ohne Sonnenuhr, von der Hauptquelle gemessen in N 275° W. Dies schuf die Grundlage für die astronomische Kalibrierung des Inkakalenders (Tab.22)

Tab. 22  Azimut der Sonne in Tipon (13° 33' 32'' S; 71° 47' 12'' W, 3574m Seehöhe) in den Jahren 1300, 1350 und 1400

| Date | Equinox Azimuths (Tag- und Nachtgleiche) | | | Solstice Azimuths (Sonnenwenden) | | |
|---|---|---|---|---|---|---|
| | Date | Sunrise | Sunset | Date | Sunrise | Sunset |
| 1300 | | | | | | |
| Jul. | 12.03. | 90,8 | 269,5 | 13.06. | 66,4 | 293,6 |
| Greg. | 20.03. | | | 21.06. | | |
| Jul. | 15.09. | 90,7 | 269,1 | 13.12. | 115 | 245 |
| Greg. | 23.09. | | | 21.12. | | |
| 1350 | | | | | | |
| Jul. | 12.03. | 90,8 | 269,4 | 14.06. | 66,5 | 293,6 |
| Greg. | 20.03. | | | | | |
| Jul. | 15.09. | 90,7 | 269,1 | 13.12. | 115 | 245 |
| Greg. | 23.09. | | | 21.12. | | |
| 1400 | | | | | | |
| Jul. | 11.03. | 90,9 | 296,4 | 13.06. | 66,5 | 293,6 |
| Greg. | 20,03 | | | 22.06. | | |
| Jul. | 14.09. | 90,7 | 269,2 | 12.12. | 115 | 245 |
| Greg. | 23.09. | | | 21.12. | | |

Quelle: Guide 8 (Software)

Diese Gradangaben sind vom astronomischen Azimuth aus gerechnet, das bedeutet, 0° ist Süden und erlauben die Darstellung nachstehender Meßtischskizze (Fig.8): Die Meßtischskizze mit den Azimutwinkeln aus Tab.22 wurde zunächst händisch auf einem Reißbrett gezeichnet, wobei die mit EX bezeichneten Linien die Punkte des Sonnenauf- und Sonnenunterganges während der Tag- und Nachtgleiche anzeigen und SX die Punkte des Sonnenauf- und Sonnenunterganges während der Sonnenwenden anzeigen. Die Skizze ist nach Süden statt nach Norden ausgerichtet.

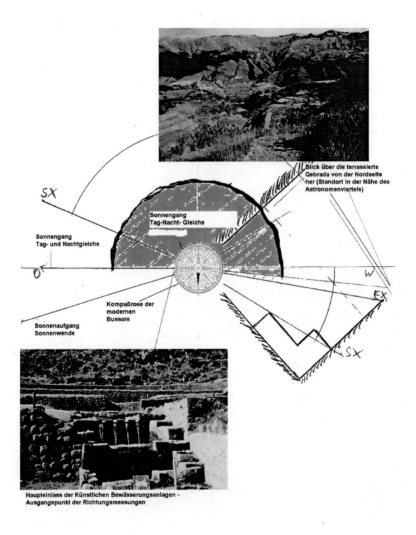

Blick über die terrassierte Qebrada von der Nordseite her (Standort in der Nähe des Astronomenviertels)

Sonnengang Tag-Nacht- Gleiche

Sonnengang Tag- und Nachtgleiche

Kompaßrose der modernen Bussole

Sonnenaufgang Sonnenwende

Haupteinlass der Künstlichen Bewässerungsanlagen - Ausgangspunkt der Richtungsmessungen

Fig. 8  Die Meßtischskizze (gesüdet) zur Messung der Sonnengänge vom Hauptwassereinlass aus, SX bezieht sich auf die Sonnenwenden, EX auf die Tag-und-Nachtgleichen.

Grundlage der Meßtischskizze waren die Kompasspeilungen in Tipón. Diese wurden vom Hauptwassereinlass aus vorgenommen, das ist jener Punkt, an dem in der Meßtischskizze in Fig. 8 die Windrose, die nach Süden zeigt, eingezeichnet ist. Die schraffierten Linien bezeichnen die Terrassen am Kopfende der Quebrada. Diese Orientierungen wurden mittels der nautischen Bussole vorgenommen, um die Ausrichtung der Maisterrassen je nach den Sonnengängen darzustellen.

Der inkaische Saatkalender aus Tab.16, den Guaman Pomas überliefert, ist damit aufgrund der Ausrichtung der Terrassen nach den Sonnengängen während der Vegetationsperiode der Maissorten kalibriert und erklärt damit die Rolle der Tag-und Nachtgleiche in der Ritualistik. Nachdem die Besichtigung Tipons, das übrigens von Eukalyptuswäldern umgeben ist, abgeschlossen war, ging es weiter nach Piquillaqta, der Stadt der Waris.

Fig. 9 Piquillaqta: Die Stadt der Prinzessin ohne Wasser

Piquillaqta liegt im Mohina-Tal, dessen Bergflanken, bar jedes Baumes, nicht einmal Eykalyptus wächst dort, von tiefen Erosionsrillen zerfurcht sind. Das bekannte Ruinengeviert Piquillaqtas zeigte keine wie immer geartete astronomische Orientierung, die Stadt war einfach ökologisch planlos hingebaut worden und lag in Trümmern. Daneben gibt es merkwürdige Mauerreste, die von einem Aquädukt stammten – und diese aufdringlichen Erosionsrillen an den Bergflanken, sowie ein verschilfter, trauriger Mohinasee. Die Berge um Cusco sind zum Großteil ebenfalls -baumlos, aber dort siedelten die Spanier mit ihrem Bedarf an Holzkohle für ihre Schmieden. Die Legende der Prinzessin ohne

Wasser, die im Theaterstück Sumaq' T'ika (Dumezil, Duviols 1974-76) drama-
tisiert wurde, bekam in dieser aus ökologischer Sicht einer Mondlandschaft
gleichkommenden, devastierten Gegend auf einmal einen durchaus handfesten
Sinn.

Allerdings ist der definitive Beweis, dass die in Fig. 9 auffälligen
Erosionsrillen ausschließlich durch das Zusammenwirken von Waris und
Spaniern erzeugt wurden, noch nicht erbracht worden. Ein Schmiedezentrum der
Spanier in jener Gegend mit intensiver Holzkohlenproduktion hätte diese
Entwaldung mitsamt nachfolgender Erosionskatastrophe auch zur Folge gehabt.
Dagegen spricht allerdings das Aquädukt der Waris unweit der Stadt, da
derartige Langstreckenwasserleitungen oft verzweifelte Versuche traditioneller
Gesellschaften sind, die Konsequenzen ihrer Übernutzung der Umgebung zu
kompensieren. Dieses Aquädukt ist auch Gegenstand der Legende von Sumaq
T'ika (Dumezil, Duviols 1974-76). Das Drama Sumaq Tika handelt im
wesentlichen davon, dass zwei Bewerber um die Wette Wasserleitungen bauten,
um das Herz Sumaq Tikas zu gewinnen. Derjenige, der als erster fertig war,
durfte sie heiraten, ob sie nun wollte oder nicht. Sumaq Tika liebte aber den
Verlierer des Wettbewerbes und zog sich damit den Zorn der Überirdischen zu,
welch gewaltiger Unterschied zum Ollantaydrama.

Die spezifische Raumplanung der Inkastädte mit der Einführung des
protowissenschaftlichen Maisbaus als neues „leading crop" dieser Vavilovkultur
kann als Hauptbestandteil restaurationsökologischer Maßnahmen gesehen
werden. Diese erlauben den Abgleich einiger der sogenannten Crónicas mit dem
paläoökologischen Befund.

Es ist allerdings aufgrund der Literaturrecherche nicht letztgültig
feststellbar, ob es im späteren Inkareich während der sogenannten
mittelalterlichen Warmperiode nun wärmer oder kälter als in normalen Jahren
gewesen war. Für die Annahme tieferer Temperaturen spricht, wie wir im
Folgenden sehen werden, das Maisbauzentrum in Samaipata, das nach den
heutiger Zonierung der ökologischen Stockwerke auf einer recht geringen
Seehöhe gelegen war. Erikson (1999) lehnt in einem sehr emotionellen Artikel
die Befundungen Kolatas am Titicacasee ab, denen zufolge mit dem Ausbruch
der Mittelalterlichen Klimatischen Anomalie die waru waru (Camellones)
aufgegeben worden seien und es eine klimatisch bedingte Periode der „Dark
Ages" gegeben habe, bis danach die Inka in die Gegend kamen, welche die
Camellones nicht wieder aufbauen ließen.

Für die Hitze während der MCA in Peru spricht andererseits ein postulierter
Rückgang der Gletscher sowie der niedrige Wasserstand im Titicacasee. Diesem
Hitzeszenario für die Zeit der MCA in Peru widerspricht allerdings der
permanenten La Niña, die für Peru im Zeitalter der MCA anzunehmen wäre.
Historische Klimakarten, welche vertiefende Untersuchungen über den

Zusammenhang zwischen ENSO und Globaler Erwärmung erlauben würden, wären ein Desiderat (Tsonis et.al. 2005). Eine neutralere Hypothese besagt, dass der Risikogradient, der eingangs dargestellt wurde, während der mittelalterlichen klimatischen Anomalie extrem steil wurde. Dies erfordert Gegenproben aufgrund der Ökosystemdienstleistungen der Anden an das Amazonasgebiet: Die sogenannten Weißwasserflüsse aus den Anden liefern Nährstoffe und natürlichen Mineraldünger dem Amazonasgebiet, welches im Boden kaum Nährstoffe hat, wohingegen die Schwarzwasserflüsse und Klarwasserflüsse aus altem, ausgewaschenem Gebirge kommen und daher kaum Nährstoffe transportieren. Die *terra preta antropogênica* (TPA) oder künstliche Schwarzerde bringt diese Nährstoffe in den Boden oder hält sie dort durch Kohlenstoffanreicherung des Bodens.

Die Analyse der Entwicklung der sogenannten *terra preta de Indio* oder *terra preta arqueológica*, die aufgrund der eingearbeiteten Keramikscherben möglich wird, bezüglich des Alters und der geographischen Position, der Häufigkeit des Auftretens entlang der drei Typen von Flüssen ist ein möglicher Indikator dafür, wie die Nährstoffsituation im Amazonasgebiet war. Dies würde die Ergebnisse und Schlussfolgerungen in Pärssinen, Siriänen (2003:29-67) vertiefen, welche die Expansion der Tupí-Guaraní mit dem Zusammenbruch der amazonischen Zivilisationen bzw. deren Auflösung in Festungsanlagen in Zusammenhang bringen. Von diesen Zivilisationen ist in den Dokumenten über Moxos (z.B. Eder 1791) nichts zu merken, obwohl ihre Überreste in den betreffenden Gebieten gefunden wurden. Eine Hochkultur in einem Regenwald aufzubauen, ohne ihn dabei zu zerstören, ist seither nicht mehr wiederholt worden. Hier begegnet uns nochmals die Frage, weshalb der Gründer des Jesuitenstaates, Diego de Torres Bollo zuvor bei den Omaguas und Blas Valera angeblich in dieser Gegend gewesen war, in der jene Reste von amazonischen Hochkulturen neuerdings entdeckt worden waren. Was gab es da zu lernen? Es gibt aber eine faszinierende Hypothese:

Meyers (1999), der leider die Inka als Stamm oder ethnische Gruppe behandelt, skizziert eine „formative Periode" der Inka nach dem Zusammenbruch des Tiwanaku. Das würde bedeuten, dass Umweltflüchtlinge aus dem Andenhochland sich an die Bedingungen im Amazonasgebiet anpassten, dort eine Menge lernten und dann als Ökosystemexperten zurückgekehrt waren. Dies lässt sich kaum nachweisen, ein ähnliches Szenario wurde allerdings auch für die Entstehung der Chachapoyas-Kultur in die Diskussion eingebracht. Leider war es nicht möglich, eine ökologische Geschichte des Amazonasbeckens als Parallel-Fall zur Andenzivilisation zu recherchieren. Diese Frage muss daher leider hier offen bleiben.

# Ergebnisse: Wie kamen die Inka aus der Kälte?

Es ist aufgrund des La Niña ENSOs (Kaltphase) davon auzugehen, dass es während der sogenannten Mittelalterlichen Warmperiode im Gebiet des späteren Inkareiches trocken, aber kalt war. Metaphorisch gesprochen wurde der Mega-ENSO aus der Geschwindigkeit der Erwärmung, nicht auf die absolute Temperatur zurückgeführt. Der Ansatz des „pfeifenden Teekessels", um schwere ENSOs zu erklären, geht davon aus, dass nur die großen ENSOs mit dem Beginn von Warmzeiten zu tun haben (Plachetka, Pietsch (2009), siehe auch Ma Wang 2008)[305]. Dieser Ansatz wurde gewählt, um das Hauptrisiko, dem die Andenzivilisation ausgesetzt ist, darzustellen. Was hat nun der El Niño ENSO (die Warmphase) mit den Vavilovzentren zu tun? Es gibt keine klaren Hinweise auf den Impakt des historischen Klimawandels auf die Sozialsysteme nach der Entwicklung der Vavilovzentren[306]: Die Vavilovzentren dürften daher die Resilienz der menschlichen Kulturen erhöht haben, da im Allgemeinen Jäger- und Sammlerkulturen in ihre Umwelt nicht gestaltend eingreifen konnten.

## Überprüfung einiger Chroniken aufgrund der Survey study und den „Archiven der Natur"

Die archäologischen Spuren der Kulturpflanzen sind sogenannte proxies (Indikatoren) für die jeweiligen ökologischen Zonen, weswegen die Geographie von Javier Pulgar Vidal angewendet wird. Daher sind die Bohrungen in dem periodischen See Marcacocha (13° 13' 39"S ;72° 12' " W; 3355 m s.n.m) in jenem Seitental gelegen, das bei Ollantaytampu in das sogenannte „Heilige Tal der Inka", das Yucaytal einmündet den spezifischen Informationen in den Chronicas von Juan de Betanzos (1557) und Sarmiento de Gamboa (1572) und denen von Pachacutí Yamqui (1615) gegenüber zu stellen. Dies erlaubt die Erstellung einer synoptischen Chronographie. Hier werden, wegen der vielen unterschiedlichen Editionsformen der Chronicas diese in der historischen Form zitiert, nach Buch und Kapitel. Diese synoptische Chronographie ist nun in Tabellenform summarisch dargestellt (Tab.23):

---

305 Seit neuestem analog zu den Mega-ENSOS eine Art Micro-El Niño–Phänomen bekannt. Dieser Mikro-ENSO ist der sogenannte El Niño Modoki oder Pseudo-ENSO (Taschetto et.al. 2009b), sodass die globale Erwärmung das Ende von ENSO bedeuten könnte (Vecchi et.al. 2006).

306 Anderson et.al. 2007 endet mit der Darstellung in der Zeit vor der Entwicklung der vollen Landwirtschaft.

Tab. 23 Die Gegenüberstellung der Proxies des Marcacochasees mit den Schriften Betanzos', Sarmiento de Gamboas, sowie Pachacuti Yamquis.

| AD-Daten und Pollen | Hinweise in den Chroniken auf ökologische Veränderungen | Crónicas | Beobachtungen |
|---|---|---|---|
| 660– 900 | Abwesenheit organischer Sedimente vor dem Auftreten der Chenopodiae – Pollen um 900 AD | | Ökologisches Desaster |
| 100-1100 Chenopodiae | Manco Capac: Gründung von Cusco wegen des Vorhandenseins von Manantiales mit Süßwasser. Streit mit den Alcavizas wegen Kartoffelfeldern | Betanzos, lib I, cap.3 Sarmiento de Gamboa, Cap. 14 | Klingt nach den Auswirkungen der langen Trockenheit, die durch die Eiskernbohrungen am Qellcayagletscher belegt sind. |
| 1100 – 1400 Alnus aucminata pollen. Kleines lokales Maximum an Maispollen um 1300 Alnus aucminata pollen Maximum um 1430. | Inka Roca und Yahuar Huacac: Inka Roca heiratete Mama Micay. Micay ist eine alte Schreibweise für micuy, Speise. Erwähnung von Bewässerungskanälen in Cusco. Es beginnen die Spannungen mit den Ayamacas, | Sarmiento Cap 19 y 20. Pachacuti Yamqui f. 16v (1993:214) | Die Dolinen von Moray liegen auf dem Territorium der Ayamacas. Die Alnus aucminata spielten eine Schlüsselrolle bei der inkaischen Restaurationsökologie. |
| Bäume 1400-1500 Temperatur- anstieg | Inca Viracocha. Nach seiner erzwungenen Abdankung widmete er sich dem Wiederbewaldungs- programm | Betanzos cap. 6: Wieder- bewaldungsp rogramm: Pachacuti Yamqui f. 18v, (1993:217) | Zunahme der Niederschläge zwischen 1400 y 1438, Zeit des Chankakrieges |
| Anstieg der Maispollen | Inka Yupanqui Pachacutek: Beginn des Inka-Imperiums | Sarmiento cap. 30 mit allen technischen Details und Verfahren. | Entstehung der typischen Inkastädte, die geplant wurden und auf urban agriculture aufbauten. |

Quelle: Eigene Erarbeitung basierend auf Chepstow Lusty et.al. 2003, 2009

Die archäologischen Stätten im Yucay-Tal, das "Valle sagrado de los incas" sind kleinere Inkastädte, die von Maisterrassen umgeben sind. Dort sind folgende Laboratoriumsterrassen für den Pflanzenbau identifiziert worden, die hier den Angaben aus den Aufzeichnungen Sarmiento de Gamboas spaltenförmig gegenübergestellt werden (Tab.24):

Tab. 24 : Archäologisch belegbare Angaben Sarmiento de Gamboas

| Quellenstelle | Archäologische Belege |
|---|---|
| Sarmiento, Cap. 30: "Varas de medir" (sucana): Meßstangen um das exakte Aussaatdatum für den Mais festzulegen. Die sucanas werden als "reloj añual" (ibid.), also Jahresuhr bezeichnet. | Die "inti watana" in Pisaq (Mariza 2005). Víctor Ángeles Vargas: Fragebogen bezüglich der Experimentierterrassen in Pisaq, um auswärtige Pflanzen an das lokale Klima anzupassen. Dieser Fragebogen wurde von John Earls erstmals abgearbeitet und positiv beantwortet (Hurtado Fuertes 2000,:101-103) |
| Staatliche Funktionäre, die mit der Kalendererstellung und dem Informationsfluß von den Laboratorien zu den Bauern beauftragt waren (Sarmiento, cap. 30) , auf quechua verstümmelt als  pacha unan Chac[rayuq ?] (Betanzos lib. I, cap. 71) wiedergegeben | Sakrale Gebäude, eigentlich Steinhäuschen um die Horizontalsonnenuhr in Pisaq, ähnliche Konstruktionen in Tipón, wo allerdings die Horizontalsonnenuhr verschwunden ist. Die Sonnenuhr mitsamt den Beobachtungshütten ist in Machu Picchu erhalten. Die Orientierung der Terrassen wurde in Pisaq mit einer Bussole vermessen. |
| Der Kalender, der mittels der Horizontalsonnenuhr erstellt wurde, wurde mit der Vegetationsperiode und den Reifegraden des Mais kalibriert (Sarmiento, Cap. 30). | Protzen (1993:32) erwähnt die Andenes de Sima cerca Pukyu bei  Ollantaytambo als Beispiel der geplanten Landwirtschaft, um die hydrologischen Bedingungen, die Stützwände, die Böden und Unterböden auszuprobieren. |

Da das Vavilovzentrum des Maniok *(manihot esculenta)* in der Gegend zwischen Brasilien und Paraguay in einem zwar gebirgigen Gebiet sich befindet, dessen Gradienten aber bei weitem nicht so steil sind, wie in dem Hochgebirge der Anden, bleibt die Frage der Rolle der kurzwelligen Sonnenstrahlung, die in den Tropen den Boden erreicht und unter Umständen sogar die bodennahe Krautschicht durchdringt. Durch die unlängst identifizierten neuen Genpools der domestizierten Maniok[307]stellt sich die Frage nach der ökologischen Frontier. Diese "ökologische frontier" stellt nun  neue Fragen an die terrassierten Dolinen von Moray. Dies betrifft insbesondere deren topoklimatologisches Muster (Earls

---

307  Olsen, Schaal (1999) damit Harlan (1971) und seine mesoamerikanischen Ursprungsgebiete des Manioks widerlegend

1998), sodass diese frontier ebenfalls als dynamisierender Faktor der Kulturpflanzenevolution in Rechnung zu stellen wäre. Die nachfolgende Tabelle (Tab.25) stellt detailliert einiges an dem empirischen Material zusammen, welches im Zuge der Expeditionen von Plachetka und Muñoz im Jahre 2006 im Zuge einer archäologischen und agronomischen survey study zusammen gestellt wurde. Dies betrifft die archäologischen Stätten, die für die Zeit zwischen (a) den Zusammenbruch des Wari- und Tiwanakurechies und (b) der Entstehung des Inkareiches repräsentativ sind. Dies betrifft ebenfalls die Indizien um die Resilienz der Andenzivilisation darstellen zu können.

Tab. 25  Die Beobachtungen der Survey Study im Jahre 2006

| Nr. | Ort | Datierung und archäologischer Horizont | Position (P) und Seehöhe (m) |
|---|---|---|---|
| 1 | Piquillaqta | 600-1000 AD :Mittelhorizont | P:13° 36'' S; 21°43',41.81'' W 3078 m. |
| 2 | Sonnen- und Mondinsel im Titicacasee | 1100(?): Heiliger Felsen, | P: 16° 00' 15.19'' S; 69° 11' 14.83'' W, 3812 m. (Wasserspiegel) , approx. 4025m. (Höhe der Berggipfel) |
| 3 | Yanque (Collca valley) | Intermedio Tardío | P.:15° 38' 30.25'' S; 71°39'23.62'' W: 3422 m. |
| 4 | Samaipata | Intermedio Tardío Präimperiale Inka | P: 19°10'41.89'' S; 63°49' 10.08'' W, 1900m Berggipfel mit heiligem Felsen: 1905,3 m Landwirtschaftszone Untergrenze: 1889,5-1847,3 m |
| 5 | Moray | Beginn der imperialen Steinmetzer der Inka | P: 13°19' 32'' S 71° 11'45'' W, 3574 m. |
| 6 | Tipón | Ca 1400 ? Horizonte tardío | P: 13°33' 32'' S ,71° 47'12'' W, 3574 m |

Quelle: Reisetagebuch und die in Plachetka/Muñoz (2007) zitierten Referenzen

Die Stadt ohne Wasser, (1) Piquillaqta ist in einer Gegend mit extremer Häufigkeit von Erosionsrillen (Schluchten) in dem Talabschnitt zwischen Oropeza und Andahuaylallilas (13°39'58'' S; 71°40'27.98''W). Die Zone der extrem häufigen Erosionsrillen ist ca 10 km lang. Piquillaqta hat keine astronomische Ausrichtung.

Die (2) heilige Sonneninsel (Isla del Sol): Die Felsen waren am Ende der Regenzeit voll mit Wasser, das überall austrat, nicht nur im von den Inka gefassten Auslaufbrunnen, eingefriedete Maisfelder (Chanchas), sind traditionelle agrarische Objekte. Diese befinden sich in einer nordwärts gelegenen Bucht: 15° 55' 46.48''S; 69° 11' 13.62''W. Dies führt zu (3) Yamque: Diese morayoide Struktur, nach Norden offen, ist bis heute bebaut und mit einem funktionierendem Bewässerungssystem versehen, das ein Einquellsystem ist, das bedeutet, es gibt eine Hauptzuleitung (patrón). Diese runde Anlage mit Terrassen wird vom Collca-Fluß durchquert. Dies diente mit an Sicherheit grenzender Wahrscheinlichkeit zur Entwicklung der heute noch vorhandenen lokal endemischen Maissorten, da das alte Inkasystem dort auf lokaler Ebene bis heute funktioniert (yacucamayuq, Wassermanager). Die Orientierung nach Norden diente zur Erhöhung der Netto-Absorbtionsrate des Maises (das heißt Erhöhung der Kilokalorien pro Kilogramm Ernte).

Zu (4) Samaypata: Dieser Heiliger Felsen auf einem Berggipfel ist aus Kalkstein, geritzt und behauen, um die Oberfläche zu vergrößern. Die Flanken um den Felsen sind mit Maisterrassen versehen. Ebenso befindet sich dort ein Auslaufbrunnen, wie auf dem Felsen der Sonneninsel. Dieser fehlt auf den archäologischen Kartenskizzen. Er befindet sich in etwa 18°10'44,98''S and 63°49'W auf einer Höhe von 1900 m. im nordöstlichen Quadranten der Anlage. Die Maisterrassen sind aufgegeben und heute bewaldet, sodass der Grundwasserspiegel gesunken ist. Die landwirtschaftliche Zone hat einen Durchmesser von 204 Metern entlang des Höhengradienten gemessen. (5) Moray ist von Earls (1989) bereits ausführlich behandelt. Die Stützwände innerhalb der Dolinen ("muyus") sind im imperialen Baustil der Inka ausgeführt, ein mögliches ethnohistorisches Dokument ist von Earls (1976) angeführt worden, aufgrund dessen er seine Theorie der Kalenderkybernetik entworfen hatte. Die moderne Inkastadt (6) Tipón hat, wie erwähnt, die Hauptachse entlang der Kompaßrichtung Südwest und ist ein Mehrquellensystem mit drei Quellen, welche das Wasser für die Bewässerungskanäle liefern.

Damit sind die entsprechenden Wendepunkte in der Geschichte der Entstehung des Inkareiches identifizierbar, unter der Annahme, dass, wie im Kapitel über die frühen Inka dargelegt, diese tendenziell die Anbauzone für Kartoffeln (Suni) verlassen hatten und sich tiefere Orte für den Maisbau gesucht hatten. Dies betrifft die Situation im sogenannten „heiligen Tal der Inka", obwohl das zur Verfügung stehende Kartenmaterial nicht sehr genau ist, und zwar die Zeit von 1300 bis 1400. Tipón als Anlage macht generell den Eindruck, dass hier der Übergang von der „carved-rock-Phase", das ist die Phase der künstlichen Grundwasserleiter zur Phase der wissenschaftlichen urban agriculture geschafft wurde.

Die vielfach erwähnten carved rocks dieser Phase der präimperialen Inka, die sogar in Machu Picchu auffindbar sind, sind eine Reminiszenz, aber keine funktionsfähigen künstlichen Grundwasserleiter mehr, also typische Survivals: In der alten Ethnologie wurden Einrichtungen, die keine Funktion mehr haben, mit dem Begriff „survival" belegt, beispielsweise Sonnenuhren im Garten, obwohl es Quarz-Armbanduhren gibt. Die Entwicklung zur Funktionslosigkeit der alten geschnitzten Steine dürfte zwischen 1350 und 1400 eingesetzt haben[308]. Zusammen gefaßt läßt sich daher der Anpassungszyklus wie im Folgenden (Tab.26) beschreiben.

Tab. 26 : Der Anpassungszyklus der Andenzivilisation

| Nr. | Ort | Beobachtung | Wendepunkt am Zyklus |
|-----|-----|-------------|----------------------|
| 1 | Piquillaqta | Die Stadt der Prinzessin ohne Wasser | Punkt Omega |
| 2 | Sonnen- und Mondinsel im Titicacasee | Künstlicher Grundwasserleiter und heiliger Mais | Vektor Alpha: Maisbau |
| 3 | Yanque (Collca valley) | Möglicher Weise ein Pflanzgarten | Vektor Alpha, Neubeginn mit Maisbau |
| 4 | Samaipata | Maiszentrum | Beginn der Konsolidierungsphase, nachdem der Maisbau eine strategische Ressource hier war |
| 5 | Moray | Musterfall für den Pflanzgarten und staatlichen Maisbau | Konsolidierungsphase: Beginn wissenschaftlicher Landwirtschaft |
| 6 | Tipón | Frühe Anwendung wissenschaftlicher urban agriculture | Übergang von Explorations- zur Konsolidierungsphase |

Dies lässt den Schluss zu, dass die Anbaugrenze von Mais vor dem Intervall zwischen 1300 und 1400 niedriger als heute lag, sodass es in den Anden relativ kühl gewesen sein muss, zuzüglich zu der Trockenheit. Allerdings setzte sich der Maisbau anscheinend erst mit der Wiederbewaldung durch. Die außerordentlich kurze Zeit von Saat bis zur Ernte, die aufgrund der Angaben Guaman Pomas für den staatlichen Mais anzunehmen ist, erlaubt den Schluss, dass die „neolithischen Wissenschafter" der Inka über eine Art „Turbomais" verfügten. Nach den derzeit zur Verfügung stehenden Quellen, kann von historischem Standpunkt gesehen, dieses Bild nur mit erheblichen Schwierigkeiten genauer gezeichnet werden.

---

308 Dies ist eine Schätzung aufgrund Bauer, Covey (2002), da ihnen Tipón als Residenz für Yahuar Huacac gilt, das bedeutet gerade am Beginn des imperialen Horizontes stehen dürfte, dies ist allerdings nicht allzu streng mit den Daten der Herrscherlisten abzugleichen.

# Schlussfolgerung: Resilienz und Intelligenz

Die Andenzivilisation war ein deutlicheres Weltsystem, als sich dies La Lone (2000) vorgestellt hatte, ähnlich China wahrscheinlich sogar ein Empire mit Dynastienwechsel und intelligenter Resilienz: Die „dumme Resilienz" ist beispielsweise der Fall der sich ständig wiederholenden Episoden des Anpassungszyklus etwa bei Feuerklimaxwäldern, denen die regelmäßig ausbrechenden Waldbrände das Totholz entsorgen, um für den Nachwuchs Platz zu schaffen. Bei der intelligenten Resilienz muss das System durch Innovation oder kulturelle Kreativität den gangbaren Vektor Alpha, um aus der Situation der Versteinerung, analog zum Waldbrand, selber finden.

Das alles klingt nach der Notwendigkeit einer Revolution, die nur durch den mythische Grundgehalt des Dramas Ollantay als möglicher Reflex auf die Anfangserfolge des Systems der Restaurationsökologie faßbar ist, wohingegen das Drama Sumaq T'ika und der Mythenkreis, in dem es steht, mit dem alles beherrschenden Thema des Wasserbaues, das Gegenteil davon erzählt.

Für gewöhnlich wird der Inka-Horizont mit Pachakutek angesetzt, dessen typische Städte, wie Pisaq oder Tipón den eingangs skizzierten Kriterien der sogenannten Globalen Dörfer (Aldeas Globales Populares) entsprechen.

Im Falle der Entstehung des Inkareiches hatte der Autor dessen (mögliche) augusteische Schwelle in einem Vortrag unter Bezugnahme auf das Drama Ollantay (Plachetka 1994) und dessen möglichen historischen Kern als „The Indian Summer of 69" bezeichnet, woraufhin bei einem Symposium in Hütten, Deutschland zum Thema Regionalentwicklung Stefan Matteikat 2006 einen Vortrag mit dem Titel „Das Dilemma der Achtundsechziger und die Globalen Dörfer der Inka" (Matteikat 2006), als Tagungsbeitrag hielt.

Das Dilemma der Achtundsechziger bestand laut Matteikat darin, dass sie klar wussten, wogegen sie waren. Als sich in weiterer Folge die Straßen und Plätze mit Menschen füllten, die Antworten auf die Frage suchten, wohin nun die Reise gehen soll und was nun aufzubauen sei, wussten die Achtundsechziger nichts mehr zu sagen. Verwirrten Massen, die auf desorientierte Meisterdenker in Wendezeiten stoßen, konstatierte Matteikat auch für die Bevölkerung der DDR nach dem Fall der Berliner Mauer; diese Parallele als gespenstisch charakterisierend. Daher soll das Fallbeispiel der Inka nach Matteikat für die biogene Wende als Art Leuchtturmkette gelten, um in Wendezeiten Orientierung zu haben. Ähnlich wurde das EURATOM-Foresight-Projekt abgewickelt, das erfordert allerdings eine genaue, bis zur Rekonstruierbarkeit beispielsweise alter Reichstechnologien gehende Analyse, welche die Wirkungszusammenhänge sichtbar macht. Die literarische Mumifizierung liebgewonnener Fallbeispiele, die zum heroischen Versuch der Utopieverwirklichung erklärt werden, der an der Schlechtigkeit der diesseitigen Welt gescheitert wäre, führt bestenfalls zu einem Totenkult zu Ehren der mumifizierten Utopien. Dies diskreditiert die

Geschichtswissenschaft, da die Kategorie des Politischen durch die Kategorie des Tragischen ersetzt wurde, wie dies exemplarisch in der deutschsprachigen Geschichtsschreibung über den Jesuitenstaat der Fall war: Diese literarische Geschichtsschreibung ersetzt damit Politik durch Dramatik, Analyse durch Rhetorik und verschleiert damit die „Soft -power"- Qualitäten der Jesuiten in der Sicherheitsumgebung des spanischen Weltreiches völlig.

Bezüglich der Inka, die mit ihrer Biopolitik einen Schritt weiter waren, ergeben sich für Historiker folgende Probleme: Der amerikanische Weltuntergang fand zeitgleich mit der in Europa warmen mittelalterlichen Klimaanomalie statt. Die Andenzivilisation unterlief als Antwort darauf die biogene Wende hin zu ihren prototypischen Aldeas Globales Populares (AGP).

In Europa fand zu Beginn dieser Periode die Klosterreform von Cluny statt. Dahinter steckte eine Revolution gegen das spätantike Sklavenhalter-Regime[309] hin zum Feudalismus, der den bisher ausgeschlossenen Bauern erlaubte, sich hinreichend nahe an die Marktflecken und Städte anzusiedeln, um ihre Produkte verkaufen zu können. Dies war vielleicht das europäische Pendant der Revolution am Beginn der MCA, die sich in der AGP-Revolution gegen ihr Ende im zentralen Andenraum spiegelte. In beiden Fällen wurden infrastrukturelle Veränderungen in einem politischen Code übersetzt, der sie Ursachen verschleierte.

Im heutigen Peru wird grundsätzlich vor jedem Entwicklungsvorhaben ein sozio-ökonomisches Diagnóstico einer Region oder einer Dorfgemeinschaft durchgeführt, um vorab festzustellen, welche und wieviel an Entwicklung dort sinnvoller Weise machbar ist. Diese partizipativen Entwicklungsstrategien werden in Österreich nicht sehr medienwirksam diskutiert.

Die selbstständige, lokale Durchführbarkeit von derartigen Programmen war wegen der restaurationsökologischen Aufgaben der Inka unabdingbar.

Zu guter Letzt noch eine Bemerkung für sehr skeptische Leserinnen und Leser, denen es vermutlich ähnlich gehen wird, wie Prof. Muñoz ganz zu Beginn unserer Recherchecampagnen. Sie meinte: „Bisher haben wir Peruanerinnen und Peruaner geglaubt, wir seien unterentwickelt und die Inka sind

---

309   Guy Bois (1999) argumentiert aufgrund akribischer Quellenstudien, dass sich dahinter eine Revolution gegen die antike Produktionsweise hin zur damals fortschrittlichen feudalen Produktionsweise lag. Worin lag der Fortschritt? Wieder begegnen uns die hohen Kosten des Landtransportes: Althistoriker berechneten, dass der Transport einer Ladung Getreide zu Schiff von einem Ende zum anderen Ende des Mittelmeeres billiger war als per Ochsenkarren über eine Strecke von 120 Kilometern (Bois 1999:99). Nun hatte die Stadt in der Antike hauptsächlich eine politische Funktion, das bedeutete, die Landbevölkerung lebte abseits und war von der Politik und dem mit ihr systematisch angeklammerten Fernhandel ausgeschlossen, die spätantike Stadt deckte ihren Nahrungsmittelbedarf durch gräfliche und kirchliche Güter, die von Sklaven bewirtschaftet wurden (servitium), sodass die Landleute, die pagani, aus diesem Begriff hatte sich sowohl der Begriff paysanne (Landmann, Bauer), als auch der Begriff Heide (pagan) entwickelt, abgegrenzt blieben.

die mythische Schmusedecke aus längst vergangenen Zeiten, in der wir uns ausweinen können. Jetzt kommt ihr Gringos mit eurem neuen Ansatz daher, nehmt uns die Schmusedecke weg und macht mit ihr aus uns schwupp – di – wupp ein biogenes Hochtechnologieland. Bitte, das müssen wir alles erst mal verdauen!"

Die Inka waren, wie alle amerikanischen Menschen vor Kolumbus. sogenannte Indianer. Indianer gelten meist als Hüter ökologischer Weisheit und mythischer Verbundenheit zu Mutter Erde. Dass diese ökologische Weisheit und mythische Verbundenheit nichts mit irgendwelcher Esoterik, sondern mit darstellbarer und rekonstruierbarer Kulturtechnik zu tun hat, deren Grundlagen bloß deshalb als mythisch gelten, weil die Wissenden aus diesen Kulturen auf ihre Weise kommunizieren und selten scientific papers publizieren, sollte hiermit auch gezeigt werden. Wird das entmystifiziert, sind viele moderne, europäisch aufgewachsene Menschen oft unangenehm von der Modernität mancher archaischer Kulturen berührt, oder, als unabhängige Denker mitunter begeistert.

So bleibt mir nur die Hoffnung, dass dieses Unbehagen einen Nachdenkprozess auslöst, schließlich verdanken wir dieser verschleierten Modernität die genetischen Reserven für die Zukunft unserer Grundnahrungsmittel.

Die Alternative wäre genmanipulierte Nahrung, die, abgesehen von dem Unbehagen, das genmanipulierte Nahrung an sich auslöst, einen wenig diskutierten Nachteil hat: sie ist nicht open-source. Das macht einigen Computerexperten schon bei Microsoftprodukten Probleme (dieses Buch ist auf Open Office geschrieben) und löste unter Theoretikern sehr esoterische, das heißt, nur Eingeweihten verständliche Debatten über Open Source und Commodification aus. Diese hochabstrakten Debatten fragen, ob Monopolprofiten irgendwelche real geschaffene Werte gegenüberstehen. Einige Debatten fußen unter anderem auf dem Maschinenfragment von Karl Marx, welches weit jenseits des gängigen Marxismus angesiedelt ist: Die Frage nach Wissen als Produktivkraft scheint innerhalb des geschlossenen Systems des Marxismus an jene formal unentscheidbaren Sätze zu grenzen, die alle *axiomatischen* Systeme nach der Logik des Gödel'schen Unvollständigkeitssatz aufweisen. Das Indiz dafür ist, dass nur die Schule Antonio Negris, (operaia), der hier als Empire-Theoretiker sein Gastspiel hatte, mit biopolitischer Produktion dafür einen plausiblen Ansatz hat: Wird Arbeit als Beitrag zur Reproduktion der Gesellschaft als System gesehen, gibt es keinen Unterschied mehr zwischen nützlicher und philanthropischer Arbeit: Bauern, die Vavilovzentren reproduzieren, schaffen im Grunde „survival values" ohne direkte „cash values". Dies erfordert eine gesonderte Analyse mit praktischen Implikationen: Wie sollen Anreize geschaffen werden, dass die Vavilov-Bauern nicht in die Städte abwandern?

Nahrungsmittelsicherheit ohne open source food ist daher äußerst riskant: Durch die Wertschöpfungskette der *survival values* stehen wir bis heute auf den Schultern der Inka und anderer sogenannter „Urvölker".

183

# Kurz gefasstes Tabellen- und Abbildungsverzeichnis

Wenn nicht anders angegeben, wurden die Bilder vom Autor fotografiert.

---

310 Aus dem Archiv des Journalisten Mario (Wilhelm) Köppel.
311 eigene Nachbearbeitung, Quelle: Wikipaedia

# Quellen- und Literaturverzeichnis

## Unpublizierte Archivquellen

Archivo Departamental del Cuzco: Colección Betancur, ohne Sigle.
Österreichische Nationalbibliothek, Handschriftensammlung: Cod. 6496, Cod
S.N. 1620, Autographen 456/43-1H 33/63
Haus- Hof und Staatsarchiv der k.&k. Österreichisch-ungarischen Monarchie
Wien: Politisches Archiv Brasilien Liasse 36 Kisten 9-10

## Verzeichnis der publizierten Quellen und Literatur

ACHUTEGUI, Pedro de, S.J, (1951) La universidad del conocimiento del Dios entre
    los paganos según los primeros teologis de la compaña de Jesus (Publicaciónes
    de la Escuela de la Historia y Arqueologia 1), Roma
ACOSTA , José [1588] 1596 *De natura novis orbi libri due et de promulgatione Evangelii
    apud Barbaros sive de procuranda indorum saluta libi sex*, Colonia Agrippensis
    (=Köln, Deutschland)
ACOSTA, José de (1590) *Historia natural y moral de las Indias*, Sevilla
ALTIERI- Miguel A.- Susanna B. Hecht (eds) (1990) *Agroecology and Small Farm
    development*, Boca Raton, Ann Arbor,Boston
ALTIERI, Miguel, and Parviz Koohafkan (online) „Globally Important Indigenous
    Agricultural Heritage Systems (GIAHS): Extent, significance and implications for
    development. Online: ftp://ftp.fao.org/SD/SDA/GIAHS/backgroundpaper_altieri.pdf
    (download:4. Nov. 2010)
ANDERS , Ferdinand (1983) Peru durch die Jahrtausende. Kunst und Kultur im Lande der
    Inka. Niederösterreichische Landesausstellung Schloß Schallaburg 7. Mai – 1.
    November 1983, Wien, Baden, Bad Vöslau
ANDERS, Ferdinand (1984) *Johann Jakob v. Tschudi. Forscher-Arzt-Diplomat.*
    Schaffhausen: Beiheft zum Schweizer Ausstellungskatalog von Anders (1983)
ANDERSON, D. Maasch, K.; Sandweiss, D; 2007 *Climate Change and Cultural
    Dynamics. A Global Perspective of Mid-Holozen dynamics*, Elsevir Academic
    Press, Amsterdam et.al., 602pp
ANDRIEN, Kenneth (2008) The Virtual and the Real: The Case of the Mysterious
    Documents from Naples" *History Compass* 6/5 (2008): 1304–1324
ANNALES ESC= *Annales Economies, societées, civilizations*, Paris
ANONIMO (1906) "Discurso de la sucesión y gobierno de los Yngas" in: Juicio de
    Limites Peru Bolivia- ed: Victor Maúrtua- Vol.8- Barcelona
ANONIMO DE YUCAY [1571] Parecer ... (re-edition: siehe unter: Pérez Fernandez)
ANNELLO OLIVA, Giovanni [?] 1857 *Histoire du Perou* (ed H.Ternaux Compans), Paris
ARRIAGA, Pablo José de [1621] *Extirpación de la idolatria del Piru* BAE Bd.209, :191-277
ASSMANN , Jan (2005) *Das kulturelle Gedaechtnis* 5. Aufl., Beck, München
ATLAS DE ENERGÍA SOLAR DEL PERÚ (2003)
    http://www.cedecap.org.pe/uploads/biblioteca/80bib_arch.pdf (08.Sept. 2010)

185

AVILÉS, Sonia (2002) *Conservazione del Tempio della Rocca Scolpita di Samaipata –*
*Santa Cruz, Bolivia (Sudamerica)*. Tesi di Master (MA Thesis) Università di Bologna
– Sede di Ravenna, Facoltà di Conservazione dei Beni Culturali Dipartimento di Storie
e Metodi per la Conservazione dei Beni Culturali, Academi, anno accademico
Ravenna 2001-2002

BAE = *Bibliotéca de Autores Españoles. Desde la formación del lenguaje hasta nuestros*
*dias. Continuación*, Madrid: Atlas

BANDY, Matthew S. (2005) "Energetic efficiency and political expediency in Titicaca
Basin Raised Field Agriculture" *Journal of Anthropological Archaeology*
24:271-296

BAUDIN, Louís (1928) *L'émpire socialiste des Incas*, Paris

BAUER, Brian S. [1992] 1996 *The development of the Inca state*. University of Texas press,
Austin. Spanish ed. *El desarollo del estrado Inca*, Centro Andino Bartolomé de las
Casas, Cuzco

BAUER, Brian.S. (1996b) „The Legitimitazion of the Inca State in Myth and Ritual"
*American Anthropologist* 98 (2):327-227

BAUER, Brian S. and L. Alan Covey (2002) "Processes of state Formation in the Inca
Heartland (Cusco – Peru)" *Américan Anthropologist* 104(3):846-864

BAUER , Brian S. & Charles Stanish (2003) *Las Islas del Sol y de la Luna. Ritual y*
*peregrinación en el lago Titicaca* (Antropologia 3) Cusco : Centro Andino Bartolomé
de las Casas

BAUER, Brian S. & David S. Dearborn (2003) *Astronomia e Imperio en los Andes* (Estudios
y debates regionales Andinos 98) Cusco: Centro de Estudios Andinos Bartolomé de
las Casas

BAUER, Brian S. Cheptow, A. Frogley A. (2004) „Human Impact and Environmental
History in the Cusco Region" in: BAUER 2004: 23-30

BAUER, Brian S. (2004) *Ancient Cuzco. Heartland of the Inca*, Austin: University of Texas
press

BEHRINGER, Wolfgang (2007) *Kulturgeschichte des Klimas. Von der Eiszeit bis zur*
*globalen Erwärmung*, München: C.H.Beck

BENITEZ , Luís G. (1993) *Manual de Historia del Paraguay*, Asunción del Paraguay.

BETANZOS, Juan de [1557] 1999 *Suma y Narración de los Incas*. Transcripción por Maria
del Carmen Rubio, Cusco:Universidad Naciónal de San Antonio Abad de Cusco,

BIN WONG, R. (2008) „Die Dauerhaftigkeit des chinesischen Imperiums.
Implikationen für Chinas Zukunftsperspektiven" in: ROBINSON, WIEGAND,
2008:591-637.

BOIS , Guy (1999) *Umbruch im Jahr 1000. Lournand bei Cluny- ein Dorf in*
*Frankreich zwischen Spätantike und Feudalherrschaft*. München: dtV

BONAVIA- Duccio (1991) "Die Domestizierung der Pflanzen in den Anden" in: *Inka Peru.*
*Indianische Hochkulturen durch drei Jahrtausende* Bd.1 (Kataloge des OÖ
Landesmuseum- N.S. 41)- Linz

BORSDORF, Axel & Walter Hödl (eds) (2006 ) *Naturraum Lateinamerika. Geographische*
*und biologische Grundlagen* (Atención – Jahrbuch des österreichischen
Lateinamerikainstitutes 10),Lit, Wien 2006

BOSSHARD , Marco Thomas (2002a) *Ästhetik der andinen Avantgarde. Gamaliel Churata*
*zwischen Indigenismus und Surrealismus*. Berlin: Wissenschaftlicher Verlag Berlin

BOSSHARD , Marco Th. (2002b)"Das Kolonialdrama Ollantay. Affinitäten zum klassischen
spanischen Theater und zur indianischen Kosmologie im Andenraum" *Américas.*
*Zeitschrift für Kontinentalamerika und die Karibik* 23 (3) Wien:7-38

BRACK EGG , Antonio (2002) *Peru : Diez Mil años de Domesticación*, Lima

BRACK, Antonio & Cecilia MENDIOLA (n.d.) *Encyclopedía Ecológia*, http://www.peruecologico.com.pe/libro.htm (5. Nov. 2010).

BRAUDELL , Fernand (1999) *Modell Italien 1450-1650*, Stuttgart – Taschenbuchausgabe: Wagenbachs Taschenbücherei 497, Berlin

BRONHAM, L. PENNY, D. (2003) "The Modern Molecular Clock" *Nature Reviews Genetics* , 216-224 (March 2003) | doi:10.1038/nrg1020

BRUSH, Stephen B. (2004) *Farmer's Bounty. Locating Crop Diversity in the Contemporary World,*: Yale University Press, New Haven & London, 2004

BURKE, Peter, 2001 *Vico, Philosoph, Historiker, Denker einer neuen Wissenschaft* (Wagenbachs Taschenbuch 399). Berlin

CABELO VALBOA, Miguel de (1569) [1951] Miscelanea Antarctica, ed. Luís Eduardo Valcárcel, Lima

CANE, Mark A. (2008) „Das Klima in den Strömungen der Geschichte" in ROBINSON, WIEGAND (2008:113-165)

CARNEIRO , Robert L. (1970) "A Theory on the Origin of the State" *Science* 169:733-738 (1970)

CERAM, C.W. [pseud. Kurt Marek) (1971) *Der erste Amerikaner. Das Rätsel des vor- kolumbischen Indianers*, Reinebeck: Rowohlt

CDIHE= *Colección de documentos inéditos para la Historia de España* comenzada a publicar por D. Fernandez de Navarrete y continuada por SS. Marques de Pidal y Miraflores, Marqués de la Fuensanta del Valle, José Sanches Rayón y Francisco de Zabalburu, Madrid 1842-1895, 112 Bände.

CHEPSTOW-LUSTY , A. Frogley, M.R. Bauer, B.S. Bush, M., Tupayachi Herrera, A.: (2003) "A Late Holocene record of arid events from the Cuzco region, Peru". *Journal of Quaternary Science* 18(6):491-502

CHEPSTOW-LUSTY Alex; Frogley M.R.; Bauer, B.S. Boessenhard, K.P.; Carcaellet, C; Ali. A.A. Giode A; (2009) "Putting the rise of the Inca Empire within a climatic and land management context" *Clim. Past. Discuss* 5:771-796

CHILDE, Gordon ([1942] 1985) *Que sucedió en la historia*. Ed. Planeta, Barcelona

CIEZA DE LEÓN, Pedro (1553) 1973 *Primera Parte de la Crónica del Peru*, Sevilla Peruanische Ausgabe: *Crónica del Peru* (Biblioteca Peruana 1), Lima

CIEZA DE LEÓN , Pedro [1550 Secunda parte] *El Señorio de los Incas*. Edición de Manuel Ballesteros. (Crónicas de América 6), Madrid:Dastin (Escorial-Manuskript)

CIEZA DE LEÓN, Pedro [1550-53] 2000 (ed: Carnelo Saena de Santa Maria) Crónica del Peru in: *Obras Completas* (Monumenta Hispano India V: Centenario del Descubrimiento de América II) Madrid 1984 (Vatikanmanuskripte)

COBO, Bernabé (1653) (1890-95) *Historia del Nuevo Mundo*, ed. Jimenez de la Espada, Sevilla 4 Bd (Escorialmanuskript).

COBO , Bernabé (1653) (1979) *History of the Inca Empire*. Ed. Roland Hamilton, Austin (=Colombina Manuskript in englischer Übersetzung).

CONRAD , Geoffrey A & Athur A. Demarest ([1984] 1988) *Religion and Empire. The Dynamics of Aztec and Inca Expansion*, Cambridge: CUP, spanische Version hier verwendet: *Religion e Imperio*, Madrid: Alianza Americana

CONTRERAS, Carlos & Jorge BRACAMONTE (1988) *Rumi Maqui en la Sierra Central. Documentos Inéditos de 1907*, IEP. Documentos de trabajo 25, serie historia 5, Lima., http://www.iep.org.pe/documentos/1197060012.pdf (30. Juli 2010)

187

CORDY COLLINS ,Alana; Moseley Michael E.,(eds): (1990) The Northern Dynasties. Kingship and Statecraft in Chimor. A Symposion at Dumbarton Oaks 12th to 13th Oct.1985, Washington

COTLER, Julio (1992) *Clases, estado y nación en el Perú* (6. Aufl.) (Instituto de Estudios Peruanos: Perú Problema 17), Lima.

COVEY, A. R. (2006b) "Chronology, Sucession and Sovereignty: The Politicas of Inka Historiography and Its Modern Interpretation" *Comparative Studies in Society and History* 48;:169-199

COVEY , R.A. (2003) "A processual study of Inka state formation" Journal of Anthropological Archaeology 22(4)S. 333-357

COVEY, R. Alan. (2006) How the Incas bult their heartland. State formation and innovation of imperial strategies in the sacred valley. Peru. University of Michigan Press, Ann Arbor,

CROSBY - Alfred W.: ([1986] 1991) Ecological Imperialism. The Biological Expansion of Europe Cambridge deutsch: ders (1991) Die Früchte des weißen Mannes. Ökologischer Imperialismus 900-1900- Frankfurt/New York

CUNOW, Heinrich [1890-91] 1929 El sistema del parentesco peruano y las comunidades gentílicas de los Incas. Las comunidades de aldea y de marca del Peru antiguo- Paris

CUNOW, Heinrich (1896) *Die soziale Verfassung des Inkareiches. Eine Studie über den altperuanischen Agrarkommunismus*- Stuttgart

D'ALTROY, Terence N. and Thimothy K. Earle (1985) "Staple finance, Wealth finance and the Inca political economy" *Current Anthropology* 26(2):187-197

D'ALTROY Terence N. and EARLE Thimoty K. (1992) "The broad perspective: Finance and Storage in the Inca Economy" in LeVine (ed) 1992:31-61

D'ALTROY, Terence N.(1992) Provincial Power in the Inka Empire, Washington D.C. Smithonian Institution

D'ALTROY , Terence N. 2002: The Incas (The Peoples of America 6) Blackwell Publishers, Malden et.al.: Paperback edition 2003

DAMANIA, A.B & J. Valkoun & G. Willcox & C.O. Qualset (Eds.) The Origins of Agriculture and Crop Domestication. ICARDA, Aleppo, Syria, 1998 en linea: http://www.bioversityinternational.org/publications/Web_version/47/ (17 Juli 2008)

DAVIS, Mike. [2001] 2004 Late Victorian Holocausts. El Niño and the Making of the Third World, Verso-Books, New York, German edition used here: Die Geburt der Dritten Welt. Hungerkatastrophen und Massenvernichtung im imperialitischen Zeitalter, , Berlin-Hamburg-Bad Göttingen: Assoziation A

DE SOTO , Hernando (1986) *El otro sendero. La revolución informal*, Lima

DEL TECHO , Nicholas (1673) *Historia Provinciae Paraquariae Societatis Jesu.* Leodii (Leyden)

DIAMOND, Jared (1985) *Arm und Reich. Die Schicksale menschlicher Gesellschaften*, *Frankfurt am Main*: Fischer

DIAMOND,Jared (1998) *Armas- Gérmenes y Acero. Breve historia de la humanidad en los últimos trece mil años*- Barcelona : Débate

DIAMOND, Jared (2002) « Evolution, consequences and future of plant and animal domestication » *Nature* 418 , 8. Aug. 2002,S.700-707

DIAMOND, Jared (2005) *Collapse: How Societies Choose to Fail or Succeed.* New York: Viking Books deutsch: Diamond: (2008)

DIAMOND, Jared (2008) *Kollaps. Warum Gesellschaften überleben oder untergehen*, 2. Aufl. Frankfurt am Main: Fischer Taschenbuch

DIEGO HAY, James (1999) *Tobatí. Tradición y cambio en un pueblo Paraguayano*, Asunción de Paraguay (gesehen 2000 Ibero-Amerikanisches Institut, Berlin)

DUMEZIL, Georges and Pierre DUVIOLS (1974-76) „Sumaq' T'ika ou la princesse sans eu" *Journal de la societée des Américanistes* 63(1):1-152

DUNBAR TEMPLE , E. (1949) „Un linaje incaico durante la dominación española. Los Sahuaraura" *Revista Histórica*, Lima 18(1):44-77

DUVIOLS , Pierre (n.d.) „Datation, paternité et ideologie de la Declaration de los Quipucamayos á Vaca de Castro" in: *Les cultures iberiques en denir. Essays publieß en hommage á la Memoire de Marcel Bataillon (1895-1977)*, Paris, erhalten als Photokopie in Cusco: CBC, gesehen 1997

DUVIOLS , Pierre 1974-76 „Sumaq T'ika ou la dialectique de la Dépendance" *Journal de la Societée des Américanistes* 63(1):153-172

EARLS, John (1976) "Evolución de la Administración ecologica inca" Revista del Museo Naciónal 42:207-245 jetzt in TORRE/BURGA 1986:23-58

EARLS , John (1989) *Planificación agrícola andina. Bases para un manejo cibernético de sistemas de andenes*, Lima : Univ. del Pacífico y COFIDE

EARLS, J. (1998) "The Character of Andean and Inca Agriculture", ponencia en Israél 1998, online: http://macareo.pucp.edu.pe/~jearls/documentosPDF/theCharacter.PDF (July 25th, 2008).

EARLS, John (1999) "En los Andes de Hoy: Conclusiones y recomendaciónes de una investigación de la historia cultural y el cambio climático en Mocomoco" in: Rivas, R. Carenza, C, Claudel, C. Thompson, S. Earls, J. *Promoción económica y tecnológica en los municipios de Mocomoco y Puerto de Acosta. Recuperación de andenes prehispánicos. Ricerca e cooperazione*, La Paz, :211-221

EARLS, John (2005) "The Evolution of Coordinated Environmental Control" paper für die IRICS –Conference, 2005 online: www.dorfwiki.org/wiki.cgi? FrontPage/JohnEarls/IRICS__Paper als conference paper, jetzt im e-journal Trans (Wien): (online) www.inst.at/trans16/Nr02_4/earls16.htm(2006) (leider ohne Graphiken)

EARLS, John (2006) *La agricultura andina ante una globalización en desplome*, Lima: Pontificia Universidad Católica del Peru, CISEPA

EARLS , John (2006 b) *Topoclimatología de alta montaña. Una experiencia en la vertiente oriental andina*, CONCYTEC, Lima

EDER, Franz Xavier (1791) *Descriptio provinciae moxitarum un regno peruano*, Budae (=Budapest).

EICH, Dieter. (1983) *Ayllú und Staat der Inka. Zur Diskussion um die asiatische Produktionsweise* (Editionen der Iberoamericana III: Monographien und Aufsätze 11), Frankfurt am Main: vervuet

ENDLICHER , Winfried. (2006) „Grundzüge von Klima und Böden Südamerikas" in: Borsdorf, Axel; Hödl,W. (2006:75-94):

ERICKSON, Clark (1984) „Waru-Waru. Una tecnologia agricola del altiplano pre-hispanico" Boletin del instituto de Estudios Aymaras 2(18),:4-36

ERIKSON, Clark (1999) "Neo-Environmental determinism and agrarian collapse in Andean prehistoiry" *Antiquity* 73(281):634-42

ESPINOZA SORRIANO , Waldemar (1973) *La destrucción del Imperio de los Incas. La rivalidad política y señoral de los curacazgos andinos*, Lima: (4. Aufl, 1986)

ESPINOSA SORRIANO, Waldemar (1981) *Los modos de producción en el imperio de los incas*, Lima 2. Aufl. Amaru

ESPINOZA SORRIANO , Waldemar. (1997) *Los Incas. Economia, Sociedad y Estado en la Era del Tahuantinsuyu,,* Lima: Amaru Editores

ESQUINAS-ALCÁZAR, José (2005) "Protecting crop genetic diversity for food security: political, ethnical and technical challenges" *Nature Reviews* | *Genetics* Dec. 2005 Vol.6,:946-953

FISHER. Lilian Estelle (1966) *The Last Inca Revolt,* Norman

FJELDSÅ , J. 2007: "The relationship between biodiversity and population centres: the high Andes region as an example" *Biodiversity and Conservation* 16 (10), September 2007,

FLANNERY , Kent V. (1999) "Process and Agency in Early State Formation", *Cambridge Archaeological Journal* 9 (1):3-21

FOUCAULT , Michel (1973) *Archäologie des Wissens,* Neuausgabe: (suhrkamp taschenbuch wissenschaft 356, Frankfurt am Main 1981)

FREYER , Bärbel [2000] 2006 *Los Chiquitanos. Descripción de un pueblo de las tierras bajas orientales de Bolivia según fuentes jesuíticas del siglo XVIII* (Pueblos indigenas de las tierras bajas de Bolivia 15),: APCOB, Santa Cruz de la Sierra

FUHRMANN , Horst (1963) „Die Fälschungen im Mittelalter. Überlegungen zum mittelalterlichen Wahrheitsbegriff" *Historische Zeitung* 197,529-601

GARCIA, Uriel, GIESECKE, Alberto (1925) *Guía histórica artistica del Cuzco,* Lima

GARRETT , David T. (2009) *Sombras del Imperio,* Lima: Instituto de Estudios Peruanos

GERMANÁ Clavero, César (1995) El "socialismo indo-americano" de José Carlos Mariátegui *proyecto de reconstitución del sentido histórico de la sociedad peruana,* Lima: Amauta

GEWECKE , Frauke (1986) *Wie die Neue Welt in die Alte kam.* (Taschenbuchausgabe: dtV, München 1992)

GIRON DE VILLASEÑOR, Nicole (1975) *Perú: cronistas indias y mestizos en el siglo XVI,* México D.F: Sepsentros.

GLASERSFELD , Ernst. v. (1997) *Radikaler Konstruktivismus. Ideen, Ergebnisse, Probleme* (suhrkamp taschenbuch wissenschaft 1326), Frankfurt am Main

GODELIER, Maurice (1971) "Mythe et Histoire. Reflexions sur les fondements de la pensée sauvage" in: *Annales ESC* 26 (3-4): 541-558

GODELIER, Maurice. ([1971] 1989) „Qu'est ce-definir une formation économique et sociale: L'example des incas" Pensée 159, Paris, spanische Ausgabe „El concepto de la formación económica et social: El ejemplo de los incas" in: ESPINOZA SORRIANO (1989:265-283)

GODELIER, Maurice (1974) "Debàt á Wachtel" *Annales ESC* 29(6):1371-3174

GODELIER , Maurice (1984) *Le idéel et le matériel.* Paris : Fayard

GOLTE, Winifried (2005) "Hydraulische Landwirtschaft als Grundlage der zentralandinen Hochkulturen und des Inkastaates" *Zeitschrift für Weltgeschichte*6(1):53-75

GÓMEZ-ALPIZAR , L; Carbone, I.; Beagle Ristaino, J. (2007) "An Andean origin of Phytophthora infestans inferred from mitochondrial and nuclear gene genealogies" *PNAS* February 27, 2007 vol. 104 no. 9. 3306-3311

GOODWIN ,S.B.; Cohen,B A., Fry W.E. (1994) "Panglobal distribution of a single clonal lineage of the Irish potato famine fungus" *PNAS* November 22, 1994 vol. 91 no. 24 11591-11595

GOTTS , N. M. (2007) "Resilience, panarchy, and world-systems analysis". *Ecology and Society* 12(1): 24. [online] www.ecologyandsociety.org/vol12/iss1/art24/

GUAMAN POMA de Ayala, Felipe [1613] 1987 eds Rolenda Adorno, John Victor Murra, Jorge L. Uriotse: *Nueva Corónica y Buen Gobierno* (crónicas de América29a-c) Madrid: Historia 16

HABERLE, Simon G & Alex Chepstow Lusty 2000 "Can Climate Influence Cultural Development? A View through Time" *Environment and History* 6:349-369

HABERLE, Simon and Bruno David (2004) "Climates of Change. Human dimensions of Holocene environmental change in low latitutes of the PEPII transect" *Quarternary International* 118-119:165-179

HALL , Thomas D (1996) "World-Systems and Evolution. An Appraisal" *Journal of World System Research* 2(4):1-43

HALLATSCHEK O, Hersen, P; ,Ramanathan Sh.; Nelson D.R. (2007) "Genetic drift at expanding frontiers promotes gene segregation" PNAS December 11, 2007 vol. 104 no. 50:19926-19930

HAMES, Raymond (2007) "The Ecologically Noble Savage Debate" *Annual Review of Anthropology* 36:177–90

HARDT, Michael . NEGRI, Antonio.[2000] 2003 *Empire. Die neue Weltordnung,* Frankfurt, New York: campus (original: 2000 Empire, Cambridge-Mass)

HARLAN, J. R. 1971 „Agricultural Origins: Centers and Non-Centers" *Science* 174:468-474

HARRIS, D. (2008) "Vavilov's concept of centres of origin of cultivated plants: its genesis and its influence on the study of agricultural origins" *Biological Journal of the Linnean Society* 39(1),: 7-16

HAUG, G.H. Günter D., Peterson, L.C.,Sigman,D.M. Hughen,K.A. Aeschlimann, B. (2003) "Climate and the Collapse of Maya Civilization"Science 14 March 2003: Vol. 299. no. 5613:1731 – 1735

HAUGHTON, Brian (2008) *Verlorenes Wissen, verbotene Wahrheit. Die geheimen Mysterien der Weltgeschichte*. München: Heyne

HEADLEY, John M (1995) "Spain's Asian Presence 1565-1590. Structures and aspirations" *Hispanic American Historical Review* 75:623-646

HEHRLEIN, Yacin: (1992) *Mission und Macht. Die politisch-religiöse Konfrontation zwischen dem Dominikanerorden in Peru und dem Vizekönig Francisco de Toledo* (Diss.(=Walburger Studien: Theologische Reihe 16),Mainz

HECKENBERGER , M.J. et al: (2003) „Amazonia 1492. Pristine forest or cultural parkland? *Science* 19 (301/ 5640) September 2003: 1710 - 1714

HEMMING , John ([1970] 2004) *The Conquest of the Incas,* London. Durchgesehene südamerikanische Taschenbuchausgabe in englischer Sprache: pan books

HERZOG, Roman (1999) „Internet in Lateinamerika Zwischen e-commerce und angepaßter Nutzung" Brennpunkt Lateinamerika 13(Hamburg, Institut für Iberoamerikakunde, 19. Juli 1999) www1.uni-hamburg.de/IIK/brennpkt/bpk9913e.pdf (28. Juli 2010)

HERZOG, Roman (2000) „Universal access á la Latina. Das peruanische Wissenschaftsnetz Red Científica Peruana und sein Modell der Cabinas Públicas" (Vortrag): www1.uni-hamburg.de/IIK/publikat/rcp.pdf (28. Juli 2010)

HOBSBAWM , Eric.J. (1998) *Nationen und Nationalismus*. Mythos und Realität seit 1780, 2. Aufl. München, dtV

HOBSBAWM, Eric R. (1999) *Das Zeitalter der Extreme. Weltgeschichte des 20. Jahrhunderts*, 4 Aufl. München, dtv

HOLDRIDGE , L[eslie].R. (1947): "Determination of World Plant Formations from simple Climatic Data". *Science* 105 (2727): 367-368

HORNBORG , Alf. (1998). "Ecosystems and World Systems: Accumulation as an Ecological Process." *Journal of World-Systems Research* 4:169 - 177.

HORNBORG , Alf (2005) "Ethnogenesis, Regional Integration and Ecology in Prehistoric Amazonia" *Current Anthropology* 46(4):589-620 (2005)

HUBER, Siegfried (1951) *Im Reich der Inka. Geschichte, Götter und Gestalten der peruanischen Indianer,* 3. Aufl. Wien: Buchgemeinschaft Donauland.

HURTADO FUERTES, Ciro (2000) *La Alimentación en el Tahuantinsuyu-* Lima: San Marcos

HYLAND , Sabine (2003) *The Jesuit and the Incas. The extraordinary life of Padre Blas Valera* S.J., An Arbor, University of Michigan

INDIANER IN WIEN (2004) Projekt (Theodor Körner Preis), erhaltene Website: www.dorfwiki.org/wiki.cgi?UweChristianPlachetka/IndianerInWien/

IPCC Report 2007, Ch. 6: Paleoclimate: http://www.ipcc.ch/pdf/assessment-report/ar4/ wg1/ar4-wg1-chapter6.pdf (descargado 4 de Junio de 2009).

ISBELL, Billie Jean (2005) *Para defendernos. Ecología y ritual en un pueblo andino* (Antgropología 6), Cusco: Centro Andino Bartolomé de las Casas

JONES , David, Watkins, Andrew; Braganza, Karl; Coughlan, Michael (2007) "The Great Global Warming Swindle". A Critique. *Bulletin of the Australian Meteorological and Oceanographic Society* Vol. 20. http://www.csiro.au/files/files/pfb4.pdf (download 22. Juni 2010)

JULIEN, Catherine (2000) *Reading Inca History.* Iowa City: University of Iowa Press

JULIEN , Catherine (2003) *Die Inka.* Geschichte, Kultur, Religion, München: Beck

JULIEN, Catherine (2007) „Kandire in Real Time and Space. Sixteen Century Expeditions from the Pantanal to the Andes" *Ethnohistory* 54(2),:245-272

KAHLE , Guenther (1962) *Grundlagen und Anfänge des paraguayanischen Nationalbewusstseins,* PhD-Thesis, Köln

KAUFMANN DOIG , Frederico. (1991) *Introducción al Perú Antiguo. Una nueva perspectiva,* Lima, 2. Aufl. Editores Kompaktos

KENDALL- Ann (2003) *Historia y Productividad de los Sistemas Agriculturas de Andenes irrigandos en la Sierra del Peru. Implicaciónes para el futur desarrollo sostenible.* Ponencia al ′51. Congreso Internaciónal de Americanistas-Santiago de Chile 14 - 18 de Julio de 2003: PAT -9: El acceso al agua: Un problema histórico actual.

KENNEDY- Paul (1989) *Aufstieg und Fall der grossen Mächte. Ökonomischer Wandl und militärischer Konflikt von 1500 bis 2000,*Frankfurt am Main : Fischer

KENNEDY, Roger G. (1996) *Die vergessenen Vorfahren. Die Wiederentdeckung der indianischen Hochkulturen Nordamerikas,* München: Knaur

KNAPP, Peter. (1999). "Evolution, Complex Systems and the Dialectic." *Journal of World-Systems Research* http://jwsr.ucr.edu/ 5: 74-103.

KÖHLE R, Ulrich (ed) 1990 *Altamerikanistik. Eine Einführung in die Hochkulturen Mittel- und Südamerikas,* Berlin:Reimer

KOROTAYEV, Andrey (2005) „A compact macromodel of World-System Evolution" *Journal of World System Research* 11(1): 79-93

KRAFT, Walter C (1957): *Codices Vindobonensis Hispanii* Oregon/USA

KREMSER, Manfred (1999) CyberAnthropology und die neuen Räume des Wissens" Mitteilungen der Anthropologischen Gesellschaft Wien 129 : 257-290

LA LONE , Darrell (2000) Rise, Fall and Semipherical development in the Andean World System" *Jounal of World System Research* 6(1):68-99

LANDES , David: [1998] 2009 *The Wealth and Poverty of Nations. Why Some are so rich and Some so poor,* New York, deutschsprachige Ausgabe: *Wohlstand und Armut der Nationen. Warum die einen reich und die anderen arm sind,* München: siedler

LAS CASAS , Bartolomé [1550?] (1939) *Las antiguas Gentes del Peru* (Colleción de libros referentes a la Historia del Perú, 2a Serie: 11), Lima

LAS CASAS , Bartolomé de [1550?] 1903 *Apologética Historia de las Indias* (Nueva
Biblioteca de Autores Españoles 13: Historiadores de Indias 1), Madrid
LEVY, Pierre (1997) *Die Kollektive Intelligenz. Für eine Anthropologie des Cyberspaces*,
Mannheim
LEVINE , Therry Y. 1992 *Inca Storage System*, Norman-London
LÉVI-STRAUSS, Claude ([1949] 1981) *Les formes elementaires de la parentée, : Die
elementaren Strukturen der Verwandtschaft*, am Main: suhrkamp
MA, Tian y Souhong WANG 2008 "El Niño Southern Oscillation as Sporadic Oscilations
between metastable states" http://arxiv.org/PS_cache/arxiv/pdf/0812/0812.4846v1.pdf
(descargado 8 de Junio de 2009)
MAKOWSKI HANULA, Krysztof (1996) *La Ciudad y el Origien de la civilización en los
Andes. Sobre el imperativo y los limites de la comparación en la prehistoria*
(Inauguralvorlesung) (Pontificia Universidad Católica del Perú: Cuadernos de la
facultad de Letras y Ciencias Humanas 15), Lima
MALLUMA CÓRTEZ , Arturo (1996) *Introducción a la arqueología e historia de los
Xauxa Wankas*, mimeograph. Dissertation, Universidad Mayor de San Marcos,
Lima (Archiv INC Huancayo)
MARIÁTEGUI , José Carlos ([1928] 2002) *Siete Ensayos de la interpretación de la
realidad peruana, Lima: Ediciónes Culturas Peruanas*, Colección pequeña
escolar.
MARITZA , R. C. (2005) *Parque Arqueológico de Pisaq; Informe annual: Investigación
arqueologica 2004: Sector Andenes Qosque* Reporte arqueológico no publicado,
Instituto Naciónal del Cultura, Cusco
MARKHAM , Clements R (1856) *Cuzco: a Journey to the Ancient Capital of Peru; with an
Account of the History, Language, Literature and Antiquities of the Incas; and Lima:
a Visit to the Capital and Provinces of Modern Peru*. – London: Chapman and Hall
MARKHAM , Clements R (1862) Travels in Peru and India while superintending the
Collection of Chincona plants and seeds in South America and their introduction into
India, London.
MARKHAM , Clements R (1864) *Contributions towards a grammar and a dictionary of
Quichua, the Language of the Yncas of Peru*, London.
MARKHAM , Clements R (1871a) *Ollantay. An Ancient Ynca drama*, London.
MARKHAM , Clements R (1871b) "On the Geographical Position of the Tribes which
formed the Empire of the Incas with an Appedendix on the Name Aymará" in:
*Journal of the Royal Geographic Society* (London) 41:: 281-338
MARKHAM , Clements R (1873) *Narratives of the Rites and Laws of the Incas* (The Hakluyt
Society I,48), London
MARKHAM , Sir Clements (1896) *Richard Hakluyt. His Life and Work with a short account
of the aims and achievements of the Hakluyt-Society* [Festschrift zum 50.Jahrestag der
Hakluyt-Society] London
MARKHAM , Clements R. (1910) *The Incas of Peru*, London
MARTUA, Victor M. (1906) *Juicio de limites entre el Perú y Bolivia. Prueba Peruana
presentada al gobierno de la República Argentina por Victor M. Maurtua, abogado
plenipotenciarioespecial del Peru*, Bd. IX: Moxos.Madrid
MATTEIKAT, Stefan (2006) "Das Dilemma der Achtundsechziger und die Globalen Dörfer
der Inka. Ein Versuch über transdisziplinäre Forschung" http://www.hg-
graebe.de/Texte/Huetten-06/matteikat.pdf (download 12.12.2010)
MAYER , Enrique (1985) "Production Zones", in:Mazuda, Sh., Shimada, I. Morris, Cr. (eds)
(1985:45-84)

MAYER Enrique., Glave, M.; Brush, St.; Taylor Ed. (1992) *La Chacra de Papa, Economía y Ecología*, CEPES, Perú

MAZUDA , Shoro & Shimada Izumi & Craig Morris (1985) *Andean Ecology and Civilzation. An interdisciplinary Perspective on Andean Ecology and Complimentarity* (Papers from the Wenner-Grenn Foundation for Anthropological Research Symposium No 96), Tokyo: University of Tokyo

MCA= *Manuscritos e documentos da Coleccão de Angelis*, Rio de Janeiro.

MCA III = Cortesao, J. (ed): (1952) *Jesuítas e Bandeirantes no Itatim (1569-1760)*, Rio de Janeiro: Biblioteca naciónal

MELIÀ, Bartomeú (1986) *El Guaraní conquistado y reducido. Ensayos de Etnohistoria* (Biblioteca Paraguaya de Antropología 5), Asunción del Paraguay

MERRICK , Laura C. (1990) "Crop Genetic Diversity and Its Conservation in Traditional Agrosystems" in Altieri/Hecht (eds)1990:3-11

MEYERS, Albert (1990) "Umweltbedingungen und Synopsis der kulturgeschichtlichen Entwicklung" in Köhler (ed) 1990:325-346

MEYERS , Albert (1999) Reflexiones acerca de la periodización de la cultura inca: Pespectivas desde Samaipata, Oriente de Bolivia" *XII Congreso Naciónal de Arqueologia Argentina*: Actas Tomo 1, 1999: S. 239-251

MEYERS , Albert (2002):"Los Incas – barbaros advenecidos o herederos del Tiwanaku?" in Flores-Espinoza Javier and Rafael Varón Gabai (eds) *El hombre y los Andes. Homenaje a Franklin Pease G.Y.* Vol 2, 2002:525-563

MEYERS, Albert (2005) "Incas Españoles y el Paytiti. La perspectiva desde el Fuerte de Sabaypata, Oriente de Bolivia" *Archivo per l'Antropologia e la Etnologia Vol 135/2005- Atti –* :167-180

MOGRAVE James; Oncina Manuel et.al. (1996) „Kuelap – A solar observatory?" *San Diego Museum of Man: Ethnic Technlogy Notes* 24:.3-12

MOHTADI, M.; Romero,O.E., Kaiser J, Hebbeln 2007 "Cooling of the southern high latitudes during the Medieval Period and its effect on ENSO"*Quaternary Science Reviews Volume* 26 (7-8):1055-1066

MOMADAY, Scott (1992) „Das Werden des einheimischen Amerikaners in der Zeit vor Kolumbus" in Alvin M. Josephy (ed) *Amerika 1492. Die Indianervölker vor der Entdeckung*, Frankfurt a.M:Fischer, :21-28

MONTESIONS , Fernando [1644] 1882 *Memorias Antiguas Historiales y Políticas del Perú* (Colección de los libros Españoles raros y curiosos 16), Madrid

MONTESINOS , Fernando de [1644] 1920 *Memorias Antiguas Historiales y Políticas del Perú* (The Hakluyt Society II,48) London 1920

MORLON , Pierre. (ed) [1992] 1996 *Comprender la agricultura campesina en los Andes Centrales*. Perú-Bolivia, Lima: IFEA & CBC (orig, fanzösisch Comprendré l'agriculture paysanne dans les Andes Centrales – Pérou-Bolivie, Paris)

MORLÓN, Pierre.; Bourliaud J.; Réau, R.; Hervé, D. (1996) "Una hierramenta, un símbolo, un debate: La chaquitaccla y su persistencia en la agricultura andina" in: MORLON, Pierre. (ed) Comprender la agricultura campesina en los Andes centrales. Lima: Instituto Francais d'études Andins, Centro Andino Bartolomé de las Casas

MUJIA, Elias (1985) "Altiplano-Coast Relationshio in South-central Andes. From Indirect to Direct complimentarity" in Mazuda, Shimada, Morris (ed) 1985:103-140

MÜNKLER , Herfried (2008) *Imperien. Die Logik der Weltherrschaft- vom alten Rom bis zu den Vereinigten Staaten*, 2. Aufl. 2008, Berlin: rowohlt

MUÑOZ VILLAR , Liliana (2008) *Vulnerabilidad de los principios comunitarios en las sociedades andinas (Valle del Mantaro - Perú)*. Ponencia para el seminario "Riesgos de la agropecuaria en las zonas tropicales" BOKU – Universität. MS., Wien

MUNOZ VILLAR , Liliana Himelda (2009) "Los diferentes usos de las TICS en zonas rurales: Kirchbach Austria "Aldea Global Popular" y el anexo de Tinyari Chico, Chupaca-Perú" *Tikpa Pachapaq* 1(1),4-8

MÜNZEL , M. (1985) *Die Indianer*, Bd.2: *Die Indianer Mittel- und Südamerikas*, 2. durchgesehene Auflage (dtV wissenschaft 4435) München

MURRA , John Victor [1956] 1980 *The Economic Organization of the Inca Empire* (Research in Economic Anthropology Supp.1), Greenwich Conn.

MURRA, John Victor: (1975) *Formaciónes económicas y políticas del mundo Andino* (IEP: Historia Andina 3), Lima

MURRA, John Victor [1972] 2008a „El contról vertical de un máximo de los pisos ecológicos en la economía de los Andes" in Arauco Camacho, H. (ed) Los Andes y las poblaciónes altoandinas en la agenda de la regionalización y la descentralización, Bd I, Lima: CONCYTEC, :27-49.

MURRA, John Victor [1973] 2008b „Los limites e limitaciónes del archipélago vertical en los Andes" in Arauco Camacho, H. (ed) *Los Andes y las poblaciónes altoandinas en la agenda de la regionalización y la descentralización*, Bd I, Lima: CONCYTEC,.50-62

NAHRADA, Franz (n.d.) „Plädoyer für ein anderes Global Village. Telematischer Raum und globale Subsistenz". http://www.ejournal.at/NeueMed/nahrad/plaedo.html (3. Nov. 2010)

NAHRADA, Franz, PLACHETKA Uwe Christian: 2005 „Bericht: Das Open Source Village" Trans Nr. 16 http://www.inst.at/trans/16Nr/02_4/nahrada_bericht16.htm

NECKER , Louis (1979) I*ndiens Guarani et chamanes franciscains. Les premieres reductions du Paraguay (1580-1800)*, Paris

NOWACK, Kerstin (1998) *Ceque and More. A Critical Assessment of R. Tom Zuidema's Studies on the Inca* (Bonner Amerikanistische Studien 31). Bonn/Markt Schwaben

NRC = National Research Council: (1989) *Lost Crops of the Incas. Little-Known Plants of the Andes with Promise of World-Wide Cultivation. Report of an Ad-Hoc Panel of the Advisory Committee on Technology Innovation Board of Science and Technology for International Development*, Washington D.C.: National Research Council

OBEREM, Udo (1990)"Die Conquista und Indianer unter spanischer Herrschaft" in: Köhler(ed) 1990:493-518

OCHOA Carlos: 1999 *Las Papas de Sudamérica*, Lima CIP (mehrere Bände)

ODUM , Eugene P: 1999 *Ökologie. Grundlagen, Standorte,Anwendung*. 3. neubearbeitete Auflage,Stuttgart : Georg Thieme Verlag,

OLSEN , K. M. & B. A. Schaal "Evidence on the origin of cassava: Phylogeography of Manihot Esculenta" PNAS Bd. 96,5586-5591-(1999)

ORA = Projektwebsite von OIL REDUCED AGRICULTURE, http://www.dorfwiki.org/wiki.cgi?UweChristianPlachetka/OilReducedAgriculture (aktiv bis 2009), abgerufen 30. August 2010

ORTIZ RESCANIERE- Alejandro (1989) "La comunidad- el parentesco y los patrones de crianca andina" *Antropologia* 7(7):137-169

ORTIZ RESCANIERE, Alejandro (1991) "Matrimonio y Cambio Cósmico: Huatachuri" *Antropológica* 9(9):55-72

ORTIZ RESCANIERE, Alejandro (1993) *La pareja y el mito. Estudios sobre las concepciónes de la persona y de la pareja en los Andes-* 2. Aufl.- Lima

OSSIO [Acuña]- Juan M.: 1980 "La estructura social de las comunidades andinas in A.A.V.V. Historia del Peru Bd.III, Lima :205-369

OSSIO ACUÑA/ Medina Garcia- Oswaldo (1985) *Familia campesina y economia del mercado. El caso de las comunidades del Pazos- Mullaca y Nahuin del Departamento de Huancavelica*, Lima

OSSIO , Juan (1992) *Los Indios del Peru* (Ediciónes MAPFRE II.1), Madrid

OTRUBA , Gustav (1962) *Der Jesuitenstaat in Paraguay, Idee und Wirklichkeit* (Österreich-Reihe 157/59) Wien, Bergland-Verlag

OVID : [n.d.] *Metamorphosen*, Sammlung Tusculum, München-Zürich 1983

PACHACUTI YAMQUI Salcamayhua, Joan de Santa Cruz (ed : Pierre Duviols and César Itier) [1615 ?] 1993 *Relación de Antigüedades deste reyno del Peru*, (Travaux de l'Institut Français d'études andines 74) Cusco

PACHECO ZEGARRA , Gavino (1878) *Ollantaii. Drama en vers quechua du temps des Incas* (Collection linguistique Americaine Tm. IV), Paris

PÄRSSINEN, Martti and Ari Siiriäinen (2003) *Andes Orientales y Amazonia occidental. Ensayos entre la historia y arqueología de Bolivia, Brasil y Peru*, La Paz: Ediciones CIMA

PÄRSSINNEN, Martti (2003) *Tawantinsuyu. El Estado inca y su organización política* (Travaux de l''Institut Francais d''Études Andines 133)- 2. Erw. Aufl. Lima

PEASE, Franklin G.Y. (1978) *Del Tahuantinsuyu a la historia del Perú* (IEP: Historia Andina 5), Lima

PEASE , Franklin. G. Y. (1991) *Los ultimos incas del Cuzco*. Madrid: Alianza Editorial

PÉREZ FERNÁNDEZ, Isacio 1995 *El anónimo de Yucay frente a Bartolomé de las Casas. Edición Crítica del Parecer de Yucay* (1571), (Archivos de la Historia Andina 21), Cusco; Centro Andino Bartolomé de las Casas

PIRAS, Giuseppe (2007) „El P. Diego de Torres Bollo : Su programa, su partido y repercusiones" in Laura Laurencich Minelli, Paulina Nurmhauser (ed) : *Sublevando el Virreynato. Documentos contestatarios a la historiografia tradiciónal del Peru Colonial*, Quito-Ecuador,125-151

POLANYI, Karl ([1944] 1978) *The Grea Transformation. Politische und ökonomische Ursprünge von Gesellschaften und Wirtschaftssystemen* (suhrkamp taschenbuch wissenschaft 260), Frankfurt am Main: suhrkamp

PLACHETKA Uwe Christian (1994) *Ollantay*, Diplomarbeit, ungedruckt, spanischsprachige Kurzfassung mit Ergänzungen: http://www.dorfwiki.org/wiki.cgi? Portada/BorradoresDeInvestigaci%F3n/SinAmornohayVida

PLACHETKA Uwe Christian (1998) *Die Kulturgruppenexogamie in Mythos und Praxis*, ungedruckte Dissertation, Wien

PLACHETKA, Uwe Christian. (1999) „Paraguay im Lichte des normativen und interaktiven Multikulturalismus" *Wiener Ethnohistorische Blätter* 44: 3-45

PLACHETKA, Uwe Christian. (2000) Comuneros zur "revolución popular" in: *Américas Zeitschrift für Kontinentalamerika und die Karibik* 15:63-107

PLACHETKA , Uwe Christian (2003) "The Empire in the Andean World" *Americas. Zeitschrift für Kontinentalamerika und die Karibik* 26:59-69

PLACHETKA Uwe Christian. (2003b) „Das Kerngebiet des Inkastaates" *Américas* 25, Wien,45-68

PLACHETKA, Uwe Christian (2003c) "El Pez de Oro descifrado" *Pez de Oro. Vigencia y revitalización de la cultura Andina* 2(4)- Puno:06

PLACHETKA, Uwe Christian (2004) "Das Problem des Rechnereinsatzes zum wissensbasierten Risikomanagement fehlerintoleranter Ökosysteme" *Américas-Zeitschrift für Kontinentalamerika und die Karibik* 32:25-49

PLACHETKA , U. Chr. (2009) "Das Globale Dorf s.T. . Das erste südamerikanische Entwicklungsprogramm für den ländlichen Raum in Österreich" *Konak. Realitätsausschnitte aus Kontinentalamerika und der Karibik* 14. Jg. Nr. 57, 14-27

PLACHETKA Uwe Christian, MUÑOZ VILLAR, Liliana (2007) "Los Incas: Hijos del cambio climático – the Incas, Children of Climatic Change?" *Prospectiva Universitaria* 2(1) – Huancayo, Peru:152-154

PLACHETKA Uwe Christian, MUÑOZ VILLAR, Liliana Himelda (2009) "Peru - Cultura Vaviloviana? Un ejemplo para el "experimento histórico" según Jared Diamond" *Tikpa Pachapaq* 1(1) – Huancayo, Peru: 18-21

PLACHETKA, Uwe Christian, PIETSCH, Stephan.A. (2009) „El centro Vaviloviano en el Perú. Un conjunto socio-ecológico frente a riesgos extremos" *Tikpa Pachapaq* 1(1) – Huancayo, Peru:9-16

PNAS = *Proceedings of the National Academy of Science* (USA)

PROTZEN , Jean-Pierre (1993) *Inca architecture and construction at Ollantaytambo*. New York: Oxford University Press,

PULGAR VIDA L, Javier (1996) *Geográfia del Peru* 10th ed. Lima: PEISA,

QUINN, D,.B. (1974) *The Hakluyt Handbook* (= Works Issued by the Hakluyt-Society II/145,) London

QUIRITA R. Alicia (2005) *Conjunto arqueologico de Moray: Sector "A" Qechuq Muyu Andenes 10MO y 11AVO*, unpublizierter Projektbericht Naciónal de Cultura Cusco, Project Nr. PNAP NAQ 95-03

RANDALL, Robert 1990 "The Mythstory of Kuri Qoyllur. Sex, Seques and Sacrifice in Inca Agricultural Festivals" *Journal of Latin American Lore* 16(1):3-45

REDMAN, Charles L. (2005) "Resilience Theory in Archaeology" *American Anthropologist* 107 (1);:70-77

RIBEIRO, Darcy (1969) *Las Américas y la civilización. Proceso de formación y causas del desarollo desigual de los pueblos américanos* reedición en Bibliotéca Ayacucho Tom. 180,Caracas 1992

RIVAS, Ricardo & Caterina Carenza & Cécile Claudel & Sinclair Thomson & John Earls (1999) *Promoción Económica y tecnológica en los municipios de Moco Moco y Puerto Acosta: Recuperación de andenes prehispánicos*, Ricerca e Cooperazione, La Paz

RIVERO , Eduardo Mariano de (1841) *Antigüedades Peruanas*, Lima

RIVERO , Eduardo. M. de.; TSCHUDI, Juan Diego de (1851) *Antigüedades Peruanas*, Viena: kaiserliche Hofdruckerei.

ROBINET, Isabelle (1995) *Geschichte des Taoismus* (Diederichs Gelbe Reihe 118 – China), München: Diederichs

ROBINSON , James.A.; WIEGAND, Klaus. (2008) D*ie Ursprünge der modernen Welt. Geschichte im wissenschaftlichen Vergleich*, Frankfurt am Main, Fischer

ROSTWOROWSKI DE DIEZ CANSECO , Maria (1988) *Historia del Tawantinsuyu* (Historia Andina 13), Lima: Instituto de Estudios Peruanos

ROSTWOROWSKI DE DIEZ CANSECO, Maria (1999) Historia del Tawantinsuyu, 2. erweiterte Ausgabe: Lima: PromPeru & Instituto de Estudios Peruanos,

ROSTWOROWSKI DE DIEZ CANSECO , Maria ([1953] 2001): *Obras Completas I: Pachacutek* (Historia Andina 23), Lima: Instituto de Estudios Peruanos

ROWE , John Howland (1945) "Absolute Chronology in the Andean Area" *American Antiquity* 10(3),S.265-284

RUÍZ DE MONTOYA , Antonio ([1638] 1989) Conquista espiritual [del Paraguay], ed. Ernesto Maeder, Rosario

SAHLINS- Marshall (1974) *Stone Age Economics,* London

SAIGNÈS , Thierry (1985) *Los Andes orientales. Historia de un olvido* (Traveaux de l'IFEA), Cochabamba

SALOMON , Frank.; Uriotse, G. (1991) *The Huarochiri Manuscript. A testament of Ancient and Colonial Religion,* Austin: University of Texas Press

SÄNGER, Eugen (1933) *Raketenflugtechnik.* München-Berlin, Oldenburg, (lithographische Reproduktion Ann Arbor, Michigan 1945)

SARMIENTO DE GAMBOA , Pedro. ([1572] 1906) *Segunda parte de la historia llamada Indica...* ed: Richard Pietschmann in: Abhandlungen der königlichen Akademie der Wissenschaften zu Göttingen, philosophisch-historische Klasse Neue Folge 6(4), Weidmannsche Buchhandlung, Berlin

SARMIENTO DE GAMBOA , Pedro (ed: Sir Clements Markham) [1572] 1907 *History of the Incas. Originally: Hakluyt Society, reprinted: In parentheses Publications,* Peruvian Series, Cambridghe,Ontario (online edition available). http://www.yorku.ca/inpar/sarmiento_markham.pdf

SANTILLAN, Hernando de [1563] *Relación del Origen, descendencia, política y gobierno de los Incas* BAE Bd.209, :97-149

SCHAZMAN , Paul-Emile (1956) *Johann Jackob v.Tschudi. Forscher, Arzt, Diplomat* (Jahrbuch des historischen Vereins des Kanton Glarus, Heft 57), Glarus

SCHJELLERUP, Inge (1991) „Archäologische und historische Untersuchungen in Chachapoyas – Peru" in: *Inka-Peru. Indianische Hochkulturen durch drei Jahrtausende.* (Kataloge des O[ber]-Ö[sterreichischen] Landesmuseums Neue Serie 41) Linz, Bd.1:218-243

SHIMADA, Izumi, Crystal Barker Schaaf, Lonnie G. Thompson and Ellen Moseley-Thompson (1991) "Cultural impacts of severe droughts in the prehistoric Andes: Application of a 1300 year ice core precipitation record" *World Archaeology* 22(3):347-270

SHIPPEE, Robert (1932a) "The Great Wall of Peru and Other Aerial Photographic Studies by the Shippee-Johnson Peruvian Expedition" *American Geographical Society*, 22(1),:1-20

SHIPPEE, Robert (1932b) « Lost Valleys of Peru : Results of the Shippee-Johnson Expedition » *American Geographical Society* 22(4),:562-581

SMITH, Bruce D. (2006) "Eastern North America as an independent center of plant domestication" *PNAS* August 15, 2006 vol. 103 no. 33 12223-12228,

STANISH, Charles (2003) *Ancient Titicaca. The Evolution of a Complex Society* Berkely, Los Angeles, London: University of California Press

STENZEL, Werner (1968) "The Sacred Bundles in Mesoamerican Religion" 38. Amerikanistenkongreß München, Bd.2, :347-352

STENZEL, Werner (1980) "Quetzalcoatl von Tula. Die Mythogenese einer postcortesischen Legende" *Zeitschrift für Lateinamerika* Wien 18:1-91

STENZEL, Werner ([2000] 2006) *Das kortesische Mexiko. Die Eroberung Mexikos und der darauffolgende Kulturwandel* (Habilitationsschrift)Wien: Frankfurt am Main, Berlin (et.al.): Peter-Lang Verlag.

SUSNIK, Branislawa & CHASE SARDI Miguel (1995) Los Indios del Paraguay (Collecciónes MAPFRE II: Colección Indios de América 14) Madrid

TAINTER ,Joseph A. (2006) "Archaeology of Overshoot and Collapse"Annual Review of Anthropology 35, 59 -74

TAPIA, Mario E. (1996) *Ecodesarrollo en los Andes Altos*- Fundación Friedrich Ebert- ohne Ort.

TASCHETTO , Andréa. Sardinha., C. C. Ummenhofer, A. Sen Gupta and M. H. England. 2009. The effect of anomalous warming in the central Pacific on the Australian monsoon. *Geophysical Research Letters* (accepted)

THOMPSON , Willam R (2004) "Complexity, Dimishing Marginal Returns and Serial Mesopotamian Fragmentation" *Journal of World System Research* 10(3):613-652

TODORV, Tzvetan (1982) *Die Eroberung Amerikas. Das Problem des Anderen* (edition suhrkamp 1213, Neue Folge 213), Frankfurt am Main.

TOLEDO de, Franciso. [1572] „Informes", Anhang von Montesinos, [1644]ed. Jímenez de la Espana (1882:177-295).

TORRE de la, Carlos & Manuel Burga (ed) (1986) *Andenes y Camellones en el Perú andino. Historia- Presente y Futuro*- Lima :CONCYTEC

TORRES BOLLO ; Diego de (1604) *Brevis relatio rerum in Provincia Peruana apud Indios a Patribus Societatis Jesu gestarum,* Moguntiae

TREACY- John M. (1994) *Las Chacras de Coporaque. Andenería y riego en el Valle de Colca* (IEP: Estudios de la sociedad rural 12)- Lima

TROUET , Valerie & Jan Esper,&Nicholas E. Graham,& Andy Baker&J ames D. Scourse, &David C. Frank (2009) "Persistent Positive North Atlantic Oscillation Mode Dominated the Medieval Climate Anomaly" *Science* 3 April 2009: Vol. 324. no. 5923, : 78 - 80

TSONIS ,A. A.& J. B. Elsner,& A. G. Hunt,& and T. H. Jagger: (2005) " Unfolding the relation between Global Temperature and ENSO" *Geophysical Research Letters* 32:doi:10.1029/2005GL022875

TURCHIN , Peter & Jonathan M. Adams & Thomas D. Hall 2006 "East-West Orientation of Historical Empires and Modern States" *Journal of World System Research* 12,:219- 229 (2006)

UNESCO (1998): *Paisajes Culturales en los Andes,* Arequipa-Chivay

URTON, Gary (1990) *The History of a Myth. Pacaritambo and the Origin of the Incas,* Austin : University of Texas Press ; spanische Ausgabe (2004)

URTON , Gary (2004) *Historia de un mito. Pacariqtambo y el origen de los Inkas* (Serie Antropologia 4), Cusco: CBC

VAN SUNTUM, Ulrich (1980) „Die Thünen'schen Ringe" *Bochum Wirtschaftswissenschaftliches Studium* (WiSt), 9. Jg., Heft 8 (August 1980) online Ausgabe: http://www.wiwi.uni-muenster.de/ecochron/ec-top.htm? bp_thuenensche_ringe1.htm

VALERA, Blas [?] *De las Costumbres Antiguas de los naturales del Peru* BAE Bd.209, : 151-189

VARGAS UGARTE , Ruben [1939] 1945: *Historia del Perú, Curso universitario: Fuentes,* 2. Aufl. Lima

VAVILOV , N. I. "El problema del orígen de la agricultura mundial a la luz de las últimas investigaciones" Edición a cargo de Pablo Huerga Melcón del trabajo presentado por este autor soviético al II Congreso Internacional de Historia de la Ciencia (London 1931) versión actual El Catoblepas número 32, octubre 2004

VAVILOV, Nicolaus Ivanovich 1951 *Estudios sobre el origen de las Plantas Cultivadas,* Buenos Aires: ACME

199

VECCHI , G.A., Soden, Br. Wittenberg A. Th., Held, I.M. , Leetmaa, A. Harrison M.W. 2006 Weakening,of tropical Pacific atmospheric circulation due to anthropogenic forcing" *Nature* 441:73-76 (4 May 2006)

VILLENA AGUIRRE- Arturo (1987) *Qorilazo y Region de Refugio en el Contexto Andino-Cusco*

VITORIA , Franciso de: [1534] „La conquista del Perú. Carta dirigida a Miguel de Arcos" in Vitoria, Francisco de: *Relecciónes sobre los Indios y derecho de Guerra*, 3. Aufl. Madrid 1975,:19-21

VON GLASERSFELD , Ernst. (1996) *Radikaler Konstruktivismus. Ideen, Ergebnisse, Probleme* (suhrkamp taschenbuch wissenschaft 1326), Frankfurt am Main

WACHTEL, Nathan (1966) "A propos de la societé inca : Structuralisme et l'histoire »*Annales ESC* 21(1) :71-94,

WACHTEL, Nathan (1974) « La reciprocité et l'état Inca. De Karl Polanyi á John Victor Murra » *Annales ESC* 29(6)/1974 :1346-1357

WALKER, Charles F. (1999) *Smoldering Ashes. Cusco and the Creation of Republican Peru 1780-1840*, Durham, London: Duke University Press

WALKER, Brian, C. S. Holling, S. R. Carpenter, and A. Kinzig. 2004. Resilience, adaptability and transformability in social–ecological systems. *Ecology and Society* 9(2): 5. [online] URL: http://www.ecologyandsociety.org/vol9/iss2/art5

WALLERSTEIN, Immanuel. (1974). *Th e Modern World-System I: Capitalist Agriculture and the Origins of the European World-Economy in the Sixteenth Century*. New York: Academic Press.

WILLIAMS, Donovan (1962) "Clements Robert Markham and the Introduction of the Cinchona Tree into British India, 1861" *The Geographical Journal*, Vol. 128, No. 4 (Dec., 1962):431-442

WINTERHALDER, Bruce. (1994) "The ecological basis of water management in the central Andes: Rainfall and temperature in Southern Peru" in: *Irrigation at High Altitudes: The Social Organization of Water Control Systems in the Andes*- edited by W.P. Mitchell and D.W. Guillet:21-67

WOLFF, Hans (ed) (1992) *America. Das frühe Bild der Neuen Welt*, München: Prestl im Auftrag der bayrischen Staatsbibliothek

ZARATE, Augustín de (1555) *Historia del descubrimineto y Conquista del Perú*, Amberes

ZUIDEMA , Reiner Tom (1989) *Reyes y guerreros. Ensayos de la cultura andina*, Lima

# MENSCH UND GESELLSCHAFT

Schriftenreihe für Sozialmedizin, Sozialpsychiatrie, medizinische Anthropologie
und philosophische Reflexionen

Herausgeber: Erwin Riefler

Band 1 Erwin Riefler: Methadonsubstitution bei Opiatabhängigkeit? Eine interdisziplinäre Studie über Indikation, Effizienz und Risiken der Methadonsubstitution. 2000.

Band 2 Erwin Riefler (Hrsg.): Jahrbuch für Sozialmedizin, Sozialpsychiatrie, medizinische Anthropologie und philosophische Reflexionen Jahrgang 1. Teil I: Naturwissenschaftliche Beiträge. 1999.

Band 3 Erwin Riefler (Hrsg.): Jahrbuch für Sozialmedizin, Sozialpsychiatrie, medizinische Anthropologie und philosophische Reflexionen Jahrgang 1. Teil II: Geistes und sozialwissenschaftliche Beiträge. 1999.

Band 4 Christian Ph. Josef Lehner: Die Heiler von Samoa. O LE FOFO. Monographie über die Heiler und die Naturheilmethoden in West-Samoa. 1999.

Band 5 Gerd Eichberger: Möglichkeiten und Grenzen der Rückführung von chronisch psychisch Kranken in die Gemeinde – am Beispiel Mistelbach. Unter Mitarbeit von Liselotte Seidl, Monika Vyslouzil und Adele Zimprich. 1999.

Band 6 Wolfram Gorisch: Wissenschaftliche Erkenntnis – Konstruktion oder Erklärung? Kritik des postmodernen Konstruktiven Realismus. 1999.

Band 7 Erwin Riefler (Hrsg.): Jahrbuch für Sozialmedizin, Sozialpsychiatrie, medizinische Anthropologie und philosophische Reflexionen, Jahrgang 2. Teil I: Naturwissenschaftliche Beiträge. 2003.

Band 8 Erwin Riefler (Hrsg.): Jahrbuch für Sozialmedizin, Sozialpsychiatrie, medizinische Anthropologie und philosophische Reflexionen, Jahrgang 2. Teil II: Geisteswissenschaftliche Beiträge. 2003.

Band 9 Wolfgang Caspart: Gorbatschow als Partner des Westens. Geschichte – Sozialphilosophie – Politische Psychologie. 2001.

Band 10 Brigitte Sob: Die transzendentale Ethik Kants. Zur Problematik einer apriorischen Moraltheorie. 2002.

Band 11 Peter Kaiser: Nicht nur in Begleitung meines Körpers. Untersuchungen zu körperlichem Selbstbewusstsein. 2005.

Band 12 Dina Weindl: Musik und Aggression. Untersucht anhand des Musikgenres *Heavy Metal*. 2005.

Band 13 Erwin Riefler (Hrsg.): Popper und die Menschenrechte. Symposium anläßlich des 10-jährigen Jubiläums der Sir Karl Popper Society und des 10. Todestages von Sir Karl Popper. 2007.

Band 14 Patricia Birungi: Rassismus in Medien. Jean Baudrillards *Das Bild geht dem Realen voraus* oder Wie die Konstruktion von Rasse und Image unsere Sicht- und Denkweise beinflusst. 2007.

Band 15 Erwin Riefler (Hrsg.): Wilhelm Riefler: Aus den Tagen von Ungarns Heldenkampf. Eine zeitgeschichtliche Dokumentation des Volksaufstands von 1956 in Ungarn. 2009.

Band 16 Peter Glanninger: Rassismus und Rechtsextremismus. Rassistische Argumentationsmuster und ihre historischen Entwicklungslinien. 2009.

www.peterlang.de